朝廷の戦国時代

武家と公家の駆け引き

神田裕理
Yuri Kanda

吉川弘文館

目　次

第二部　織田信長と朝廷

第三部　豊臣政権と朝廷

プロローグ　影の薄い天皇と公家衆

二〇一九年四月三十日、明仁天皇の生前譲位による「御代替《おだいが》わり」により、三十年と百十三日間続いた「平成」の時代は幕を閉じた。「御代替わり」が正式に決定したのち、国内いたるところで「平成最後の〇〇」といった言葉を見聞きした。新元号の「令和」号が発表された時には、まさに「お祭り騒ぎ」といった状況を呈していた。今回の、明仁天皇の生前退位による譲位は実に二百二年ぶり、江戸時代の光格《こうかく》天皇（第百十九代天皇。在位一七八〇〜一八一七年）以来のことであり、憲政史上初となる。

一方、戦国時代の天皇はそれまでの中世以来のありようとは異なり、譲位することなく「天皇として、天皇のまま」一生を終えている。ここでごく簡単に、「中世以来のありよう」について触れよう。戦国時代より前の時代では、天皇が譲位を行って上皇（もしくは法皇《ほうおう》）となり、新天皇は即位（天皇位の継承を天下に示すこと）しても上皇（法皇）が「治天《ちてん》の君《きみ》」として政務をとり行う「院政」が通常だったのである。

戦国時代に立ち返ると、第百三代天皇となる後土御門《ごつちみかど》天皇が、父の後花園《ごはなぞの》天皇から譲位され践祚《せんそ》（天皇の位を受け継ぎ、天皇位に就くこと）したのが寛正五年（一四六四）、二十三歳の時であった。それ以降、後柏原《ごかしわばら》天皇、後奈良《ごなら》天皇、正親町《おおぎまち》天皇とつづく三代の天皇、約百年以上の長きにわたって、譲位（生前退位）は途絶えていたのである。

後土御門天皇以下三人の天皇は、「天皇としての人生」をまっとうしたといえようが、その姿の大半はベールに包まれているかのごとく、一般的にはあまり知られておらず、影が薄い。あるいは知られていたとしても、かなり断片的・一面的なエピソードによるものである。

いわく、戦国時代の禁裏御所《きんりごしょ》（天皇の住居）は「あばら屋」のごとく荒れ果てており、庶民の子どもが自由に立ち入っていた……、後奈良天皇は自筆の書や和歌懐紙《わかかいし》などを売って収入の足しに充てていた……、公家は夏の装束《しようぞく》を持っておらず蚊帳《かや》をまとって現れた……、などのエピソード（『老人雑話《ろうじんざつわ》』）である。もっとも、これは必ずしも事実に即していたわけではなく、今日の研究では多分に「伝説」と呼ぶべきものであることが明らかとなっている（今谷明一九九二、末柄豊二〇一八）。

「戦国時代の天皇」といって多くの人が思い浮かべるイメージは、多分にこのエピソードから生まれたものであるといってよい。それは、政治的にはまったく無力な存在であり、経済的には日ごろの食事にも事欠くような困窮ぶりにもかかわらず「伝統的権威」をふりかざす守旧派、といったネガティブなものである。このほか、武家は「伝統的権威」を否定するため、天皇や公家に絶えず圧力をかけ、結果、両者は対立・抗争関係にあったという考え方や、政治的・経済的に無力であった天皇や公家は、「武家の傀儡《かいらい》（＝あやつり人形）」に成り果てていた、という見方もなされてきた。

このようなイメージが形成されてきたのには、戦国時代の天皇や公家衆に関する研究が低調だったことに原因がある。太平洋戦争以前では皇国史観《こうこくしかん》（天皇中心の国家体制を正当化する歴史観）のもと、天皇を研究すること自体、憚られる風潮があった。あるいは、研究すると言っても、やはり皇国史観にもとづき、天皇を崇拝し、その永続性を強調する傾向にあった。

太平洋戦争後は皇国史観に対する反発から、ことさら天皇を研究対象とすることを避ける風潮が生じた。また、マルクス主義歴史学が台頭し、経済的側面から社会構造を探る研究が盛んとなったことにより、天皇や朝廷に関する研究はなおざりになった時期もあった。その一方で、皇国史観の克服を目指し、天皇の存続理由を探る研究も行われはじめた。一九七〇年代以降にいたり、とくに政治史の分野で、ようやく国家や社会の中での天皇の位置づけを問う研究もなされるようになったが、戦国時代の天皇は「たんなる金冠《きんかん》」、つまり「お飾り」といった評価しか与えられなかった。

この時代の天皇の存在意義や理由を改めて検討しはじめたのは、一九九〇年代から二〇〇〇年代に入ってからである。そのきっかけとなったのは、昭和天皇の崩御《ほうぎょ》（一九八九年、昭和六十四年〈平成元〉一月七日）であった。今から約三十年前になるが、新憲法（日本国憲法）下、象徴天皇制となって初めての「天皇代替わり」ということで、この時も「代替わり」をめぐる動きは注目されていた。当時、マスコミ等で、いわゆる「Xデー」や「自粛」が日夜盛んにとりあげられていたことを、記憶されている方も多いだろう。

先にも述べたように、戦国時代の天皇について改めて検討しはじめられたのは約三十年前と、比較的最近のことである。だがこの間《かん》、天皇の存在を浮き彫りにするため、とくに、武家の政治支配はどのように実現され、そこで天皇がどのような役割を果たしていたのか、という視点から研究がなされるようになり、天皇・公家と武家との関係のありようを問う、公武関係史の研究が増加した。

近年にいたり、天皇家所蔵の古文書《こもんじょ》・古記録《こきろく》類や公家の日記など関係史料が発掘され、公開・利用が促進された結果、天皇や公家衆に関する研究成果（具体的には、組織・制度・機構面や公家社会の内部構造に関する研究成果）は、とくに近世史（主に江戸時代）の分野で確実に積み重ねられてきているが、それでもなお、戦国時代の天皇の実像は、いまだ十分に解明されたとは言い難い。

というのも、これまで戦国時代の天皇については、武家との関係から検討されることが多かったため、表面的な理解の範囲にとどまっているのである。たとえば、「武家が政治支配を行ううえで天皇の『伝統的権威』を利用した」といった類いである。このような、武家による支配の「客体」と見なす天皇・公家像からのみでは、この時期の天皇や公家の存在意義や役割は見出しにくくなる。また、これまで天皇や公家については「伝統的権威」という抽象的・観念的な用語で説明されつづけてきたが、その内実にふみこんでいない点も、問題である。今後は、「伝統的権威」の一言で終わらせず、天皇や公家衆がとった行動、果たしてきた役割の一つ一つの意味を問い直す必要がある。

そこで本書では、武家との関係から天皇や公家のあり方を見るばかりではなく、天皇や公家の側から視点をあてる。当時の社会状況の中で天皇や公家が必要とされた局面・条件をふまえたうえで、そこでの天皇・公家の、もろもろの行為から、彼ら（とくに天皇）の実際に果たしえた役割・権限を具体的に追求していく。そのうえで、天皇・公家が果たしていた役割は、武家の現実的な政治支配とどのように関わったかについて、その影響面・効果も含めて考える。これにより、彼らの実態を明らかにできるだろう。これまでなされてきた「お飾り」や「伝統的権威」といった見方をくつがえすこともできるであろうし、戦国時代の「日本国」における天皇および朝廷の位置も改めて示すこともできるだろう。

なお、本書で主に扱う時代は、おおよそ室町時代の第十三代将軍足利義輝《あしかがよしてる》期から織田《おだ》・豊臣《とよとみ》政権期とする。その後、徳川家康《とくがわいえやす》の征夷大将軍《せいいたいしょうぐん》任官・江戸幕府開幕（慶長八年〈一六〇三〉）を経て、大坂夏《おおさかなつ》の陣《じん》（慶長二十年）までを展望する。また、本書でとりあげる天皇は、主として正親町天皇（第百六代天皇、弘治三年〈一五五七〉～天正十四年〈一五八六〉在位）と、その孫の後陽成《ごようぜい》天皇（第百七代天皇、天正十四年～慶長十六年在位）である。ただし叙述上、この前後の時期、後柏原天皇（第百四代天皇、明応九年〈一五〇〇〉～大永六年〈一五二六〉在位）、つづく後奈良天皇（第百五代天皇、大永六年～弘治三年在位）や、誠仁《さねひと》親王（正親町天皇第一皇子、天正十四年死去。陽光院《ようこういん》）についても触れる場合がある。よって、「戦国時代」とはいっても厳密には戦国末期を示すものであることを、あらかじめご了解いただきたい。

また、本書では戦国時代の天皇・朝廷の実像および公武関係のありようを一般読者にわかりやすく伝えるために、史料は可能な限り意訳し、難解な専門用語にはふりがなや説明を施している。

さらに読者の理解を助けるため、巻末に、天皇家・足利将軍家および頻出する公家諸家に関しては略系図を、および公家の出身階層を示す「戦国～織豊期堂上公家の家格と官位相当表」を用意した。本文とあわせて適宜、参照されたい。

参考文献に関しても、本文中にカッコ書きで示し、巻末に書誌情報を示した。本書を読まれて、関心を持たれた読者には、ぜひ巻末の主要参考文献のご一読をお勧めする。

第一部

足利将軍と朝廷

第一章　公家衆のさまざまな動き

1　戦国最末期の足利将軍と公家衆

京都を離れる公家衆

今日、よく知られている逸話に、公家の子孫が言う「この前の戦《いくさ》」とは太平洋戦争ではなく、応仁《おうにん》・文明《ぶんめい》の乱《らん》を指している、というものがある。室町幕府第八代将軍義政《よしまさ》とその側近たちに握られていた政治主導権をめぐり、大名たちは山名宗全《やまなそうぜん》（西軍）と細川勝元《ほそかわかつもと》（東軍）をそれぞれ巨頭とする二大派閥に分かれ、京都内外で戦闘を繰り広げた。文正二年（一四六七）正月の上御霊社《かみごりようしや》の森の戦いに端を発し、約十年の間続いたこの応仁・文明の乱は、大名ばかりではなく、朝廷・公家にも影響を与えている。

京都内で戦闘が繰り広げられた結果、公家の邸宅や寺社が焼かれたり、略奪の被害を蒙った。焼け跡を漁る火事場泥棒も横行したらしい（末柄豊二〇一八）。たとえば公家社会の最トップ層である五摂家《ごせつけ》のうち一条《いちじよう》家では、一条室町にある邸宅とともに、一条家に伝来した貴重な典籍《てんせき》（書物）を保管していた文庫の桃華坊《とうかぼう》が焼け落ちてしまった。焼失を恐れて文書類を「避難」させたものの、その努力が無になったケースとしては、以下のものがあげられる。朝廷の政務の実務を担当する太政官の官方《かんかた》（弁官《べんかん》局《きょく》）の記録類を知恩院《ちおんいん》に保管させたが、文明九年（一四七七）冬に一切合切、盗人に取られてしまったのである（『大乗院寺社雑事記《だいじょういんじしゃぞうじき》』文明十年五月五日条）。また、中流公家の飛鳥井雅親《あすかいまさちか》も邸宅が貰い火を蒙った結果、後花園《ごはなぞの》天皇から借り出していた系図集や天皇の詠歌集《えいかしゅう》などが焼けたり、散逸《さんいつ》する憂き目にあった。のち、この詠歌集の一部が市場に出回ったが、買い戻されて天皇の元に届いたという（『晴《はれ》富宿禰記《とみすくねき》』文明十年十二月一日条）。これは、おそらく火事場泥棒の仕業だろう。

戦火から逃れるため、多くの公家は京都から離れた。摂家も例外ではなく、一条家（兼良《かねよし》と孫の政《まさ》房《ふさ》）・鷹司《たかつかさ》家（鷹司房平《ふさひら》・政平《まさひら》父子）・近衛《このえ》家（房嗣《ふさつぐ》・政家《まさいえ》父子）はあいついで奈良に疎開した。尋尊《じんそん》（奈良興福寺大乗院門跡《こうふくじだいじょういんもんぜき》、兼良の次男）に迎えられた兼良らは、他の摂家や興福寺の僧たちとしばしば連歌会や猿楽能《さるがくのう》を楽しむなど、遊芸を通した交流が生まれた（呉座勇一二〇一六）。

とくに応仁・文明の乱のころにあたる、一五〇〇年前後から一五三〇年代（文亀・永正・大永・享禄年間）にかけて、公家の地方下向《げこう》はピークとなっている。その目的は、戦乱からの疎開に加え、戦乱の影響で家領《けりょう》支配が危機に陥ったため、その直接管理・経営（＝直務《じきむ》支配）を行うのが主な目的だった。先にあげた摂家の一条家とて例外ではない。当主で前関白《さきのかんぱく》の教房《のりふさ》が、家領荘園《しょうえん》の一つである土佐国《とさのくに》幡多《はたの》荘《しょう》（現、高知県四万十市ほか）へ下向している。幡多荘は鎌倉時代以降、一条家が心血を注いで経営してきた荘園であることから、教房の下向もたんなる疎開としてではなく、幡多荘の経営の安定化と強化をはかることが目的だったと指摘されている（池内敏彰一九九三）。その後、教房は土佐で一生を終え、彼《か》の地で誕生した三男の房家《ふさいえ》はそのまま土着《どちゃく》し、土佐一条家の祖となった。だが、土着しながらも土佐一条氏は朝廷や公家衆との交流は続けており、京都との関係を絶つことはなかった（中脇聖二〇一五）。

戦国大名からの招待

またそればかりではなく、各地の戦国大名からの招待を受けて地方に下向する公家も現れた。彼らは、戦国大名やその家臣に対し、それぞれの「家」に伝わる「わざ」や「学問」（＝家業《かぎょう》）の伝授・教授を行っている。有名なところでは、蹴鞠《けまり》と和歌の「師範家」であった飛鳥井家の雅俊《まさとし》・雅綱《まさつな》は、周防国《すおうのくに》（現、山口県）・尾張国《おわりのくに》（現、愛知県西部）・駿河国《するがのくに》（現、静岡県中部）・美濃国《みののくに》（現、岐阜県）・甲斐国《かいのくに》（現、山梨県）など諸国をめぐって弟子をとっている（『惟房公記《これふさこうき》』永禄元年〈一五五八〉六月二十九日条など）。

飛鳥井家と同様、和歌を家業とする三条西《さんじょうにし》家は、大名たちの求めに応じて和歌の添削、色紙《しきし》や短冊に詩歌を書くこと、古典（『源氏物語《げんじものがたり》』など）の書写や注釈書の作成などを行っている（『実隆公記《さねたかこうき》』永正二年〈一五〇五〉二月四日条・同六年九月四日条ほか、「近衛稙家書状《このえたねいえしょじょう》」〈『相良家文書《さがらけもんじょ》之二』所収三六五号文書〉など）。また当代きっての学者としてその名が知られていた清原宣賢《きよはらのぶかた》は、家格《かかく》（家の格式）としては中の下クラスの公家であったが、その学識を請われて越前朝倉《えちぜんあさくら》氏、能登畠山《のとはたけやま》氏、若狭武田《わかさたけだ》氏らのもとで儒学《じゅがく》を講じ、最後は朝倉氏のお膝元である越前国一乗谷《いちじょうだに》（現、福井県福井市）で没した。このような文芸面以外にも、関白近衛前久《さきひさ》が越後国《えちごのくに》（現、新潟県）に寄寓していた折、長尾景虎《ながおかげとら》（のちの上杉政虎《うえすぎまさとら》、輝虎《てるとら》、上杉謙信《けんしん》）に対し、秘伝の「鉄砲之薬」を伝授することもあった（長村祥知二〇一六）。

武家とくに大名などの上級武家クラスでは、和歌や蹴鞠は重要な素養と見なされていたことから、積極的に公家の教えを受けていたのである。この家業伝授によって公家たちは、対価として相応の教授料・謝礼を得ており、それは彼らの重要な収入源となるとともに、各地に京の公家文化をもたらすことにもつながった。

中央と地方のパイプ役

また、仲介者としての役割を果たすこともあった。「歌聖《かせい》」藤原定家《ふじわらのていか》以来の和歌を家業とし、「和歌宗匠《そうしょう》」としてその名を馳せていた上冷泉為和《かみれいぜいためかず》は、しばしば和歌を通して大名間の交流に一役買っている。為和は今川《いまがわ》氏に和歌を教授するのみならず、天文五年（一五三六）二月、今川氏輝《うじてる》とともに相模国《さがみのくに》小田《おだ》原《わら》（現、神奈川県小田原市）に赴き、北条氏綱《ほうじょううじつな》・氏康《うじやす》父子らとの和歌会を催しており、今川氏と北条氏を取り持っている。つづく天文六〜九年、同十一〜十三年にかけても、為和は今川氏と武田氏とのあいだを行き来して和歌会を開き（『為和集《ためかずしゅう》』天文七年八月など）、駿河（今川氏）と甲斐（武田氏）とを取り結んでいる。このように、公家の家業が大名間の外交を仲介する役割を果たすこともあったのである。

さらに、公家たちは官途《かんと》（律令官位《りつりょうかんい》制度にもとづく地位のこと）を求める大名の希望を朝廷側に取り次ぐことも行っていた。戦国時代において、以前は官途はたんなる名前の一つでとくに意味はないものと漠然と見なされていたが、近年、この分野の研究が急速に深まり、これまでの見方は否定されている（木下聡二〇〇九）。最近の研究では、戦国時代を通じて官途は、社会的に相応の身分であることを示す指標であり、各地域・大名中の政治秩序・身分秩序の一つとして機能していたと考えられている。官途を望む大名の中には、懇意の公家を介して朝廷の許可を得ようとする者も現れた。たとえば、周防国に下向していた縁で大内《おおうち》氏と関係をもった広橋兼勝《ひろはしかねかつ》は、大内義隆《よしたか》の叙任《じょにん》（天文七年の大宰大弐《だざいのだいに》任官以降の叙任）に向けて動いているほか、小槻《おづき》（大宮《おおみや》）伊治《これはる》も天文十四年末に、肥後国《ひごのくに》（現、熊本県）の相良長唯《さがらながただ》（義滋《よししげ》）・為清《ためきよ》（晴広《はるひろ》）父子の宮内大輔《くないだいゆう》・右兵衛佐《うひょうえのすけ》任官を伝える勅使を務めるなどといった役割を果たしている（『相良家文書之二』所収三八〇～三八三文書など）。

逆に、公家たちは朝廷側から大名に対して、儀式や法会《ほうえ》の開催費用の提供を求めるための使者（＝勅使《ちょくし》。天皇の使者）としてのはたらきも見せている。中流公家の山科言継《やましなときつぐ》は、後奈良天皇関連の儀式・法会開催のために八面六臂《はちめんろっぴ》の活躍を見せている。まず永禄元年（一五五八）、言継は後奈良天皇の諒闇明け儀式の費用三十貫《かん》（一貫文は、現在の金額で約十～十五万円程度）を得るために、勅使として伊勢国《いせのくに》（現、三重県）の北畠具教《きたばたけとものり》のもとに赴いている。ひきつづき同十二年には、後奈良天皇十三回忌法会の費用提供を求めて、三河国《みかわのくに》（現、愛知県東部）の徳川家康《とくがわいえやす》のもとに向かう途中、美濃国で織田信長《おだのぶなが》と面会し、信長・家康からそれぞれ二万疋《ひき》（二百貫）の献上を取り付けたのである（『言継卿記《ときつぐきょうき》』永禄十二年七月十三日条・十一月七日条）。

対立し合う公家たち

一方で、京都に残る公家たちも少なくなかった。応仁・文明の乱時、後花園上皇と後土御門天皇は禁裏より第八代将軍義政の御所である室町殿《むろまちどの》（花の御所）に、三種の神器《じんき》（八咫鏡《やたのかがみ》・八尺瓊勾玉《やさかにのまがたま》・草薙剣《くさなぎのつるぎ》）を携えて一時避難した（『宗賢卿記《むねかたきょうき》』文正二年〈一四六七、応仁元年〉八月二十三日条）。同年正月にひきつづき、二度目の避難である。つまり、上皇・天皇は東軍方に身を寄せたのであるが、それに追随する公家たちも多かった。

　これに反して、西軍と行動する公家も少なからずいる。兄の義政に乞われて還俗《げんぞく》し、その養子となった義視《よしみ》は、期待どおりに将来の将軍候補者としての道を歩んでいた。しかし義政の男子（義尚《よしひさ》）誕生（寛正六年〈一四六五〉十一月二十三日）以後、義視の立場は不安定となった。上御霊社の森の戦いから始まった東西両軍の交戦に際して、足利義視は当初、東軍に従っていたが、義政との関係悪化などさまざまな要因が絡んだ結果、応仁二年（一四六八）十一月二十六日、西軍の斯波義廉《しばよしかど》のもとに奔ってしまった。翌日には大内政弘《まさひろ》をはじめとする西軍の諸将も馳せ参じ、義視を将軍と仰いだ。義視を頂点とする西幕府が成立した瞬間である。

　先にも触れたように、この義視に味方する十名程の公家衆も現れた。その面々は、四辻実仲《よつつじさねなか》・清水谷《しみずだに》実久《さねひさ》・正親町三条公躬《おおぎまちさんじょうきんみ》・葉室教忠《はむろのりただ》と光忠《みつただ》父子・阿野季遠《あのすえとう》・橋本公国《はしもときんくに》・西川房任《にしかわふさただ》・河鰭公益《かわばたきんます》らである。彼らは、後花園法皇（応仁元年九月二十日に出家）から「天皇・上皇が室町殿に避難した後、禁裏御所《きんりごしょ》・仙《せん》洞《とう》御所の留守を守るように」という命が下ったものの、それに背いて西軍と行動を共にした。この命令違反が問題視され、後花園法皇によって彼らの官位（官職と位階《いかい》）が解かれてしまったのである（『公卿《くぎょう》補任《ぶにん》』応仁二年の項）。その後、彼らは西軍側から扶持《ふち》を受けて、禁裏御所・仙洞御所の留守を守っていた。

彼らが西軍側についたのには、わけがある（水野智之二〇〇三）。将軍義政の御台所《みだいどころ》（正室《せいしつ》）は、言わずと知れた日野富子《ひのとみこ》である。当時、日野家は「名家《めいか》」という家格から言えば中流クラスの公家であるが、第三代将軍義満《よしみつ》以降、代々の御台所を輩出する「家」であることから幕政に関与することも多かった（巻末【系図2】参照）。とくに富子の実兄にあたる勝光《かつみつ》は権勢をふるっていたため、義視が次期将軍として台頭するにつれ、義視方の勢力を圧迫していったという。それは公家に対しても例外ではなく、勝光は義視の後ろ盾となっていた正親町三条家と、同家と近い関係（姻戚《いんせき》関係および交流関係）に近い公家に対しても、ほしいままに振る舞っていた（『大乗院寺社雑事記』寛正二年十月五日条・同三年四月十六日条）。また、勝光が応仁元年四月に内大臣《ないだいじん》に任官してからのちはさらに権勢が高まり、摂家に対してさえも尊大な態度をとるようになった（『後法興院政家記《ごほうこういんまさいえき》』応仁元年五月十九日条・十二月六日条など）。

かかる勝光に対し、反感を持った正親町三条家を中心に公家たちが結集し、勝光や富子つまり日野家に対抗するために、義視方の西軍に与《くみ》したのである。

このように、当時の公家社会は、必ずしも一枚岩ではなかった。応仁・文明の乱は、確かに武家間の政治的対立であり、公家衆もそれに巻き込まれてはいた。さまざまな対立軸が交差する中、公家間の対立軸も存在し、公家同士、相争う場面もあったのである。

従軍する公家たち

西軍と行動を共にした公家たちが現れたのは、一時的あるいは一部の公家にとどまることではない。

応仁・文明の乱ののち、第九代将軍義尚は幕府の復興を大々的にアピールするため、また近江守護《おうみしゅご》の六《ろっ》角《かく》氏が押領していた所領《しょりょう》（義尚側近の所領）を保護するため、という目的から、近江国《おうみのくに》（現、滋賀県）に出陣し六角氏と対峙《たいじ》している。この時、義尚の軍勢には細川政賢《ほそかわまさかた》・大舘尚氏《おおだちひさうじ》ら将軍御供衆《しょうぐんおともしゅう》（将軍の側近集団）のほか、日野政資《まさすけ》・飛鳥井雅俊・高倉永康《たかくらながやす》・広橋守光《ひろはしもりみつ》・烏丸冬光《からすまふゆみつ》・白川資氏《しらかわすけうじ》ら公家たちも加わっていた（『長興宿禰記《ながおきすくねき》』長享元年〈一四八七〉九月十二日条）。

このような現象は、応仁・文明の乱時のみに現れた特異なものというわけではない。義材《よしき》（のち義尹《よしただ》→義稙《よしたね》と改名。ここでは義稙に統一する）が第十代将軍の地位にあった明応二年（一四九三）四月、彼を廃するクーデターが起きた。世に言う明応《めいおう》の政変《せいへん》である。この時、義稙は畿内《きない》（京都周辺の地域）の有力者である畠山政長《はたけやままさなが》らの要請によって、彼と対立する畠山基家《もといえ》（義就《よしなり》の次男）とその一派を征伐するため河内国《かわちのくに》（現、大阪府東部）へ出陣していた。この時も、葉室光忠・高倉永康・松殿忠顕《まつどのただあき》ら公家衆が義稙に合力し従軍している（『蔭凉軒日録《いんりょうけんにちろく》』明応二年二月十五日条など）。

義稙が京を離れた隙を狙い、有力大名の細川政元《まさもと》、日野富子（義政正室、義材の伯母）、伊勢貞宗《いせさだむね》（政《まん》所《どころ》執事《しつじ》。訴訟機関の長官）が義稙の将軍職（足利将軍家家督《かとく》）の地位を廃し、香厳院清晃《きょうげんいんせいこう》（義稙の従兄で伊豆《いず》の堀越公方《ほりごえくぼう》足利政知《まさとも》の次男。義遐《よしとお》→義高《よしたか》→義澄《よしずみ》と改名、ここでは義澄に統一する）を十一代将軍に擁立しようとしたのである。このクーデターの主な原因は、義材と細川政元との幕政における主導権争いだったという（浜口誠至二〇一四）。

この明応の政変はいちおうは成功した。だが、義稙はなおも将軍復帰に執念を燃やしていたため、将軍家は分裂してしまった。以降の将軍家は、義稙系（義稙→第十四代将軍義栄《よしひで》）と義澄系（第十一代将軍義澄→第十二代将軍義晴《よしはる》→第十三代将軍義輝《よしてる》→第十五代将軍義昭《よしあき》）の二派が対立し、それぞれ将軍職をめぐって相争うようになった。

将軍家の分裂は、畿内政治の混乱を招くとともに、全国の大名にも影響をもたらした。のみならず、公家たちも将軍家の動向に左右されている。たとえば将軍職を逐われた義稙は越中国《えっちゅうのくに》（現、富山県）を目指して逃亡したが、阿野季綱《あのすえつな》・松殿忠顕・烏丸冬光ら義稙に従った者がいた一方で、新将軍となった義澄に対していち早く追従した日野政資・広橋守光らの姿も確認できるのである（『言国卿記《ときくにきょうき》』明応二年四月二十八日条）。

このような傾向は、おおよそ第十二代将軍義晴のころまで見られる。義晴が将軍に任官し五年が過ぎたころ、義晴を擁立し幕府政治をとり行っていた管領細川高国《かんれいほそかわたかくに》は、彼に叛旗《はんき》を翻《ひるがえ》す者たちとの戦闘に手を焼いていた。大永六年（一五二六）七月の、細川尹賢《ただかた》（細川氏庶流家の当主）と香西元盛《こうざいもともり》（高国の有力家臣）の争いが元で、幕府政治は揺らいでいた。また、尹賢に反発した阿波国《あわのくに》（現、徳島県）の細川晴元《はるもと》が軍事行動を起こし、義晴方と対戦した。この戦いに敗れた義晴一行は、翌年二月には近江国坂本《さかもと》（現、滋賀県大津市）に逃れ、ついで同国蒲生郡長光寺《がもうぐんちょうこうじ》（現、滋賀県近江八幡市）へ移った。さらに、阿波国から三好元長《みよしもとなが》が足利義維《よしつな》（義澄の子、義稙の養子。堺公方《さかいくぼう》）と反高国の細川晴元を奉じて畿内に入って来ている。だが、義維自身は和泉国《いずみのくに》（現、大阪府南西部）堺を本拠地としていたため、入京して政務を執ることはなかったという。

一方、一時勢力を挽回し、京に戻ることができた義晴方は、義維方と和議《わぎ》（講和）を結ぼうとしたがそれはかなわなかった。義晴方は京を追われ、同八年（享禄元年、一五二八年）五月にいったん近江国坂本に九月には近江国朽木《くつき》（現、滋賀県高島郡）に逃れている。この時も、義晴に供をして、高倉永家《ながいえ》・阿野季時《すえとき》・烏丸光康《みつやす》・上冷泉為和ら四人の公家たちが京都を離れているのである（『為和集』大永八年五月二十八日条・『足利季世記《あしかがきせいき》』）。

将軍に仕える公家衆の誕生

このように戦国時代、将軍と行動を共にし、将軍の京都からの逃避行にすら従う公家衆たちが存在している。また彼らの名前を見ると、日野・烏丸・高倉という名が、数代にわたって並んでいる。代々の将軍ごと、彼ら公家衆も代々にわたって将軍と行動を共にしていたことがうかがえる。

いうまでもなく、公家は廷臣《ていしん》として朝廷に仕えており、その主人は天皇である。その一方で、先にあげた日野・烏丸・高倉といった公家衆は公家でありながら足利将軍にも仕えていたといえる。天皇と将軍、二人の「主人」を持つ公家衆とは、いったいどのような存在だったのだろうか。

彼らは、武家昵近公家衆《ぶけじっきんくげしゅう》（昵近衆《じっきんしゅう》）と呼ばれる、将軍家および朝廷の双方に奉仕する公家集団である。中世の時代、「兼参《けんざん》の輩《ともがら》」という言葉も見られるように、「兼参」つまり複数の主人に仕えることは決して不自然な行為ではなく、これは公家衆にもあてはまる。

将軍家と朝廷に奉仕する公家衆は、すでに鎌倉時代（とくに摂家将軍・親王将軍の時期）にも「関東祇《かんとうし》候廷臣《こうのていしん》」としてその姿が確認できるが、足利将軍に仕える公家衆の淵源《えんげん》は、室町幕府第三代将軍義満の時代にさかのぼる。

これまでの研究上での義満の人物評は、「皇位簒奪《こういさんだつ》を企てた唯一の将軍」というものや（今谷明一九九〇）、義満の権力を歴代の院（上皇）を超えた「日本国王」と表現する学説（佐藤進一一九六三）も見られた。ここでは、これらについては深く立ち入らないが、近年、公武関係論の研究が進むにつれ、「皇位簒奪説」（＝「王権簒奪論《おうけんさんだつろん》」）については、その基となる論拠には史料上明確な証拠がないことや史料の解釈に飛躍があること（桜井英治二〇〇一）、また「日本国王」号に関しては、義満が国内に向けてその称号を使用した形跡がないこと（村井章介一九九五）などが明らかにされた結果、いずれも、もはやそのままでは成立しない学説となっている（早島大祐二〇一〇）。

だが、義満は初代将軍の尊氏《たかうじ》、第二代将軍の義詮《よしあきら》が任官した正二位《しょうにい》権大納言《ごんのだいなごん》という官位をはるかに超え、内大臣、左大臣《さだいじん》を経て従一位《じゅいちい》太政大臣《だいじょうだいじん》にまでのぼりつめ、武家社会のみならず公家社会の頂点に立った。義満の「公家化」とも評されるが、これは北朝・南朝に分かれていた朝廷が再興に向けて武家の支援が必要だったという朝廷側の思惑と、武家社会の中で足利氏（足利将軍家）の超越性を確保するために北朝天皇家に接近するという武家側の思惑が一致したことによる（石原比伊呂二〇一七）。

とまれ、官位の上では摂関家にも匹敵するようになったことを機に、義満は本来、摂関家—堂上《とうしょう》公《く》家《げ》（内裏清涼殿《だいりせいりょうでん》に昇殿できる廷臣一般）間の主従関係を示す家司《けいし》・家礼《かれい》のシステムを導入し、自身の従者となる「将軍家の家司・家礼」と呼ばれる側近公家衆（主に中級クラスの公家衆）を形成したのである。

また義満は官位昇進と平行して、実際の公卿《くぎょう》（三位以上の朝官《ちょうかん》）として朝廷儀礼にも参加するようになった（石原比伊呂二〇一七）。儀式に臨むには、細かな作法を習得する必要がある。おそらく義満は、側近公家衆からも作法の指南を受けたであろう。義満が朝廷へ接近する中で、家司・家礼といった側近公家衆は大きな存在となっていったと思われる。

昵近衆の登場

この家司・家礼の系譜に連なるのが、先にも触れた「武家昵近公家衆（昵近衆）」と呼ばれる公家集団である。昵近衆は室町時代中期にあたる第六代将軍義教《よしのり》の時代に形成され、第十五代将軍義昭期すなわち室町幕府の最末期まで存続した。とくに第八代将軍の義政期以降、彼ら昵近衆は将軍との従属関係を強め、その密接な関係は代々続いていた。また、昵近衆の別名は「東之衆」「東向《ひがしむき》」である。この呼称は、将軍との対面時、将軍御所に東の方角から祗候することから付けられた。ちなみに、「西衆」と呼ばれた者たちも存在する。摂家や清華家《せいがけ》といった昵近衆に比べ家格の高い公家たちがそれにあたるが、この「西衆」は別名、「外様《とざま》」とも称された（『年中恒例記《ねんじゅうこうれいき》』）。とすると、呼称の面からもトップクラスの公家ではなく、彼ら昵近衆こそが将軍との心理的距離が近いことがうかがえる。

彼らの面々は、第十三代将軍義輝期に記された記録によると、まず「根本直近《こんぽんじつきん》」（もとからの、ないしは譜代《ふだい》の昵近衆）と呼ばれる昵近衆として、日野・正親町三条・烏丸・飛鳥井・高倉・広橋の六家があがっている。のち第十一代将軍義澄期に上冷泉家、つづく第十二代将軍義晴期に勧修寺《かじゅうじ》家がそれぞれ加わり、合計八家となった（「永禄四年三月二十八日付高倉永相《ながすけ》書状」・『年中恒例記』。巻末【系図5・8～10】参照）。

右の八家が代々の（＝譜代の）「昵近衆」としていわば固定化された面々であったのに対し、将軍との個人的関係の近さゆえに登用された、一代・二代限りの限定的な昵近衆も存在する。白川・中山《なかやま》・山科・阿野・万里小路などがそれにあたる。先に見たように、葉室・阿野はとくに第十代将軍義稙と親交が深かった。とくに阿野季綱は、明応の政変後も新将軍義澄に仕えることはなく、あくまで義稙個人に奉仕しつづけていた（木下昌規二〇〇八）。彼らは将軍との関係の深さから、時に官位昇進の際、将軍の執奏《しっそう》（天皇への申し入れ）を得るなど、立場の向上をはかることができたが、「譜代の昵近衆」に取り立てられることはなかった。葉室・阿野はそれを望んだものの、許されなかったという（「永禄四年三月二十八日付高倉永相書状」）。

つまり譜代の「家」と一代・二代限りの「家」というように、その区分は厳密に線引きされていたことがわかる。このことは、以下の例からも端的にうかがえる。たとえば、将軍が年賀のため参内《さんだい》した際、天皇との対面後、将軍の御前に召し出されて将軍から直々の御酌を受ける儀礼がある。これは、三献《さんこん》の儀という祝儀の正式な酒宴の作法であるが、三献目の酌は、基本的に昵近衆だけが召し出される決まりとなっていた（『二水記《にすいき》』永正十四年〈一五一七〉正月十日条、『和長卿記《かずながきょうき》』文亀三年〈一五〇三〉正月十日条・大永二年〈一五二二〉二月二十三日条）。このように、「譜代の昵近衆」と「一代限りの昵近衆」の差は、儀礼の場での待遇にも、もたらされていたのである。

昵近衆の役割

それでは、将軍と密接な関係を保ちつづけていた昵近衆には、具体的にはどのような役割が課されていたのだろうか。

　彼ら昵近衆の活動内容は、実に多岐《たき》にわたる。その中でまずあげられるのは、儀礼的な役割である。たとえば先にも触れたように、将軍の年賀参内の折につき従い、天皇と将軍間をとり結んでいる（『言継卿記』天文十六年〈一五四七〉正月二十五日条）。これをはじめ、将軍の外出時にも供をすることもあったという。第十一代将軍義澄が管領細川政元の屋敷に赴く際（細川政元第御成《おなり》）には、昵近衆も御供した例も確認できる（『拾芥記《しゅうがいき》』文亀二年〈一五〇二〉七月二十七日条）。同様に、第十三代将軍義輝が永禄四年（一五六一）三月に、三好長慶《みよしながよし》の屋敷へ赴いた際（三好長慶第御成）も、昵近衆が供奉していた（『後鑑《のちのかがみ》』）。

　加えて、将軍御所で行われる種々の儀礼への参加も課されている。昵近衆には、将軍宣下《せんげ》（征夷大《せいいたい》将軍《しょうぐん》の任命）の折はもちろん（『管別記《かんべつき》』大永元年〈一五二一〉十二月二十五日条など）、年賀や節句あるいは月朔（毎月一日）など折にふれ、将軍御所へ礼に赴くことになっていた（『二水記』永正十四年〈一五一七〉正月十日条など）。そのため、昵近衆を示す別称として節朔衆《せっさくしゅう》という語も用いられている。このほか、将軍御所で開催された行事、たとえば猿楽能に昵近衆が参加することもあった（『実隆公記』永正六年十二月十二日条など）。

さらに、昵近衆は日常的に将軍御所に祗候《しこう》していることから、御所内で将軍と他の公家衆が対面する際、それを取り次ぐ役割も果たしていた。

昵近衆には軍事奉公も期待されていた。たとえば、第十一代将軍義澄が隠遁《いんとん》したという風聞《ふうぶん》（『拾芥記』文亀二年八月七日条）や、義稙の屋敷に討ち入りがあったという風聞（『二水記』永正十四年二月四日条）が立つなど有事の際、昵近衆は真っ先に馳せ参じ、時には将軍御所の警固にもあたっている。先にも見たように、将軍が京都から追われ、畿内各地に逃れる際も、将軍と行動を共にしている。彼らにとっては、足利将軍の動向に応じた行動をとることが自然だったのである。

このような軍事奉公をも務める昵近衆は通常、武家と同様の服装を身につけていた。烏帽子《えぼし》に直垂《ひたたれ》姿で将軍に仕えており、その出で立ちは公家の服装として一般的にイメージされる直衣《のうし》や狩衣《かりぎぬ》ではない。この服装のため、昵近衆は視覚的にも武士とさほど変わりはなかったという（木下昌規二〇一五）。

公武間の介在役

さらに、彼ら昵近衆は将軍と近い関係にあるという特性を生かして、公武間の介在を務めることもあった。本来、天皇―将軍間をつなぐはたらきである交渉役を担ったのは伝奏《てんそう》（武家伝奏《ぶけてんそう》）という公家たちである。彼ら伝奏（武家伝奏）は、公武双方の意思伝達はもとより、公武両者の政策の伝達や、儀礼的な場（たとえば公武間の贈答行為）での使者をも務めていた。政策の伝達といった役目柄、この伝奏（武家伝奏）に選ばれるのは、おおむね実務クラスの中級公家衆（大納言や中納言《ちゅうなごん》まで昇進する「家」）たちであり、家格も中流レヴェルといってよい「名家」の出身者が多い（巻末【家格と官職相当表】参照）。戦国時代、伝奏（武家伝奏）の就任に際しては昵近衆の中から将軍の推挙によって選ばれたのち、天皇から任命される、といった手続きをふむ。それゆえ、昵近衆も武家伝奏に就任した時はもちろん、伝奏（武家伝奏）に不都合があった場合、代わって交渉役を務めるなど、伝奏（武家伝奏）の補完的な役割を負っていた。

その一方で、伝奏（武家伝奏）に就任していないにもかかわらず公武間交渉に携わり、双方の意志の確認や伝達、執奏申次《しっそうもうしつぎ》（将軍から天皇への言上を取り次ぐこと）といった活動を行うこともままあったという（木下昌規二〇一七）。かかる伝奏（武家伝奏）を含む昵近衆の、公武交渉面での具体的なはたらきの様相は、次章で見ていくことにしたい。

公武間の交渉には携わるものの、この時代、昵近衆は基本的には将軍の政務運営に携わることはなかった。ある意味、例外的ともいえようが政務運営に携わる「側近公家衆」として第十代義稙期には葉室光忠・阿野季綱が、つづく第十一代将軍義澄期には正親町三条実望《さねもち》・上冷泉為広《ためひろ》（昵近衆ではない）・高倉永康・飛鳥井雅俊・日野高光《たかみつ》らが、それぞれ昵近衆から選ばれ幕政に参加している（木下昌規二〇一五）。前にも述べたように、彼らはとくに個人的な関係で義稙・義澄それぞれの将軍と結びついていた。それゆえ、幕政にもタッチしえたのだろうが、この風潮は長続きしなかった。第十二代将軍義晴期にいたると、武家身分の内談衆《ないだんしゅう》と呼ばれる集団（訴訟機関の構成員）が将軍の政務運営を支えるようになった。「側近公家衆」は幕政の表舞台から姿を消したのである（木下昌規二〇一五）。

では、足利将軍の対応はどうだったのだろうか。将軍も昵近衆に対しては、手厚く遇している。このことは、昵近衆が地方の戦国大名のもとに下向する際、下向先の大名に対して御内書《ごないしょ》（将軍の花押《かおう》が据えられた文書）を発給し、便宜を図っていることからもわかる。たとえば永禄四年（一五六一）六月、飛鳥井雅教《まさのり》は奥州《おうしゅう》（陸奥国《むつのくに》。現、福島県・宮城県・岩手県・青森県）の伊達晴宗《だてはるむね》のもとへ下り、家業の蹴鞠を伝授している（「飛鳥井雅教書状」『伊達家文書《だてけもんじょ》』所収三二五一号文書）。この折、第十三代将軍義輝は晴宗に宛てて雅教の下向を知らせ、懇《ねんご》ろに対応すべく指示している（「足利義輝御内書」『伊達家文書』三二四九号）。その効あってか、晴宗は雅教を厚く饗応《きょうおう》している様子がうかがえる（「飛鳥井雅教書状」『伊達家文書』所収三二五〇号）。

将軍との関係変化

将軍─昵近衆間の密接な関係は当時、公家衆のあいだに「昵近衆とそれ以外の公家」という身分意識の差を生じさせていた。先にあげた「三献召し出し」の儀礼の際、その時点では昵近衆でなかった上冷泉為和はしきりに望んだが、「三献召し出し」に加わることはかなわなかった。為和本人は口惜しく思っただろうが、周囲の公家たちはそれを当然のことと受け止めている（『和長卿記』大永二年〈一五二二〉二月二十三日条）。

これも先に触れたが、大永八年（享禄元年、一五二八年）、将軍義晴が近江国坂本（現、滋賀県大津市）から同国朽木に逃れた際、高倉永家以下四名の昵近衆も義晴と共に京を離れた。逃亡時、譜代の昵近衆であるにもかかわらず、飛鳥井雅綱は東寺《とうじ》（京都内）までは義晴の供をしたものの、近江国坂本までは同行しなかった。雅綱の行為に対し、義晴に同行した上冷泉為和は「言語道断」と強く非難している（『為和集』大永八年五月二十八日条、『足利季世記』）。この発言から、昵近衆は常に将軍の身近にあって奉仕する存在、という自意識を持っていたことがうかがえる。

かかる将軍と昵近衆との関係は、「根本直近」と称される譜代の昵近衆といえども、戦国最末期以降にいたると次第に変化が見られる。このことを端的に表しているのが、将軍の死をめぐる動きである。天文十九年（一五五〇）五月に病没した第十二代将軍義晴の葬儀は京都東山の慈照寺《じしょうじ》で行われたが、その際、飛鳥井雅綱・烏丸光康・広橋国光・高倉永相・日野晴資《はるすけ》ら昵近衆が参列している（『万松院殿穴太記《ばんしょういんどのあのうき》』・『言継卿記』天文十九年五月二十一日条）。

一方で、第十三代義輝期にいたるとその様子は一転する。永禄八年（一五六五）五月、義輝は三好義継《よしつぐ》（長慶の養嗣子）・松永久通《まつながひさみち》（久秀《ひさひで》の嫡男《ちゃくなん》）の急襲を受け、自害に及んだ（＝永禄の政変。『言継卿記』永禄八年五月十九日条）。三好氏は、和睦《わぼく》後（永禄元年十一月、義輝―三好長慶間の和睦成立）次第に将軍としての存在感を高めていった義輝の存在に脅威をおぼえており、急襲にいたったという。

注目すべきは、義輝の葬儀は同年六月に行われたが、昵近衆の参列は一人もなかったことである。この様子については、「昵近の公家は、以前はことごとく参列したのに、今日は一人も来ていない」と驚きをもって書き記されている（『言継卿記』永禄八年六月九日条）。

義輝の葬儀時に、昵近衆が一人も参列しなかったのはたんなる偶然ではない。昵近衆自身の意識の変

広橋国光像（東京大学史料編纂所所蔵模写）

化があったからなのである。これまで当然視されてきた将軍へ奉仕する存在という意識を、当の昵近衆が持たなくなっていた模様である。この時期にいたると、昵近衆の中にも将軍との関係を第一義に捉えるのではなく、彼ら個々の個人的関係や思惑を重視する者が現れるようになった。

将軍義輝との不協和音

たとえば、広橋国光は先にあげたように「根本直近」の一人であったが、彼の実妹の保子《やすこ》が松永久秀の妻となっていた関係から、松永方と親交を結び、しばしば久秀の居城である奈良の多聞山城《たもんやまじょう》に滞在している（『兼右卿《かねみぎきょう》記《き》』永禄八年二月十一日条など）。また、永禄九年（一五六六）に松永久秀と三好三人衆《みよしさんにんしゅう》（三好長逸《ながやす》・三好宗渭《そうい》〈釣《ちょう》閑斎《かんさい》〉・石成友通《いわなりともみち》）とのあいだに内紛が起こった際、広橋家の者は松永方として動いたという。つまり、国光は対将軍との関係に比して、松永方とのそれをより深めていたのである。

加えて、永禄改元（一五五八年、弘治四年）の折、当時、国光は伝奏（武家伝奏）の職にあったにもかかわらず、朝廷—義輝間の連絡を怠っているなど（『惟房公記』永禄元年五月二十六日条・六月二十一日条）、将軍義輝と向き合っていない様子もうかがえる。

また高倉永相も同じく「根本直近」に名を連ねており、かつ同家に伝わる家業（家のわざ・学問）の衣紋道《えもんどう》をもって足利将軍家に仕えていた（池田美千子二〇〇二・二〇〇九）。主に、将軍参内時の装束の着付けなどがそれにあたる（『実隆公記』永正五年〈一五〇八〉七月二十一日条など）。また当時、義輝―朝廷間の交渉の多くも、高倉永相とその父永家が負っていた（『言継卿記』天文十九年九月二十六日条など）。

だが一時的であったにせよ、永相自身は将軍義輝よりはむしろ将軍と対立していた三好長慶と好《よしみ》を通じていた時もあったのである。かつて三好長慶は、天文二十二年（一五五三）八月、圧倒的な軍事力で将軍義輝を京都から近江国朽木に追い落とし、以後事実上、畿内武家社会の頂点に君臨し、政治権力を行使していた。永禄元年、長慶と義輝が交戦した際、永相は三好・松永方に肩入れしていたという（『言継卿記』永禄元年五月十九日条）。一方、同年十一月にいたると義輝は三好長慶と講和し、五年ぶりに京都に戻った。こののち、永相も咎められることなく再び義輝―朝廷間の交渉役を担うようになった（『お湯殿《ゆどの》の上《うえ》の日記《にっき》』永禄三年三月二十八日条・同四年二月二十四日条など）ものの、三好氏との関係がまったく切れたわけでもなかったようである。義輝の弑逆《しいぎゃく》直後、三好義継が参内し正親町天皇へ事後の報告と見舞いを行う際、その取り次ぎを行ったのは永相であった（『言継卿記』永禄八年五月二十一日条）。

当時、将軍は京を離れる時期が長くなっていることに伴い、政治の中心から次第に外れていくこともあっただろう。それにより、一部の昵近衆にとっても将軍は必ずしも絶対的な存在と言い難くなった点も生じたのではないだろうか。

このように戦国最末期の一時期、昵近衆に対する将軍の影響力が小さくなった状況が見てとれるが、室町幕府最後の将軍に就任した義昭は将軍―昵近衆間の関係を再生している。義昭による「幕府再興」のための政権構想、その政策の中には、公家衆（昵近衆）との関係構築も含まれていたのである。この様子については、後述したい。

2　公武をつなぐ御台所

将軍御台所のお里①――日野家

「日本史とくに中世史の中で、良く知られている女性は誰か」を問うと、今でもやはり北条政子《ほうじょうまさこ》や日野富子の名は必ずあがる。この二人は、高等学校の日本史の教科書にとりあげられている数少ない女性でもあることから、一般的にも認知度が高いのだろう。

これまで日野富子については、「稀代《きだい》の悪妻」や「守銭奴」といったネガティブなイメージで語られることが多かった。ここでは富子の人物論には立ち入らないが、近年では研究も進み、とくに御台所（将軍正室）としての政治的な役割が明らかにされた結果、一人歩きした「悪女」のイメージも修正され、彼女の「為政者」としての面が積極的に評価されている（田端泰子二〇一八）。

富子は中流公家の日野家の出身（日野重政《しげまさ》の娘）で、享徳四年（康正元年、一四五五年）八月、第八代将軍義政のもとに嫁ぎ、のちに九代将軍となる義尚を儲けた。いうまでもなく、富子が義政に嫁いだのは偶発的なことではない。足利将軍家は、第三代将軍義満が御台所として日野業子《なりこ》を娶ったことを皮切りに、代々の御台所を日野家から迎えるようになった（巻末【系図2】参照）。
もっとも、若くして亡くなった第七代将軍義勝《よしかつ》、御台所を迎えなかった第十代将軍義稙は除くが、義満以降、第十一代将軍義澄まで、日野家との縁組は続いたのである。富子もまた大叔母重子《しげこ》（義政の生母）のあっせんで、将軍家御台所となったという。

扇の要となった日野家

武家のトップである足利将軍家が、なぜ公家の日野家から正室を迎えることになったのか。その理由は、当時の朝廷—室町幕府間をめぐる状況にある。少々、時間軸をさかのぼって見てみよう。室町幕府（足利将軍家）の初代将軍尊氏は、後醍醐《ごだいご》天皇（南朝）の建武政権から離脱する際、それに対抗すべく光《こう》厳《ごん》上皇の院宣《いんぜん》（上皇・法皇の命令を奉じて出す文書）を獲得し北朝を擁立した。ここに、北朝天皇家と室町幕府との関係が始まる。一方、この時代、天皇家はたんに南朝・北朝と二つに分かれていただけではなく、北朝内部にも複数の天皇候補となる家系が存在するなど、皇位継承をめぐって「誰が正統的な天皇となりえるか」、混乱を極めていた。室町幕府と北朝天皇家は後光厳《ごこうごん》天皇（弥仁《いやひと》）の即位を敢行し、以後も幕府は後光厳流の皇統を護持し、北朝天皇家の存続を保障しつづけた（石原比伊呂二〇一七）。

この、後光厳天皇の第二皇子緒仁《おひと》親王（のちの後円融《ごえんゆう》天皇）のもとに建徳二年（一三七一）、三条公忠《さんじょうきんただ》の娘厳子《いつこ》が嫁いだ（上臈女房《じょうろうにょうぼう》として入侍《じゅじ》）。この縁組の橋渡しをしたのは、緒仁親王の乳母《めのと》（後見役）として後宮で幅を利かせていた日野宣子《のぶこ》である。当時、宣子の実家、日野家は北朝天皇家の近臣として朝廷政治の実務を担い、あわせて公武間の交渉にも携わるようになるなど、朝廷内で着実に政治的実力を蓄えつつあった。また、公武交渉を通して北朝天皇家を保護する幕府とも関係を構築していった。

このような実家の権勢をバックに、宣子は朝廷のみならず、幕府ともより密接に結びつこうと思ったのか、応安八年（永和元年、一三七五年）姪の業子を第三代将軍義満のもとへ輿入れさせた。義満もまた後円融天皇の従兄弟にあたる（義満生母紀良子《きのよしこ》と、後円融天皇生母紀仲子《なかこ》が実の姉妹）ことから、縁組を通じて朝廷との関係を強固にしたかったのだろう。加えて、後円融天皇生母の紀仲子は、日野流広橋家の広橋兼綱《かねつな》の養女となっている（巻末【系図10】参照）。

日野業子の将軍家への輿入れは、北朝天皇家―足利将軍家―日野家をとり結ぶ、ネットワーク構築のはじまりとなったのである。以後、朝廷（北朝天皇家）と幕府（足利将軍家）はともに国家の上層部として位置づけられ、将軍の権力が朝廷と幕府という二つの集団を統括するという政治・社会体制が固められていった。朝廷（北朝天皇家）と結びつくことで足利将軍家の絶対性・超越性を示す幕府にとって、日野家は公武の紐帯《ちゆうたい》として両者を陰に日向に支える重要な存在だったといえよう。

その後も、日野家は朝廷内の実務官僚として活躍すると同時に、将軍家の外戚《がいせき》としても重きをなした。とくに、義政の御台所富子が将軍正室として、また次期将軍の地位が期待される嫡子《ちやくし》義尚の生母として、幕政にも関与していたことは、つとに有名である。また富子の同母兄勝光は、将軍義政の側近ともいえる立場につき、自身の娘もまた第九代将軍義尚に嫁がせるなど、権勢を誇っていた。その権勢ぶりは、勝光が本来、日野家には認められていない官位である左大臣にまで昇進している（日野家の場合は、大納言まで昇進可能。＝極官《きょっかん》。家格によって昇進できる最高位が決まる）ことからうかがえよう。勝光は、将軍が主催する裁判（＝御前沙汰《ごぜんざた》。所領問題など重要な案件を対象とする）をとりまとめ、その実務を担う奉行衆を指揮して裁判の審議を行い、義政の下す裁決に備えていた。このような幕府政治を主導するような振る舞いから、正式な職名かどうかは不明ながらも、勝光は周囲から「新将軍代」（大御所義政の代官という意味）と呼ばれていたという（木下昌規二〇一五）。

将軍御台所のお里②——近衛家

日野家以外にも、御台所を出す公家の「家」があった。それは、摂政・関白にも昇進できる五摂家という非常に高い家格の公家の中でも最上位に位置する近衛家である。足利将軍家は、第十二代義晴とその息子で十三代将軍を継ぐ義輝と、二代続いて近衛家から御台所を迎えている。それまでの日野家にかわり、公家の最トップの近衛家が御台所を出すにいたった理由や経緯はいかなるものだったのか、見ていこう。

近衛家出身で初の御台所となった女性は、関白近衛尚通《ひさみち》の娘で稙家《たねいえ》の妹（慶寿院《けいじゅいん》）で、天文三年（一五三四）六月、第十二代将軍義晴に嫁ぎ、義輝（第十三代将軍）・義昭（第十五代将軍）を儲けた。つづく十三代将軍義輝も永禄元年（一五五八）十二月、近衛稙家の娘（慶寿院の姪）を御台所に迎えている。なお将軍正室で、次代将軍となる嫡子を生んだ者はこの慶寿院で最後となった（巻末【系図2〜3】参照）。

近衛家が御台所を出した背景にはまず、公家社会内部での近衛・九条両家の対立関係があった。いうまでもなく、近衛・九条《くじょう》両家は、ともに五摂家に数えられるトップ層の公家である。五摂家が成立していく過程で、九条家・二条《にじょう》家・一条家は、藤原道家《ふじわらのみちいえ》が分流して家門《かもん》（血縁集団）を形成した同族集団ともいうべき「九条流摂関家」である。近衛家と鷹司家は藤原家実《いえざね》が分流して形成した「近衛流摂関家」である。同一の家門（一門）に属する各「家」にはさまざまな交流や連携があった一方で、一門を超えた交流・連携は比較的少ないようであった（水野智之二〇一〇A）。

近衛家―九条家間の対立

同じ五摂家のうちにあっても、「九条流摂関家」と「近衛流摂関家」の摩擦はしばしば見られる。とくに、近衛家―九条家間の関係は冷えこんでいる。たとえば戦国時代、文明十一年（一四七九）ごろより、関白職への就任をめぐって九条家と近衛家が数度にわたり相争っていた。このような様子は、天文二年（一五三三）二月に九条稙通《たねみち》が関白に就任した際に明らかになっている。すなわち九条稙通は、近衛稙家が約八年という長期にわたり関白に在任していることを不満を持ち、早く稙家を辞めさせ自らを関白に就任させようと、朝廷にはたらきかけていた。一方、近衛稙家は足利将軍家を頼り自身の関白留任（在任の継続）を、将軍義晴から後奈良天皇に申し入れてもらうよう（＝武家執奏《ぶけしっそう》）、求めた。

同時に、これにより当然のことながら、九条家と近衛家は相争うこととなった。後奈良天皇は、九条稙通の関白就任は決定済みのこととして実行に移したのであるが、将軍義晴はこれに反発し、稙通の関白宣下に参列した者を処罰することを明言した。九条家―近衛家間の対立が深まるにつれ、近衛家は足利将軍家に接近することで基盤を立て直そうとしていたことがわかる。

また「二人の将軍」をめぐる、畿内の政治経過にも、近衛家―九条家間の対立構造が透けて見える。明応の政変によって生じた「足利将軍家の分裂」は第十二代将軍義晴のころまでもくすぶっていた。享禄年間（一五二八〜三二年）にいたり、畿内では足利義晴・細川高国方と、足利義維・細川晴元方の対立がつづくなど、「足利将軍家の分裂」の余波が残っていた。

この義維を支持したのは、九条家である。だが、義維に対して後奈良《ごなら》天皇や朝廷は「将軍」と認めていなかったようである。たとえば、朝廷は義晴に対し、従三位・権大納言へ昇進させる一方で、義維に対しては何のアクションも起こしていない（『高代寺日記』享禄三年正月二十日条）。当時、実際に京都を支配していたのは義維陣営であっても、朝廷側は義維に期待を寄せていなかったことがうかがえる。

一方、義晴に対しては先にも見たように近衛家の接近が見られる。また、義晴を擁する細川高国も、自身の縁戚である公家（摂家に次ぐ家格の清華家）徳大寺《とくだいじ》家を通して、近衛家とつながりを持っていたようである。徳大寺家の娘維子《ふさこ》（実淳《さねあつ》の娘）が近衛尚通の正室にあたるという縁をもとに、関係を結んでいったのだろう（巻末【系図3〜4】参照）。

将軍義晴への輿入れ

義晴・細川高国―義維・細川晴元間の対立は、享禄四年（一五三一）六月、高国が晴元陣営を支える阿波国人《あわこくじん》の三好元長に攻められて自刃した（＝大物崩《だいもつくず》れ。別名、天王寺《てんのうじ》の戦い）ことによりその状況が変化した。義維・晴元方の威勢は高まったものの、その支配体制は完全には安定しなかった。翌年（享禄五年〈天文元年〉、一五三二年）に入ると、義維・晴元方の内部抗争が生じ、晴元に反発した義維は京都を出奔してしまった（『二水記』天文元年十月二十日条）。のち義維は、父祖が住していた阿波国に渡ったという。のち、義維の子孫たちは俗に「平島公方《ひらしまくぼう》（阿波公方《あわくぼう》）」と呼ばれるようになった。この年（天文元年）の十一月七日にいたり、義晴と晴元は和睦し、新たな幕府体制が生まれた。

義晴のもとに慶寿院（近衛尚通の娘で稙家の妹。当時二十一歳）が嫁いだのは、天文三年六月のことである（『お湯殿の上の日記』天文三年六月八日条）。二人の婚姻は、それまで義晴を支えていた細川高国が親戚の徳大寺家を通して近衛家にはたらきかけていた結果、実現した可能性が高い。この当時は義維方との対立抗争にもようやく終止符が打たれたころであったが、いまだ抗争の影響が残っていたのか、義晴は京には入れず近江各地での逃亡生活をつづけていた。なお、天文三年六月時点での義晴の居住地は、近江国桑実寺《くわのみでら》（現、滋賀県近江八幡市）内の正覚院《しょうがくいん》だったという。

足利将軍家が始まって以来、初の摂家出身の御台所が誕生したのであるが、その理由はいくつか考えられる。

まず一つは、近衛家にとってのメリットである。先にも見たように、関白職をめぐる近衛家—九条家間の対立時、近衛家は自身に有利に事が運ぶよう、将軍義晴にはたらきかけている。

一方、先にも述べたように、九条家は義維に近づいていった。のち天文三年九月に義晴が近江から上洛《じょうらく》すると、まるで入れ替わるように十一月二十一日、関白九条稙通は摂津国《せっつのくに》（現、大阪府）へ出奔し、本願寺《ほんがんじ》宗主《しゅうす》証如光教《しょうにょこうきょう》を頼った（『諸家伝《しょけでん》』など）。ちなみに、頼った先の証如光教は稙通の父、九条尚経《ひさつね》の猶子《ゆうし》（財産相続を目的としない仮の親子関係）となっているという、近親的な関係もあった。稙通の出奔《しゅっぽん》の理由は、表向きは困窮のためと伝えられてはいるが、実際には関白職をめぐる近衛稙家との対立、および近衛家の後押しをする足利義晴への反発があったためという。稙通は幕府と敵対する勢力である足利義維方の「関白」（前関白）として迎えられるべく、摂津国へ向かったのである（水野智之二〇一〇Ｂ）。

逆に近衛家は九条家に対する対抗意識から、義晴と縁戚関係を結ぼうとし、それが尚通の娘の輿入れに結実したのである。

メリットの二つ目としては、義晴の側にも近衛家と縁戚関係を結ぶ意義があった。義維陣営が九条家と近い関係にあったこともふまえると、義維が没落したとはいえ、政権もいまだ不安定な中、一刻も早く自身の政治基盤を整えたかったに違いない。それゆえ、これまでの将軍と一線を画して公家社会の頂点に立つ近衛家と縁戚関係を結んだのである。義晴は、摂家の外戚を得ることで、義維に対する優位性を示し、幕府内外に向けても足利家の正統的な後継者たる将軍としての立場を示したのである。また一説によると、義晴の生母は将軍家に仕えていた女房の一人で、出自が低かったという。生母が無名に近い存在であったため、義晴は当初より外戚からの援助が期待できなかった（木下昌規二〇一七）。

摂家の外戚を得ることで朝廷や公家社会との接点も増え、それらを梃子《てこ》にさまざまな政治交渉の際もスムーズに行いうる。かつ、自身の貴種性《きしゅせい》も問題なく保つことができる。義晴はこのようなメリットを意識して、近衛家から御台所を迎えたのである。

足利―近衛体制の誕生

慶寿院が将軍義晴の御台所となったことにより、足利将軍家と近衛家（慶寿院の実家）との結びつきが強まった（巻末【系図2〜3】参照）。それはたんなる「親戚付き合い」のレヴェルを超えたもので、慶寿院のみならず、近衛家当主の稙家のほか、稙家の兄弟など一門全体で幕府内外の事柄に関わっていた。そのメンバーには、当主の稙家と嫡男の晴嗣《はるつぐ》（のちの前久）、稙家の弟で久我通時《こがみちとき》の養子となった晴《はれ》通《みち》があげられる。

また当時は、仏教界における摂家の役割を果たすために、摂家の子どもたちは門跡寺院という特別な寺院に僧侶として入室することとなっていた。もちろん近衛家も例外ではない。大覚寺《だいかくじ》門跡となった義《ぎ》俊《しゅん》、聖護院《しょうごいん》門跡となった道増《どうぞう》の二人もやはり稙家の弟たちである。さらに、縁戚にあたる徳大寺家出身の僧侶梅仙軒霊超《ばいせんけんれいちょう》（岩栖院《がんせいいん》。徳大寺実淳の息子、近衛尚通の義弟）も、近衛氏一族と行動を共にすることが多い。

彼らは、義晴の身近にあって、公武間の交渉や将軍家と諸大名間との取次《とりつぎ》といった役割を果たしている（宮本義己一九七四・一九七五、高梨真行一九九八、黒嶋敏二〇〇四、磯川いづみ二〇一四、小谷量子二〇一七）。これぞまさしく「近衛ルート」である。

たとえば、稙家は吉田神道をめぐる吉田兼右（吉田神社）―平野兼興《ひらのかねおき》（平野神社）間の相論《そうろん》（＝訴訟）で、平野家に肩入れする大内義隆の希望を将軍義晴に伝え、同家に有利な裁許《さいきょ》（＝裁決。裁判結果）を得ようとはたらきかけている（『後法成寺関白記《ごほうじょうじかんぱくき》〈尚通公記《ひさみちこうき》〉』天文五年〈一五三六〉九月三・四・十六日条、十月十八日条）。同様に大覚寺義俊は、左京大夫《さきょうのだいぶ》の官途を望む仁木四郎《にっきしろう》（長家《ながいえ》カ）の申し出を受け、幕府内で審議を行うよう持ちかけている（『公儀日記《こうぎにっき》』天文十年〈一五四一〉十一月二十九日条）。仁木の希望はかなえられ、左京大夫に任じられた。加えて霊超は、伊予河野《いよこうの》氏の家督をめぐる争いにおいて、将軍義晴からの栄典《えいてん》（＝将軍家と同じ桐紋《きりもん》の授与）を得ることで事態の打開を図ろうとした河野氏当主通直《みちなお》の意をくみ、将軍との交渉に及んでいる（「梅仙軒霊超副状写《そえじょう》」・「近衛稙家書状案」）。

近衛氏一族のはたらきは、次の第十三代義輝期にもつづけて確認できる。久我晴通、出家して宗入《そうにゅう》と称した彼は実兄の聖護院道増とともに、永禄三年（一五六〇）・同六年と二度にわたって豊後国《ぶんごのくに》（現、大分県）へ下り、安芸毛利《あきもうり》氏―豊後大友《おおとも》氏間の和平調停にあたり直接、大友氏と交渉している（『小早川《こばやかわ》家文書《けもんじょ》』・『吉川家文書《きつかわけもんじょ》』など）。また道澄はすでに前年（永禄二年）、将軍義輝の命令により毛利氏―出雲《いずも》尼子《あまこ》氏間の和平を勧告する使者の役を務めていた（『小早川家文書之二』所収二〇六号文書）。

このように、近衛氏一族は当時の幕府政治の一端を担っていた。かつて幕政に深く関与していた日野家はすっかり陰をひそめ、近衛氏一族が将軍義晴とつづく義輝を支える体制たる「足利―近衛体制」が誕生し、二人の将軍の治世期を通して確立していったのである。

この「足利―近衛体制」の要となったのが、慶寿院であった。とくに義晴死後、慶寿院は後家《ごけ》で将軍義輝の生母という二重の立場から義輝の後見役として活躍を見せる。たとえば、幕府に持ち込まれるさまざまな訴訟に関与し、場合によっては義輝の下した裁定結果を覆すこともあった。さながら彼女の姿は、「将軍家家長《かちょう》」であったという（小谷量子二〇一七）。

慶寿院の幕政に対する影響力は、かくも大きいものであった。先にも触れたように慶寿院の愛息、次代将軍義輝にも永禄元年十二月、同様に近衛家の女性（稙家の娘、慶寿院の姪）が御台所として迎えられた（『近衛家譜《かふ》』・『雑々聞検書』永禄元年十二月二十三日条など）。

戦国時代最末期、将軍二代にわたる「足利―近衛体制」の要となり、かつ両家の結びつきを保証したのは、近衛家出身の女性たちであったのである。

第二章　裁判と相論

1　二つの裁判所——「裁判所」としての幕府と朝廷——

室町幕府の再評価

応仁《おうにん》・文明《ぶんめい》の乱《らん》以後、つまり戦国時代の室町幕府については、これまで長く「実質的にはもはや機能を停止し、形骸化していた」と見なされ、まったく無力の存在と言われてきた。しかし最近の幕府研究の進展に伴い、現在ではこのような見方は覆されており、戦国時代にいたってもなお幕府における将軍の支配体制は存続していたと捉えられている。

このことを示す好例として、幕府の果たした「裁判所としての機能」があげられるが、それによると戦国時代にいたっても、幕府のもとには京都やその周辺のさまざまな人々から多くの訴訟が持ち込まれ、その解決がはかられていたことが明らかにされているのである（山田康弘二〇一一）。

以下、その研究成果によりながら、簡単に触れておく。

室町幕府の裁判手続き

訴訟手続きには、「御前沙汰《ごぜんさた》」（雑務方《ざつむかた》）と「政所沙汰《まんどころさた》」（政所方《まんどころかた》）という二つの方式がある。このうち、「政所沙汰」では政所と呼ばれる将軍家の政務機関において、金銭貸借や土地の売買、債権保護や債務破棄といった、主に経済関係の比較的軽微な訴訟関係を取り扱っており、これらは政所頭人《とうにん》（政所の長官）の伊勢《いせ》氏と政所代の蜷川《になかわ》氏によって処理された。

一方、「御前沙汰」ではその名称からもわかるように、将軍とその側近衆（八名前後の将軍直臣たち）および幕府奉行人《ばくふぶぎょうにん》飯尾《いのお》氏・松田《まつだ》氏・諏方《すわ》氏・清《せい》氏ら十五名前後の、鎌倉幕府以来のいわば世襲法曹事務官僚によって、経済関係以外の政務一般に関わる訴訟が処理されていた。これらの訴訟処理を通して、最終的には幕府奉行人奉書のかたちで上意（将軍の意向）が裁決として下される、という手順である。また、上意もたんなる形式ではなく、一定の有効性を保っていた。

さらに、これらの訴訟手続きに関して、戦国期将軍を支える重臣で畿内《きない》を本拠とする大名の細川京兆家《ほそかわけいちょうけ》（将軍家の重臣筆頭である三管領家《さんかんれい》の一つの細川本宗家《ほんそう》）が介入し、訴訟手続きをリードする、といったことはなかった。確かに細川京兆家は将軍家に影響を及ぼしうる存在であったが、従来漠然と考えられてきたような「幕府の実権を掌握して、将軍を傀儡化《かいらいか》する」といった動きは確認できないのである。

このように、幕府は戦国時代においても京都の裁判所としての機能を盛んに果たしていることから、必ずしも政治的に無力な存在ではなかったといえる。

幕府以外の裁判機関

一方で、戦国時代に「裁判所」としての機能を担ったのは何も幕府だけとは限らない。いうまでもなく、各地の大名たちもそれぞれ独自に裁判権を持ち、各々の領国内で将軍とは別個に裁判を実施することが可能であった（勝俣鎮夫一九七九）。

このほか、天皇・朝廷のもとへもまた公家や京都にある寺院・社家《しやけ》（寺と神社）からいろいろな問題が持ち込まれ、その解決や調停が求められ、数々の案件を処理していた。

提訴先の選択

このように戦国時代においては（戦国時代に限らず中世全体を通じてであるが）、「裁判機関」は複数あり、訴訟人はこれらのうち自分にとって最も適当なところに訴訟を提起することができた（山田康弘二〇〇〇）。つまり、訴訟人は自ら提訴先の選択を行っていたのであり、それゆえ一連の相論《そうろん》（訴訟）においても、幕府か朝廷か提訴先を使い分けていた。

この使い分けには「まず先に幕府（あるいは朝廷）に訴えなくてはいけない」、あるいは「必ず朝廷（あるいは幕府）に訴えなくてはいけない」といった、優先順位や優劣の差がつけられているわけではなかった。使い分けは、何に由来するのか。この使い分けが明確に表れている例として、つづいて誓願寺《せいがんじ》—円福寺《えんぷくじ》・三福寺《さんぷくじ》間の相論を見ていきたい。

2　幕府と朝廷が裁定した相論

提訴先の使い分け

戦国時代を通して、京都の浄土宗《じょうどしゅう》西山深草派《せいざんふかくさは》の誓願寺と同じく浄土宗の円福寺・三福寺とのあいだでは、しばしばトラブルが持ち上がり裁判沙汰（相論）となっていた。たとえば、参銭《さんせん》（賽銭《さいせん》）横領をめぐって、永正五年（一五〇八）、同六年（一五〇九）、同十六年（一五一九）の三度にわたって相論が繰り返されている。ほかにも、永禄八年（一五六五）には長老《ちょうろう》の参内《さんだい》問題をめぐって相争ってもいる。

興味深いことに、この誓願寺―円福寺・三福寺間の相論では相論が起きるたび、提訴先を見極めて提訴を行い、裁定を得ている。同じ寺同士の相論であっても、幕府に提訴し幕府が裁定した場合と、朝廷に提訴し朝廷が裁定した場合が並立しているのである。つまり提訴先を明確に使い分けているのがわかる好事例であるが、まず相論の過程を追いながら、幕府が関わった場合を見ていこう。

幕府への提訴

永正五年（一五〇八）、誓願寺は幕府（当時の将軍は第十代義稙《よしたね》）へ、円福寺・三福寺による参銭（賽銭）の横領を不当な行為として訴え出たことにより、相論がはじまった。

相論の原因となった参銭（賽銭）横領には、誓願寺の寺務職《じむしき》（寺の運営に関わる職務とそれに付随する権益）をめぐる問題が関わっている。かつて第八代将軍足利義政《あしかがよしまさ》の時代に、誓願寺の住持《じゅうじ》（住職）の健康に問題があったため、一時期、円福寺・三福寺側が誓願寺の寺務職を管理・運営していたことがあった。事実上の管理運営者であることを理由に、円福寺・三福寺が誓願寺の参銭（賽銭）を着服していたのであるが、誓願寺側は円福寺・三福寺による参銭（賽銭）の着服を横領と捉え、これを不当な行為として、幕府に提訴したのである（『誓願寺文書《せいがんじもんじょ》』一）。

幕府での審議と裁決

誓願寺からの訴えを受けた幕府では奉行衆（幕府奉行人）らの助言を受けながら第十代将軍義稙が審議を進めた。その結果、永正五年（一五〇八）十二月、円福寺・三福寺側の主張は退けられ、誓願寺側に理があると裁定された（『誓願寺文書』一）。しかし、円福寺・三福寺側はこの裁決を受け容れず、翌六年にいたっても参銭（賽銭）を横領しつづけていたらしい。よって誓願寺は、再び幕府に訴え出、幕府もまた裁定を行ったが、裁決が覆《くつがえ》ることはなかった。

前年（永正五年）に誓願寺側に理があるとする裁決が下ったことから明らかなように、すでに幕府は誓願寺が再び寺務職を管理・運営することを認めていた。つまり、誓願寺の寺務職は、従来どおり誓願寺の手に戻っていたのである。幕府は今回、このことを改めて示しつつ、あわせて誓願寺が賽銭を自寺のものにすることを認める裁決を下した（『誓願寺文書』一）。

それでもなお永正十六年にいたっても、円福寺・三福寺側は裁決を受け容れようとせず、逆に幕府に訴え出ている。ここでも幕府は、円福寺・三福寺が誓願寺の寺務職を管理・運営することは認めず、かつ誓願寺が得た参銭(賽銭)は同寺が所有・管理するべきこと、という裁決を示している(『誓願寺文書』一)。

このように相論は繰り返されたが、幕府の裁定は一貫して、誓願寺側に理があると見なしたうえで、誓願寺に対し参銭(賽銭)を所有・管理することを認めるものであった(『誓願寺文書』一)。誓願寺側の主張は通ったのである。

朝廷への提訴

さて、参銭(賽銭)の横領をめぐっての相論は決着がついたものの、時が流れ永禄八年(一五六五)にいたると、誓願寺―円福寺間には、またもや別のトラブルが発生した。

今度は、三寺のあいだで本寺《ほんじ》・末寺《まつじ》関係をめぐって係争が始まったのである(『お湯殿《ゆどの》の上《うえ》の日記《にっき》』永禄八年十一月二十日条)。

今回(永禄八年)持ち上がったトラブルの直接の原因は、誓願寺の長老泰翁上人《たいおうしようにん》が参内(正親町《おおぎまち》天皇との対面)を希望したことに対して、円福寺・三福寺が誓願寺との本寺・末寺関係を理由に、それを疑問視したことによる(『言継卿記《ときつぐきようき》』永禄九年正月十六日条)。なぜならば、円福寺・三福寺の両長老は、これまで参内したことがなかったからである。加えて、同年(永禄八年)二月、円福寺の長老は朝廷に希望し、紫衣《しえ》(紫色の僧衣)に次ぐ格の法衣《ほうえ》である香衣《こうえ》(薄赤に黄を帯びた香染めの僧衣)着衣の勅許《ちよつきよ》(天皇による許可)を得ている(『お湯殿の上の日記』永禄八年二月二十二日条)。これにより、同寺の長老は自身の僧侶としての格式（ないしは円福寺の寺格《じかく》）は上昇したと自負していたのだろう。

その矢先に泰翁上人が、こともあろうに自分たち（＝円福寺・三福寺の両長老）がいまだなしえていない、天皇との対面を試みたのである。おそらく円福寺・三福寺側は、末寺と見なす誓願寺が本寺（＝円福寺・三福寺）を差し置いた態度（＝参内を希望した）に不満を持ったのであろう。そこで円福寺は、本寺―末寺関係を糺《ただ》すべく、朝廷へ訴え出るにいたったのである。

朝廷での審議と裁決

円福寺からの訴えを受けた朝廷は十二月に入ると、直ちに禁裏小番衆《きんりこばんしゅう》（禁裏御所《ごしょ》の宿直当番グループをもとに編成された天皇の近臣集団）に属する中～下流クラスの公家たちを集め、審議に移った（『言継卿記』永禄八年十二月二日条）。この時代、禁裏小番衆は本来の宿直当番という役目に加え、天皇の側近集団として朝廷政治を実質的につかさどっていた。

審議の過程を見ていこう。まず、正親町天皇が命令を下し、訴人《そにん》（原告。円福寺・三福寺）・論人《ろんにん》（被告。誓願寺）の双方から主張の根拠となる証拠文書を提出させている。その後、天皇の御前で、「御三問《ごさんもん》」（訴状と陳状のやりとりが三回繰り返される訴訟手続き）が行われた。

この書類審理の方法は、鎌倉時代の院政下でとられていた訴訟手続きであった。とかく戦国時代の朝廷は、混乱の極みにあり、無軌道な政務ばかりを執り行っていたというイメージを持たれていたが、鎌倉時代以来の訴訟手続き方法を基本的に踏襲していたことは、注目に値しよう。

正親町天皇像（東京大学史料編纂所所蔵模写）

つづいて、証拠書類にもとづいて禁裏小番衆たちが互いに意見を出し合い、議論を交わしている（『言継卿記』永禄八年十二月二日条）。このように審議に際しては、公家衆による合議制がとられていることがわかる。

裁定にあたっては、正親町天皇から関白《かんぱく》近《この》衛《え》前久《さきひさ》に対して「勅問《ちょくもん》」（天皇からの下問）がなされ、前久の意見が求められた（『言継卿記』永禄八年十二月二十六日条）。

この「下問」とは、なんらかの案件を処理する際、天皇が臣下の公家に対しその意見を求めることであり、院政期（十一世紀）から次第にかたちづくられてきた天皇の政務運営の方法であった（井原今朝男二〇一三）。この点からも、戦国時代にいたっても朝廷での裁判・調停は院政期以来の方法にもとづいて進められていたことがわかる。「勅問」に対し前久は、「天皇の意向として誓願寺を理とする裁定を行うべき」という勅答《ちょくとう》（天皇の下問に対する返答）を行った（『言継卿記』永禄八年十二月二十七・二十八日条）。

最終的に正親町天皇は、「円福寺・三福寺側は『本末関係』を主張しているが、そのことを示す証拠はない」と判断し、誓願寺の主張こそが「理運《りうん》」（＝道理にかなう）とする裁決（裁定結果）を下した

（「正親町天皇綸旨写《おおぎまちてんのうりんじうつし》」『言継卿記』永禄九年正月十六日条・「正親町天皇女房奉書《にょうぼうほうしょ》」『誓願寺文書』二）。

つまり誓願寺側の勝訴であり、泰翁上人の要望（＝天皇との対面）が通ったのである。

異なる案件処理

これらはいずれも誓願寺―円福寺・三福寺間に生じた相論であるものの、それぞれ訴え先は朝廷／幕府と明確に分かれている。

前述のように、参銭（賽銭）をめぐるトラブルの際は、提訴先は一貫して室町幕府であった。この理由は、相論が起きた直接的な原因が、参銭（賽銭）の横領という領有関係をめぐる問題だったからである。当時の朝廷には、実際に横領する不心得者を排除し、知行《ちぎょう》を保障するといった実力行使をも伴う軍事機構・統治機構は存在しない（水野智之二〇〇〇）。そのため、幕府つまり武家権力者に頼らざるを得なかったのである。

一方、参内をめぐる本末関係のトラブルの際は、朝廷のみに提訴されており、当時、京都を支配していた三好《みよし》氏や幕府（もっとも当時点は、将軍空位期であったが）など武家方へ訴え出ることはなかった。この理由は第一に、相論が起きたきっかけが参内問題という、朝廷との関係につながるものであったためであろう。加えて第二の理由として、訴人（原告）側が、参内問題つまり参内の許可／不許可に関する問題は、「本末関係」の序列に響くもの、と判断したためであろう。

当時はこのように、朝廷／幕府（武家方）によって案件処理の分担がなされていた。当事者たちもそれを意識していたから、おのずと自らの案件にもっとも適合する提訴先を選択していたのである。この時代、裁判所として機能していたのは、必ずしも幕府（武家）ばかりではなく、朝廷もまたその役割を果たしていたことがわかる。

提訴を受けた朝廷／幕府は、互いに諮《はか》ることなくそれぞれ独自に審議を行い、裁決を下している。処理された案件の内容も、朝廷と幕府ではそれぞれ異なっていた。すなわち、朝廷では本寺・末寺関係という、いわば社会的な立場や身分秩序に関する案件を処理しているのに対し、幕府は領有関係や諸権益の権利確定といった案件を処理していた。

右のように、案件内容による裁判機能の分掌が行われることにより、朝廷／幕府の双方によって「裁判所」としての役割を相互的に補完し合っていたことがうかがえる。

3　相論にみる朝廷と将軍たちの対応——禁裏大工職をめぐって——

禁裏大工職をめぐる係争

幕府と朝廷の双方が裁判に関わっている相論は、ほかにもある。朝廷の作事《さくじ》（建築工事）に携わる大工（＝禁裏大工）の統括ポストをめぐる禁裏大工惣官職相論《きんりだいくそうかんしきそうろん》が、それである。

将軍の代でいうと第十代義植期から第十五代義昭《よしあき》期にかけて断続的に、禁裏大工の惣官職（＝統括ポスト）の人選をめぐる相論（訴訟）が持ち上がっている。争った当事者は、朝廷の作事（建築工事）に携わる禁裏大工と、室町幕府の作事を担当する幕府大工（＝「公方御大工《くぼうおだいく》」、「将軍家御大工」）である。この相論は幕府大工が、禁裏大工を統括する立場の惣官（惣官職）のポストをねらったことによってはじまった。

この時期、禁裏大工も幕府大工もそれぞれ特定の「家」が担っている。禁裏大工の場合、木子《きご》家が惣官として諸大工を率いていた。禁裏大工、とくにそのトップの惣官ともなると、領地の給付や作事への優先的な従事が認められるほか、本来負担すべき諸役も免除されるなど、数々の特権も与えられていた。一方、幕府大工の場合は右衛門尉《うえもんのじよう》を名乗る「家」がトップに位置している。この幕府大工は、足利将軍と深い関係を結んでおり、「大工」の身分でありながら「将軍近習」ともいうべき存在と見なされていた。

このように、禁裏大工惣官職には数々の特権があった。そこに目をつけた幕府大工は、これらの特権を得ようと、本来管轄の異なる禁裏大工の組織まで手を伸ばし、その統括ポストの座をねらいはじめたのである。そのため、惣官職の補任《ぶにん》（任命）にあたっては、幕府と朝廷が直接、交渉するようになった。自然、「誰が禁裏大工惣官職のポストを得るか」という相論も、幕府と朝廷の双方が携わることとなったのである。

将軍義稙と二回の禁裏大工惣官職相論

第十代将軍義稙期、とくに義稙が明応《めいおう》の政変《せいへん》を経て、再度、将軍位に立ち返った時期（永正五年〈一五〇八〉七月、将軍再任）には二度、禁裏大工惣官職相論が持ち上がっている（巻末【系図2】参照）。

義稙が将軍に再任した翌年の永正六年（一五〇九）、禁裏大工惣官職への就任を望んだ右衛門尉《うえもんのじょう》宗広《むねひろ》（幕府大工）は、現・禁裏大工惣官の木子国広《きごくにひろ》（禁裏大工）と争い、裁判に持ち込むこととなった（＝相論）。この時、宗広は朝廷へ提訴し、自身への惣官職補任を主張している。提訴を受けた朝廷は審議を行った結果、宗広の訴えを退けた。この審議結果におさまらなかった宗広は再審を求めたものの、判決は覆ることはなかった。朝廷は一貫して、禁裏大工職惣官職に幕府系大工を登用することは認めなかったのである（「永正六年七月三日付後柏原《ごかしわばら》天皇女房奉書」）。

一方、将軍義稙はこの相論をはじめ宗広による提訴および再審の要請にはなんら関与していない。宗広は「将軍近習」ともいうべき自身の立場を利用して、新将軍となった義稙に接近し、その口添えを望んだ可能性は十分にある。にもかかわらず、義稙が介入した形跡はまったく見えないのである。その理由は、朝廷・幕府が双方ともに、そもそも「禁裏大工惣官職」への補任に関する問題なのであるから、本来の補任者朝廷が行うべき案件だ、という認識を持っていたためであろう。

さらなる理由としては、義稙自身の立ち位置にある。おそらく義稙自身が、第十代将軍に任官したものの、管領細川政元《まさもと》と対立したため、将軍職を追われ（＝明応の政変）、逃亡生活を送っていたという前半生を過ごしていたこと、そして前年（永正五年）六月、細川京兆家の混乱（細川政元の殺害、政元の二人の養子澄之《すみゆき》と澄元《すみもと》の抗争など）に乗じた細川高国《たかくに》や大内義興《おおうちよしおき》（義稙の後援者）らに擁されて上洛《じょうらく》、翌七月に将軍に再任したばかりという状態にあった（『宣胤卿記《のぶたねきょうき》』永正五年七月一日条）。かかるありようは、政治的・社会的状況の不安定さによるものではないだろうか。

義稙による人事権の掌握

ところが、この六年後（永正十二年〈一五一五〉）に再度持ち上がった相論時での様子は、一転している。この時も右衛門尉宗広は、禁裏大工惣官職を望んで木子広宗《ひろむね》と相論となり、朝廷に提訴した。朝廷では双方の訴状をもとに審議した結果、木子広宗の主張に理があると判断したうえで、幕府側に対して広宗を惣官職に補任することを伝達している（「永正十二年二月五日付後柏原天皇女房奉書」）。

一方、幕府側は独自に裁定することを予定していたようである。そこで朝廷は、幕府に対し朝廷と同様の裁決（＝広宗の惣官職補任）を下すことを求めたものの、幕府での裁決は、逆に宗広への惣官職補任を認めるものだった。朝廷の裁決と一八〇度異なる将軍の下知《げち》（将軍の意を受けて命令を出す文書）に、後柏原天皇は当然のことながら不満を表している。よって天皇は、幕府側に対し再度の審議・糺明と天皇自身が広宗・宗広両人の意見状（訴状）に目を通すことを要求している（『守光公記《もりみつこうき》』永正十二年六月三日条）。

しかし、幕府の裁決は覆らなかった。幕府側は後柏原天皇に再度、両人の訴状を見せようとするなど、朝廷側の判断・裁決に配慮しつつも、結果的には義稙の裁決が通っている（『守光公記』同年六月六日条）。永正六年時の相論とは明確に異なり、当相論では義稙の影響力が強まっていることが確認できる。

相論裁定への積極的な関与、朝廷での裁決を覆しての幕府大工への惣官職補任もまた、義稙をめぐる政治状況の変化にもとづいたものといえよう。細川高国や大内義興らの専横に不満を持った義稙は、この二年前の永正十年三月に、義晴《よしはる》（義稙と対立関係にあった第十一代将軍義澄《よしずみ》の嫡男《ちゃくなん》）との和睦《わぼく》（「御合体《ごがったい》」。和平・講和）、七月には下京に将軍御所として三条邸建築の開始、十一月には義尹《よしただ》から義稙への改名、などを行うことによって、自らの支配体制を固めていこうとしていた。義稙の支配体制が強化されていく中で、義稙つまり将軍による禁裏大工惣官職の掌握、すなわちその人選に関する介入が可能となったのである。

将軍義晴の権限拡大

第十二代将軍義晴期にいたると、さらに状況は変化している。禁裏大工職への将軍の関与の度合いが、これまでより大きくなっているのである。以下、見ていこう。

天文九年（一五四〇）には、幕府大工の右衛門尉定宗《さだむね》が禁裏大工惣官職に補任（任命）されている（「禁裏大工職相論文書案」『京都御所東山御文庫所蔵　地下文書《じげもんじょ》』所収一〇一号文書）。この補任に際しては、綸旨《りんじ》（後奈良《ごなら》天皇綸旨。天皇の意志や命令を伝える文書）と下知（将軍義晴の下知状）が発給されていることから、補任にあたっては朝廷と幕府との合意形成が必要であったことがうかがえる。

加えて、義晴から広橋兼宣《ひろはしかねのぶ》・勧修寺尹豊《かじゅうじただとよ》ら二名の伝奏《てんそう》（武家伝奏《ぶけてんそう》。公武間の交渉役）を通じて、朝廷へ太刀も献上されている（『お湯殿の上の日記』天文九年十二月五日条）。内容から言って、この太刀は定宗の惣官職補任に対しての御礼の品と捉えられよう。義晴（第十二代将軍）が幕府大工である定宗に肩入れし、彼の惣官職補任を実現させたことをうかがわせるエピソードである。義晴もまた義稙同様、禁裏大工職惣官職の掌握を重視していたのではないだろうか。

この時期、義晴をめぐる政治社会情勢は比較的安定していた。前年の天文八年、幕府方に叛旗《はんき》を翻《ひるがえ》し、細川晴元《はるもと》（京兆家当主）と対立した三好利長《としなが》（のち範長《のりなが》→長慶《ながよし》と改名）は、同年八月に義晴や幕府内《ない》談衆《だんしゅう》（将軍の側近衆。主に訴訟処理を担当）らの説得を受けて、撤退勧告に同意した。晴元もまた六角定《ろっかくさだ》頼《より》による和睦勧告に応じた結果、十月に入って講和《こうわ》が成立した。これにより再び、将軍義晴と細川晴元がともに幕府運営にあたるかたちになった。とはいえ、義晴は細川氏への対抗、あるいは一定の歯止めとしての効果を目指し、内談衆（義晴の側近衆）を組織化し、将軍独自の政務決裁（御前沙汰）にあたらせるなど、将軍権力の強化に努力していたという。

足利義晴像（京都市立芸術大学芸術資料館所蔵）

禁裏大工惣官職の補任に関与し、幕府大工の補任を実現させたことも、その一環と捉えられる。義晴は政情が安定した時期に、「将軍」としての立場を細川氏および幕府内部に対して表明するため、このような行動をとったのだろう。あわせて、朝廷に対しても自身の存在を印象づけることができたのではないだろうか。

中務職の補任も手中に

さらに義晴は惣官職のみならず、中務職《なかつかさしき》（中務職も禁裏大工職に含まれる職の一つ。役職とそれに伴う権利）の補任に関しても関与するようになった。義晴の将軍権力が、さらに高まっていることがうかがえる。

天文十年（一五四一）九月、義晴は禁裏大工の木子与一《よいち》が有していた中務職を幕府大工の右衛門尉定宗に与えるよう、朝廷に申し入れたのである（『お湯殿の上の日記』天文十年九月四日条）。義晴が申し入れた理由や契機などは、史料上からは不明である。だが結果的には、朝廷はこの申し入れを容れ、定宗の中務職補任は決定した。前に述べたように、定宗は惣官職にも補任されているため、惣官職と中務職を兼任することとなった。ここから、幕府系大工へのさらなる権益の拡大を目論《もくろ》む義晴の意向がうかがえる。このように義晴期にいたると、中務職の補任についても幕府（将軍）の介入がなされるようになったのである。

しかし、約五ヵ月後に状況は一転する。天文十一年二月、禁裏大工中務職は、鑓屋新左衛門《やりやしんざえもん》という大工に与えられることとなったのである（『言継卿記』天文十一年二月十五日条）。半年足らずで、義晴の執奏（天皇への言上）によって決定した中務職の人事（およびそれに付帯する権益）が覆った瞬間であった。以後、鑓屋新左衛門の中務職在任は、永禄二年（一五五九）まで継続することになった（この点については、後で述べる）。

義晴にとっては、まさに青天《せいてん》の霹靂《へきれき》だっただろう。だが残された史料をたどっても、中務職の人事が一転したことについて、義晴側からのなんらかの反応や動きがあった様子は確認できない。この時、義晴は京を離れ、七年ぶりに近江国坂本《おうみのくにさかもと》（現、滋賀県大津市）へ逃れていた。

前年（天文十年）八月、三好氏（三好政長《まさなが》）と対立した木沢長政《きざわながまさ》は義晴・細川晴元を奉じようとしたが、義晴および晴元はこれを拒否した。そのため長政は晴元と袂を分かち、京都に押し寄せる構えを見せた。このような混乱の中、同年（天文十年）十月末に晴元は北岩倉《きたいわくら》（現、京都市左京区）に逃れ、義晴も十一月には近江国坂本に逃れるなど、幕府上層部が京都を離れる事態となった。この時、義晴をとりまく状況は、かなり不安定であったことがわかる。

これまで、禁裏大工職（主に惣官職）補任には、将軍の積極的な関与があり、補任にあたっては武家の意向が重んじられる傾向にあったことは否めない。このように将軍権力が弱体化していた時期を機として、朝廷側は禁裏大工職を補任するという権限（任命権）・権能を引き戻そうとしたのではないだろうか。

ただしこの動きが即、「公武間の対立」を表しているわけではない。この点については、次代の第十三代将軍義輝《よしてる》期での状況もあわせて見ていこう。

将軍義輝の対応――「公武間の対立」か否か

永禄二年（一五五九）三月ごろ、再び禁裏大工中務職をめぐる相論が持ち上がった。原因は、現惣官の右衛門尉定宗（幕府系大工の家系）が中務職の兼任も要求したことによる。

定宗の要求に対し、当時点で中務職にある鑓屋新左衛門が反発し、さらにかつて中務職に在った木子家（木子六郎太郎宗久。禁裏大工の家系）も復権をねらった結果、三人のあいだ（＝定宗・鑓屋・宗久）で相論となったのである。提訴を受けた幕府すなわち第十三代将軍義輝は、中務職に禁裏大工の木子宗久を復帰させ、補任することについて難色を示している。

その後、この相論での争点がやや変化し、惣官職と中務職の兼任の可否が問題となった。この点について、朝廷と幕府とのあいだで談義がなされている。朝廷側は、前例があるため「兼任」自体は認めるという判断を下したところ、これに乗じた幕府は現惣官である右衛門尉定宗の中務職兼任を認めるよう朝廷へ申し入れ、その裁可を求めている。つまり、幕府（将軍義輝）は定宗の希望が通るように朝廷へはたらきかけているのである。義輝も前将軍義晴同様、中務職の補任についても介入し、幕府系大工を優遇していることがわかる。

幕府（将軍義輝）が朝廷に申し入れていることから明らかなように、中務職の補任には天皇と将軍、双方の合意が必要であった。先に見た、天文九年（一五四〇）時の惣官職補任に際しても、天皇と将軍つまり公武の合意によって実行されたが、このようなあり方は永禄二年にいたっても踏襲されていたのである。かつ、公武の合意にもとづく補任は、惣官職のみならず中務職の補任でもなされていたのである。

しかし幕府の申し入れに、朝廷ははじめのうちは抵抗している。定宗の中務職兼任を正式に認可する内容の綸旨の発給を求める幕府（将軍義輝）に対して、朝廷は拒み続けていた（『お湯殿の上の日記』永禄二年五月二十四日条・六月二日条）。自身の希望が通らないことに怒った定宗は、惣官となってとり行っている禁裏の修理をボイコットしたのだろうか、禁裏内侍所《きんりないしどころ》（宮中で神鏡を祀っている場所）の修理も遅れが見られるようになった。禁裏の修理は正親町天皇の即位礼（すでに弘治三年〈一五五七〉に、天皇の位の継承である践祚《せんそ》は実施された）挙行に向けてのものであったため、朝廷側は焦り、幕府（将軍義輝）へはたらきかけて修理を急がせている（『お湯殿の上の日記』永禄二年八月八日条）。

翌永禄三年にいたって、朝廷側は修理の支障・遅延を問題視し、惣官職・中務職兼任の解決をはかろうとした。将軍義輝も、改めて定宗の中務職兼任の正式な認可を要求している。その結果、定宗の中務職兼任が正親町天皇によって認められることとなった（「経元卿《つねもときょう》御教書案《みぎょうしょあん》」『勧修寺家文書《かじゅうじけもんじょ》（二）三』）。義輝の奏請《そうせい》（天皇へ言上して裁可を求めること）により、定宗の惣官職・中務職の兼任が可能となったのである。

足利義輝像（国立歴史民俗博物館所蔵）

幕政に積極的な義輝

ここで、当時の義輝をめぐる状況についても目を向けよう。天文十七年（一五四八）ごろから始まり、このころ、膠着《こうちゃく》状態に陥っていた義輝・細川晴元と三好長慶の戦いは、永禄元年（一五五八）十一月に六角義賢《よしかた》（承禎《じょうてい》）の調停により和睦が成立した。義輝は五年ぶりに京に戻り、こののち、義輝・細川氏綱《うじつな》・長慶による幕府体制は復活し、幕府政治にも安定がもたらされた。長慶は、京都支配は放棄しなかったものの、次第に義輝の政治的な介入も受けるようになった。

たとえば永禄二年から同七年にかけては、義輝は九州地方の島津義久《しまづよしひさ》—大友義鎮《おおともよししげ》間、中国地方の毛利《もうり》元就《もとなり》—尼子晴久《あまこはるひさ》間、東海地方の松平元康《まつだいらもとやす》—今川氏真《いまがわうじざね》間、甲信越地方の上杉謙信《うえすぎけんしん》—北条氏政《ほうじょううじまさ》・武田信玄《たけだしんげん》間など、各地の戦国大名間の紛争調停を行い、将軍を頂点とする秩序の再生産をはかった。このような将軍による紛争調停への介入は、たんなる虚構ではない。それは、大名間の外交政策上や大名の領国支配の上で、大名自身の面子を保つ装置となる、有益なものであった。加えて、大名たちに偏諱《へんき》（諱《いみな》の一字）・官途《かんと》（官職と位階）といった栄典《えいてん》を授けることを通じて、将軍の求心力を高めることにも心を砕いている。

のち永禄五年にいたると、義輝はしばしば対立していた政所世襲頭人《せしゅうとうにん》の伊勢貞孝《さだたか》（三好氏が支持していた）を追放し、側近の摂津晴門《せっつはるかど》を起用することによって、政所沙汰を自己の管轄下に置こうとしている。政所（室町幕府の財政と領地に関する訴訟をつかさどる政務機関）の直接掌握は、第三代将軍の足利義《よし》満《みつ》ですら不可能であった事柄だったという（久野雅司二〇一七）。ここからも、義輝の幕政への積極的な姿勢がうかがえよう。

義輝—朝廷間のかけひき

このように義輝にとって、永禄二〜三年（一五五九〜六〇年）の時期は、再び幕府内での将軍の地位安定化や将軍の政治支配権を確立していく時期にあたる。この時期に、義輝による中務職相論への介入および中務職・惣官職兼任を認める綸旨発給の要求が表面化したのは、かかる行為も将軍としての立場を表明する意味を持つものであったからといえよう。

右のような行為は、先に見た義稙・義晴と同様である。義輝は幕府系大工の右衛門尉定宗に肩入れし、その希望（惣官職・中務職兼任）を朝廷に申し入れ、最終的に兼任の正式な認可を得た。義輝は朝廷に対し、兼任を正式に認めさせることによって、幕府系大工の中務職への進出および、その権益拡大を確実なものにしたのである。義輝のはたらきは、将軍としての存在を幕府内外に示すには有益なものといえよう。

一方、朝廷側はいったんは義輝の申し出を受理しなかった。これには、いくつかの理由が考えられる。まず、当然のことながら、朝廷にとっては、禁裏内での普請や修理に携わる大工のうち、禁裏大工ではなく幕府系大工が多くを占め、かつ権益を拡大していく、といったありようは、歓迎すべき事柄とはいえないだろう。加えて、朝廷側は綸旨を発給することによって、惣官職・中務職の兼任が正式な禁裏大工職補任のあり方と決定づけられることを避けようとしたと思われる。

さらに、朝廷は幕府による両職兼任の希望を容れることによって、幕府の介入を許し、朝廷による禁裏大工職への補任の権限（人選・決定）を喪失する恐れも抱いていたのではないだろうか。それゆえ、朝廷は幕府側の希望をすんなりと通さなかったのであろう。だが、これは「公武間の対立」を意味するものではない。

朝廷の意図は、あくまでも朝廷運営の正常化にあったのである。つづいて見ていこう。

朝廷主導の補任への回帰

以後、朝廷による政務運営の正常化をはかる動きは、次第に活発化していく。永禄八年（一五六五）四月に、現惣官の右衛門尉定宗は、息子の宗次に「右衛門尉」を名乗らせるべく、朝廷にその許可を求めている（『晴右記《はれみぎき》』永禄八年四月九日条）。このねらいは、代々の名乗りを継承することによって、あわせて定宗→定次へという惣官職の地位も継承・独占していくこと、およびその表明にあったのだろう。定宗の要請は認められ、朝廷から正式な許可の証しである口宣案《くぜんあん》も発給される運びとなった。注目すべきは、右の惣官職の相続者決定について、現将軍義輝の関与は確認できない点である。この点から、これまでの事例とは異なり、惣官職に関する人選について、朝廷側の関与の度合いが大きくなっていることがうかがえる。

さらに翌年（永禄九年）、朝廷に対し木子宗久から惣官職への補任願いが持ち込まれた際（『お湯殿の上の日記』永禄九年十月十四日条）、朝廷側は独自に判断してこれを認め、宗久を惣官職に補任する旨の綸旨を発給した（『お湯殿の上の日記』永禄九年十月十五日条）。この補任について、朝廷が幕府側に諮った様子はうかがえない。これまでの、幕府大工が惣官職に就く、また人選・決定に関して将軍が介入する、といったイレギュラーなあり方が、改められたのである。

朝廷が単独で宗久の補任を決定した理由は、永禄九年の時点で現任の将軍がいなかったためである。第十三代将軍義輝は、約一年半前の永禄八年五月、三好義継《よしつぐ》（当時は義重《よししげ》）と三好長逸《ながやす》・松永久通《まつながひさみち》（久《ひさ》秀《ひで》の嫡男《ちゃくなん》）らによる二条御所への急襲を受け、応戦の末、自刃に追い込まれた（『言継卿記』永禄八年五月十九日条）。世にいう永禄《えいろく》の政変《せいへん》である。

その要因については現在、①義輝の三好長慶排斥に対する反発説、②義栄の政権奪取説、③松永久秀の実権掌握説、④将軍権威の高揚に対して、三好氏が権威の再興をかけて義輝弑殺にいたった、という諸説にわかれている（久野雅司二〇一七）。よって、永禄の政変の要因については今後さらなる検討が必要だが、とまれ義輝の自刃により幕府の政治的安定はいったん崩れることになる。

永禄の政変後、三好氏権力に軋轢《あつれき》が生じた。その結果、畿内を本拠地とする義継・松永久秀の三好本宗家と、阿波平島公方《あわひらしまくぼう》足利義維《よしつな》の嫡子義栄《よしひで》（義輝の従兄弟。初名は義親《よしちか》。義稙系統）・三好三人衆《みよしさんにんしゅう》（三好長逸・三好宗渭《そうい》〈釣閑齋《ちょうかんさい》〉・石成友通《いわなりともみち》）とに分裂したのである。義輝の後継者として、三好長逸を含む三好三人衆は、義栄を擁した。その後、義栄は阿波国→淡路国《あわじのくに》→摂津国越水城《せっつのくにこしみずじょう》→同国富田総持寺《とんだそうじじ》→同国富田普門寺《ふもんじ》へ、つまり四国から畿内へと居を移しつつ、上洛の機会をうかがっていた。一方で当時、松永久秀の保護を受けていた義輝の同母弟・奈良一乗院門跡《いちじょういんもんぜき》の覚慶《かくけい》も永禄九年二月に還俗《げんぞく》したため（＝義秋《よしあき》、のちの義昭。義澄系統）、義輝の後継者たるべき存在は、義栄・義秋の二人が並び立っている状況にあった。また、義栄・義秋の両名はあいついで左馬頭《さまのかみ》（従五位下《じゅごいのげ》左馬頭）に叙任されている。

この左馬頭という官途は、初代将軍足利尊氏《たかうじ》の弟で、幕政を補佐した直義《ただよし》が任じられたことにちなんで、足利将軍家では将軍の後見役や次期将軍に与えられる官途として、とくに重要視されていた（木下聡二〇〇六）。つまり官途面でも、義栄・義秋は同等な立場にあり、周囲からも両名はいずれも将軍任官候補者と見なされていた。

当時、朝廷もまた、将軍空位期、そして次期将軍の候補者二名が並び立っているという状況下、幕府側の情勢を見極めている段階にあった。それゆえ、義栄や義秋に諮ることなく、朝廷は独自に木子宗久への惣官職補任を決定したのであろう。この決定は、朝廷が将軍権力の空白期間を好機として、朝廷が惣官職に任じられるべき「家」（＝四職）と補任方法を再確認したことを意味する。

もっともこの動きは、前にも述べたようにすでに第十二代将軍義晴期（この場合は、将軍が京都不在の時期）にも見られる。義栄期にいたって、この動きが加速的に進んでいることは、他の事例からも読みとれる。それは、どのようなものだったのだろうか。

義栄のねらい

永禄十年（一五六七）十月、禁裏大工惣官職の知行分（白川分。知行地）と惣官が兼泰する中務分をめぐる、鏜屋新左衛門・木子六郎太郎宗久《ろくろうたろうむねひさ》（現惣官）・右衛門尉定宗（先々代惣官）の三者の相論が表面化した。三人が起こした当相論は、永禄二～三年にかけての相論の再燃といえよう。

この相論の裁定に向けて、義栄は白川分を禁裏惣官職に付帯する知行と認識したうえで、官に補任された者に、目下のところ現惣官の木子宗久が有している白川分の知行権を譲渡すべき、という意志を表明し、朝廷側に伝達している（『晴右記』永禄十年十月二十六日条）。朝廷でも三人からの提訴を受け、公家衆による評議が数回行われた。そのうえで、最終的には正親町天皇が「改めて宗久を惣官に任命し、宗久に中務分も兼任させる、という裁決を下した（『言継卿記』永禄十年十二月四日条）。だが、義栄はこの裁決を不満に思い、宗久の惣官職任命を再考すべく朝廷に申し入れている（『晴右記』永禄十年十二月八日条）。

対して朝廷は、義栄の申し入れをはねつけ、宗久の惣官職任命を実現させるにいたった（『晴右記』永禄十一年二月一・二日条）。義栄の、朝廷への影響力はさほど大きいものではなかったのだろう。ともあれ、永禄二年から断続的に持ち上がっていた右衛門尉定宗─木子宗久間の惣官職・中務職兼任に関する相論は、ここで一応の終結を見たのである。同時に、朝廷は初めて「禁裏大工職の人選は、幕府が介入すべき事案ではない」という意志を表明した。これまでの幕府（将軍）による関与の排除、および朝廷による禁裏大工職の掌握（人選や補任）は、ほぼ確実なものとなっていたことがうかがえる。

再度、義栄の側から見てみよう。今回の義栄の行為、つまり木子宗久が惣官職の地位にあることを非難した行為は、禁裏大工職（惣官職・中務職）の補任への関与を意図してのものである。加えて、朝廷への申し入れは、次期将軍候補の立場に名実ともに立った従五位下・左馬頭叙任後になされている。すでに検討したように、これまで、武家側の禁裏大工職への介入がなされた時期は、「将軍」任官あるいは入京後まもなくの時期であった。今回の義栄の行為も、ほぼ同様な状況下でなされたと捉えられよう。ここから、義栄の「将軍」としての意識の高まりがうかがえる。

注目すべきはこの時期、もう一人の将軍候補者である義昭は、このような奏請は行っていないことである。義栄は、将軍対立候補の義昭へ対抗する意図で申し入れを行ったのであろう。

義昭・信長と禁裏大工惣官職相論

室町幕府最後の将軍（第十五代将軍）となった義昭にも、同様のことがいえる。永禄十二年（一五六九）、禁裏大工惣官職の補任をめぐって、右衛門尉定宗（幕府大工）と木子六郎太郎宗久（禁裏大工）が対立した。原因は、前年（永禄十一年）に義昭が定宗に惣官職を与えたことによる。この決定に宗久は納得せず、相論となった。宗久の提訴により、幕府で審議がなされたが、定宗が理運（＝理がある）という裁決が下された。つまり定宗の惣官職補任は、覆ることはなかったのである（『言継卿記』永禄十二年十一月二日裏文書）。一方、朝廷側はこの裁決に異議を唱え、その撤回を織田信長《おだのぶなが》に求めた。信長を通して、義昭に撤回させるよう工作したのである。しかし信長は、義昭の意志が強固であることを理由の一つにあげ、自身はノータッチの姿勢を貫いている。

このように惣官職の補任にあたって、義昭は幕府大工を優遇している。また、補任の時期も永禄十一年である。周知のとおり、この年の九月、義昭は「天下御再興《てんかごさいこう》」をかざして上洛し、翌月の十月に征夷《せいい》大将軍《たいしょうぐん》に任官した。前にも述べたように、義昭以前の室町将軍もそれぞれ将軍任官とほぼ同時に惣官職の補任問題に関与している。将軍任官と軌を一にした義昭の行為も彼らと同様であり、「将軍」としての示威・立場の表明といえる。

他方、朝廷側から見ると、異議を申し立てた裁決が結局のところ覆らなかったのであるから、「禁裏大工職の掌握」に関しては一歩後退した、ということになろう。だがこれは一時的なことに過ぎない。

のち信長単独政権期となった天正元年（一五七三）・同五年に禁裏大工間で知行分の配分に関する係争が起こった際、すべて朝廷側で裁定し、終結に導いている（『お湯殿の上の日記』天正元年十一月二十八日条・十二月三日条、同五年三月二十六日条）。この折、朝廷側が信長に裁定を依頼するといった動きや、大工側が有利な裁決を得ようと信長に口添えを求めるといった動きは、一切ない。禁裏大工職に関わる朝廷の主導性は、曲がりなりにも維持しつづけ、信長単独政権期にいたってそれは完全なものとなったのである。

室町幕府将軍としての意識

以上、見てきたように、戦国期にいたると、権益拡大をねらった幕府系大工が禁裏大工惣官職への補任をもねらうようになった結果、惣官職補任をめぐる相論がしばしば持ち上がるようになった。将軍がその相論裁定に携わり、あまつさえ補任（人選）にも介入する事態まで生じるようになった。かかる将軍による関与は、第十代将軍義稙期から第十五代将軍義昭期までほぼ共通して見られる。また、関与が明確に現れる時期は、いずれの場合も将軍任官時や入京直後と共通している。「将軍」として「将軍近習」たる幕府系大工を優遇すべく、任官時・入居時に立ち上がったのだろう。ここから、惣官職補任への関与は、「将軍」という立場を幕府内外に示すことをも目的としていたことがわかる。

一方で、この時代、しばしば幕府に代わり畿内を支配したとされる、将軍以外の有力者である三好氏や細川氏（細川京兆家）が禁裏大工職相論に携わった事例は、史料上から確認できない。

たとえば先に述べたように、天文二十年（一五五一）、右衛門尉定宗に対し禁裏大工惣官職補任の認定およびそれに付帯する所有地の安堵《あんど》（権利の認定）がなされた（「禁裏大工職相論文書案」『京都御所東山御文庫所蔵　地下文書』所収一〇一号文書）。この天文二十年当時、第十三代将軍義輝は三好長慶と対立し、近江の朽木《くつき》稙綱《たねつな》のもとへ身を寄せていた。このような時でも、禁裏大工惣官職の補任は三好氏ではなく将軍義輝によって行われている。定宗への惣官職の補任と所有地の安堵は将軍の下知として通達されていることからもわかるように、三好長慶は一切関与していないのである。

このことから、本来、武家権力側の管轄ではない禁裏大工惣官職をめぐる相論の裁定や、補任への関与は「将軍」のみが行うことができる、といった身分的な限定があったことがわかる。他方、このような将軍による介入に対し、朝廷は禁裏大工職への補任の権限（人選・決定）を喪失する恐れを抱いたのか、介入を拒否する動きを見せるようになった。あわせて、右のような朝廷の動きは将軍や幕府上層部が京都から逃れている時期や、将軍空位期といった、いわば将軍権力が弱体化している時期に集中して見られる。戦国最末期にいたり、朝廷は本来、自身が管轄すべき禁裏大工職の補任に関する権限を将軍から引き戻したのである。

このように見ると、戦国期の朝廷と幕府との関係は、単純に「幕府権力の衰退に伴い、天皇・朝廷も衰退の一途をたどる」というものではないことがわかる。必ずしも将軍権力が安定していなかった時期においても、朝廷はそれに連動することなく、自ら政務運営の正常化をはかるといった、主体的・自律的なあり方を探っていたのである。

第三章　儀礼から見る将軍と天皇・公家衆との関係

1　将軍の献上と天皇の下賜

儀礼の持つ意味

つぎに視点を変え、将軍と天皇・公家衆の関係を儀礼の面から追っていこう。

一口に「儀礼」と言うと、「建前、形式」あるいは「堅苦しい、四角四面」のようなネガティブなイメージを持たれることも少なからずある。確かに「儀礼」という言葉を辞書で引くと、「身分、地位、時と場所などによって行なうべき一定の礼法。儀式。典礼。礼式」(『日本国語大辞典』第二版)とあることから、このようにイメージされるのだろう。

一方、「礼」と言うと、その意味する範囲は広がりを見せる。「礼」の意味は、①「社会の秩序を保ち、人間相互の交際を全うするための礼儀作法・制度・儀式・文物など。(下略)」②「感謝の気持を表わすことば。また、謝礼として贈る金品」③「敬意を表わすこと。また、そのために頭を下げること。おじぎ。拝礼」④「神への供えもの。供物。礼奠」⑤「年始の祝賀の挨拶。年礼」⑥「『れいまいり(礼参)』

の略」など多岐《たき》にわたる（『日本国語大辞典』第二版）。

近年の歴史学研究では、「礼」の持つ意味のうち、とくに①の意味に注目されるようになり、儀礼に関する研究が盛んになった。具体的には、⑤、⑥の意味も含めた挨拶や贈答行為に加え饗宴《きょうえん》（もてなし）、このほか書札礼《しょさつれい》（手紙をしたためる時の礼。字の崩し方・頭語・結語の使い分けなど）や路頭礼《ろとうれい》（道で牛車が行き交った際の挨拶の仕方）、座次《ざなみ》（座席の順）に注目した研究を指す。これらに着目した研究が進められていく中で、とくに挨拶・贈答といった「行為」は、たんなる「慣習」といったレヴェルで語られるものではなく、実際の政治権力の行使や、政治的な支配にも反映するもの、と理解されるようになった。よって、儀礼（礼）を一概に「堅苦しい」ものと捉えるのではなく、「人間相互の交際を全うする」ための行為として積極的に評価したい。

実際、とくに中世後期、室町時代の社会では「礼」はたんに観念レヴェルの秩序意識を示すだけではなく、その意識を支える具体的行為として機能していた。たとえば、年中行事や慶事の折に、武家・公家・門跡《もんぜき》僧侶は将軍御所に参集して、祝賀を行っている。「室町殿御礼参賀《むろまちどのおんれいさんが》」と呼ばれるこの一連の儀礼は、儀礼研究の中で室町殿（足利《あしかが》将軍家の当主ないしは実権者）の権力を支えた儀礼として積極的に評価されているのである（金子拓一九九七）。

またこの時代、年中行事や慶事・弔事といった折節に繰り返される挨拶や贈答といった儀礼行為は、社会全体としてそこに包括される人間関係全体をコーディネイトするための必要手続きであったという（石原比伊呂二〇一七）。もっとも中世後期に限らず、贈答は普遍的な人間関係原理の一つと考えられるが（網野善彦・阿部謹也一九九四）、組織全体が円滑に回転していくためだけに贈答（および儀礼的行為）を繰り返したこの時代は、「成熟した儀礼社会」と捉えられている（桜井英治二〇一一）。そして、そこに住む人々は、明確な台本がなくとも、たとえそれを注視する人がいなくとも、儀礼的行為を繰り返していることから、「観客のない演劇」を繰り広げていたとも見なされている（桜井英治二〇一一）。

室町時代のみならず戦国時代にいたってもなお、このような儀礼的行為は行われている。「下剋上《げこくじょう》」という言葉に代表されるように、戦国時代はそれまでの社会秩序や規範などが根こそぎひっくり返され、「実力者」による新たな時代の幕開けとなった、というイメージが強いが、それは幻想である。ルーティン化され、非人格的な行動様式ともいえる儀礼行為ではあるが、贈答行為一つをとっても、人間関係の構築・継続に物のやりとりは重要な意味を持ち、贈答を通じた人間関係の形成によって自らの権益が守られていたという側面もあわせもっている。足利将軍はもとより、織田信長《おだのぶなが》・豊臣秀吉《とよとみひでよし》もまた自らの政治的地位の向上や維持を目的に、贈答行為や参礼《さんれい》（れいまいり）の場を積極的に利用していたのである。

義輝の献上行為

足利将軍とくに第十三代将軍義輝《よしてる》・第十四代将軍義栄《よしひで》ら戦国最末期の将軍たちと朝廷との関係を、贈答行為（献上《けんじょう》・下賜《かし》行為）から見ていこう。

先にも触れたように、義輝の半生は幕府内部の勢力争いに振り回されていたといってよいだろう。天文十五年（一五四六）十二月に将軍に任官したにもかかわらず、その時ですら在京できず、父の義晴（第十二代将軍）とともに、近江国坂本《おうみのくにさかもと》（現、滋賀県大津市）に在国したままであった。その二年後の天文十七年六月、父義晴《よしはる》が細川晴元《ほそかわはるもと》と和睦《わぼく》したことにより京都に戻ることができたものの、翌十八年には三好長慶《みよしながよし》（晴元の重臣）によって京都を追われ、再び近江国坂本へ逃れ、その後同国堅田《かたた》（現、滋賀県大津市）、ついで同国朽木《くつき》（現、滋賀県高島市）と流浪の日々を送った。天文二十一年正月にいたり、ようやく長慶と和睦した義輝は近江国朽木から帰京したが、その翌年にはまたも長慶と戦う構えを見せ、京都を離れた。こののち四年以上、義輝は京都に戻ることはなかったのである。

だが、義輝は第十三代将軍に任官した（天文十五年十二月）翌月には正式に参内《さんだい》した。時の後奈良《ごなら》天皇に対面し、太刀や絵二幅《ふく》を献上するなどさっそく、朝廷と接触しはじめている（『言継卿記《ときつぐきょうき》』天文十六年正月二十五日条）。以降、義輝の献上は折にふれ行われるようになった。

その特徴は、将軍任官時の礼といった臨時的な場合以外は、年中行事が契機となって行われていることである。たとえば、七月の乞巧奠《きっこうでん》（七夕）に際しての花の献上、同月の盂蘭盆《うらぼん》に際しての灯籠、八月の八朔《はっさく》（八月一日に謝恩の贈答を行う行事）に際しての馬・太刀、十月の玄猪《げんちょ》（亥の日に除病・子孫繁栄を願う行事）、歳暮の美物《びぶつ》（魚や鳥など味の良いもの）十色などの献上が見られる。おおむねこのような年中行事は、第三代将軍足利義満《よしみつ》期から室町幕府の公式行事に取り入れられるようになり、献上品の品目も第十一代将軍義澄《よしずみ》期にあたる明応年間（一四九二〜一五〇一年）に、ほぼ定まった様子がうかがえる。

義輝はしばしば京都を逃れ、近江各地を流浪するといった不安定な状況に身を置く日々を送っていたにもかかわらず、年中行事の際の献上を途絶えさせることはなかった。現在、残っている史料に「いつものように献上があった」と記載されていることからも（『お湯殿《ゆどの》の上《うえ》の日記《にっき》』天文二十一年七月七・十四日条など）、これらの献上はほぼ定例どおりになされていたことがわかる。

また、かかるモノのやりとりは義輝から天皇に対してのみ、いわば一方通行でとり行われたわけではなかった。天皇（後奈良天皇）側も義輝の献上に対し、使者を派遣して返礼を行っており、これを受けた義輝側は「遠方の地までよくぞ届けて下さった」と恐縮している（『お湯殿の上の日記』天文二十三年五月五日条）。

このように、モノを媒介とした天皇—義輝の関係は良好であった。義輝は自らをとりまく状況が不安定であっても、幕府の公式行事となっている年中行事、およびその際の献上を行うことで、自身の「将軍」としての立場を朝廷側にアピールしていたのであろう。

足利将軍家としての意識

それでは当時、将軍以外の者が朝廷へ献上を行うことはあったのだろうか。

興味深いのは、三好長慶の献上行為である。義輝が京都から逃れていた時期に、幕府の実権を掌握していたのは三好長慶とその家臣で娘婿の松永久秀《まつながひさひで》であった。長慶は細川京兆家《けいちょうけ》（細川氏の嫡流《ちゃくりゅう》。管領《かんれい》を輩出した「家」）から権限を継承・吸収し、公家や寺社の所領の保護・畿内《きない》の治安維持に務めている。だが長慶はこの時期最大の実力者でありながらも、献上を行った例はごく一、二例にとどまる。加えて

三好長慶像（東京大学史料編纂所所蔵模写）

この献上も、義輝のような年中行事に際して行われたものでもなかった（『お湯殿の上の日記』永禄二年〈一五五九〉四月十二・二十四日条）。また、将軍の側近たちによる献上もなされていない。ここから、将軍のみが献上とくに年中行事に際しての献上を行うことができるという、身分的な限定があったことがうかがえる。

そもそも足利将軍家は、源氏嫡流ではなかったため、武家政権の長となるためには武家社会内部で超越性を確保する必要があったという。この超越性を確保するため、足利将軍家は北朝天皇家の保護者として振る舞った。そのうえで、第二代将軍義詮《よしあきら》は足利将軍家を武士の中で唯一天皇と直結しうる存在として位置づけ、有力守護大名などを天皇から切り離す作業を邁進したという（石原比伊呂二〇一七）。

なお当然のことながら、天皇の存在が将軍の超越性を確保する担保となりうるか、という疑問も生じるが、この点についてはのちに述べたい。ともあれここでいえることは、義輝の献上行為から足利将軍家の自己認識が垣間見られる、ということである。

義輝の献上行為に見られる「身分的な限定があった」という点は、足利将軍家の自意識が戦国最末期にいたっても、なお連綿とつづいていたのである。

義栄の献上行為

つづいて、第十四代将軍足利義栄の献上行為についても触れたい。義栄は将軍在任期間も半年余（永禄十一年二月から同年九月）に過ぎず、ついに京都に入らないままその生涯を閉じた。そのため事例が少ないのは当然といえるが、それでもモノを通した朝廷とのやりとりの記録は残っている。

前章（第二章）でも述べたように、永禄《えいろく》の政変《せいへん》後、義輝の跡を嗣ぎ足利将軍家の当主となるべき存在は、義栄のほか、義輝の同母弟の義昭《よしあき》（奈良興福寺一乗院門跡覚慶《こうふくじいちじょういんもんぜきかくけい》、初名は義秋）もいた。

義栄は、義昭に数ヵ月遅れて左馬頭《さまのかみ》（次期将軍が任官する官途）に任じられているように、次期将軍候補者が二名並立していた。

このような状況下、義栄は将軍任官を目指して朝廷に接触しはじめている。まず永禄九年（一五六六）十月、当時義栄自身は摂津国富田《せっつのくにとんだ》の越水城《こしみずじょう》（現、大阪府高槻市）に身を寄せていたが、朝廷に使者を遣わし玄猪の祝儀として、馬と太刀を献上している（『お湯殿の上の日記』永禄九年十月三日条）。その後も、歳末に際しての玉毬打《たまぎっちょう》（正月遊戯用の木製の杖）の献上（『お湯殿の上の日記』永禄十年十二月二十九日条）や、年賀の祝儀として馬代三百疋《ひき》（金子《きんす》に相当）と酒樽を献上している（『お湯殿の上の日記』同十一年正月二十八日条）。さらに、将軍任官ののちは（任官は永禄十一年二月八日）、八朔の祝儀も行っている（『お湯殿の上の日記』永禄十一年八月一日条）。

一見して、これらの献上はいずれも年中行事に際してなされていることがわかる。そしてこのような献上は、先にとりあげた義輝のそれと同様である。つまり、義栄は正式な将軍任官以前から、本来ならば将軍しかなしえない年中行事の献上を行っていたのである。義栄は、もう一人の将軍候補者である義秋（のちの義昭）の存在を意識して、自身は将軍同様の献上を行うことで、義輝の後継者としての自らの存在を朝廷にアピールしたといえよう。

一方、朝廷は、義栄からの玄猪の祝儀は受けても、それに対する返礼は行わなかった（『お湯殿の上の日記』永禄九年十月十一日条）。さらに翌十年十一月、義栄が将軍任官の許可を得るべく朝廷に願い出た際も、朝廷が求める献金への額が少なかったことを理由に、退けられている（『晴右記《はれみぎき》』永禄十年十一月十七日条）。なお、この数日前に朝廷は誠仁《さねひと》親王（正親町《おおぎまち》天皇の第一皇子）の元服《げんぷく》費用の提供などを信長に命じている（「経元卿御教書案《つねもときょうみぎょうしょあん》」『立入家文書《たてりけもんじょ》』）。

つまり、朝廷を経済面から支えるスポンサーは義栄に限らないのであるから、将軍任官を認めない朝廷の返答は、献金額の多寡《たか》だけが理由ではないだろう。前章でも述べたように、あくまでも幕府側の情勢を見極める姿勢を崩していない。そのうえで、二人のいずれに将軍宣下《せんげ》を行うべきか、はかっていたのである。

義栄の将軍任官は、永禄十一年正月にほぼ決定事項となり、朝廷側は将軍宣下に向けて準備を行っていた（『晴右記』永禄十一年正月二十九・三十日条など）。ようやく同年二月八日に将軍宣下が下され、義栄は十三日に摂津富田でこの宣下を受けている（『言継卿記』・『お湯殿の上の日記』永禄十一年二月八・十三日条）。その際に、任官御礼として太刀・金子の献上がなされ、同年八月に八朔の祝儀としての献上も行われた。だが同年九月、義栄が急死したため、将軍任官後の献上はわずか二回で終わった。

2　足利義昭による天皇との関係づくり

義昭と天皇との関係のはじまり

義昭（当時は義秋）—天皇間の関係のはじまりもまた、永禄九年（一五六六）である。

足利将軍家では将軍職を嗣ぐべき男子以外は仏門に入るという慣例にのっとり、義昭は天文五年（一五三六）十一月二十日に叔父の関白近衛《かんぱくこのえ》稙家《たねいえ》（外祖父尚通《ひさみち》の嫡男《ちゃくなん》）の猶子《ゆうし》（財産相続を目的としない仮の親子関係）となって奈良興福寺一乗院門跡に入室し、法名の覚慶を名乗っていた。のち永禄五年にいたって、門跡を嗣いでいる。

その後、同母兄の第十三代将軍義輝の横死（＝永禄の政変）によって、義昭は一乗院に幽閉され、松永久秀の保護を受けていた。だが義昭は、幕府の再興をはかって幕臣（細川藤孝《ほそかわふじたか》・一色藤長《いっしきふじなが》）らの援助を得て脱出を成功させた（『言継卿記』永禄八年七月二十九日条）のち、日本各地の大名に対し正統な将軍職の継承者として振る舞うようになる。永禄九年二月に還俗《げんぞく》し、名を義秋と改める（『お湯殿の上の日記』永禄九年二月十七日条）と、本来ならば将軍就任に即して行われるべき行事の「御判《ごはん》始め」（新将軍が吉書《きっしょ》に花押《かおう》を据えること）に加え「乗馬始め」（元服に際して初めて乗馬を試みる儀式）を執り行っている。

このころの義昭（義秋）の活動は、以前にも増して将軍と同様となってきた。かつて義輝（第十三代

足利義昭像（東京大学史料編纂所所蔵模写）

将軍）が行ったように、各地で対立している大名たちに和平を呼びかける（『上杉家文書《うえすぎけもんじょ》之三』所収一一三五号文書・『顕如上人御書札案留《けんにょしょうにんごしょさつあんとめ》』など）ほか、朝廷との関係を求めはじめた。

当時、近江国矢島《やじま》（現、滋賀県守山市）で上洛《じょうらく》の機をうかがっていた義昭（義秋）は、朝廷に還俗・改名を報告するのと同時に、太刀と馬代三百疋を献上した（『お湯殿の上の日記』永禄九年二月十七日条）。これが、義昭にとって最初の献上行為となった。

また、太刀・馬は代々の将軍が将軍任官時に贈る品と同じであることから、義昭（義秋）の将軍就任への意欲がうかがえる。この献上を通して義昭もまた、朝廷に対し自らが正統な足利将軍家の後継者であるとアピールしたのだろう。

その後永禄十一年四月十五日、越前国一乗谷《えちぜんのくにいちじょうだに》（現、福井県福井市）にあった義秋は再び改名し、以後、義昭と名乗るようになる。この時、義昭は一乗谷に前関白二条晴良《さきのかんぱくにじょうはれよし》を迎え、彼の尽力も得て元服も執り行った（『言継卿記』永禄十三年三月二十日条）。ここからも、義昭が上洛および将軍任官への準備を着々と進めていたことがうかがわれよう。

義昭が上洛（永禄十一年九月二十六日）してからのち、天皇との関係はより近くなっていった。上洛の前日に、義昭は朝廷へ初雁《はつかり》を献上し（『お湯殿の上の日記』永禄十一年九月二十五日条）、対して正親町天皇は上洛後まもなく摂津国（現、大阪府北中部と兵庫県南東部）・河内国《かわちのくに》（現、大阪府東部）・大和国《やまとのくに》（現、奈良県）征討のため出陣し、その戦に勝った義昭へ勅使《ちよくし》（天皇の使者）を遣わし祝賀の太刀を下賜している（『お湯殿の上の日記』永禄十一年十月六日条）。

この時、義昭は勅使の公家、万里小路輔房《までのこうじすけふさ》を三好政権のそれまでの畿内政治における拠点であった摂津国芥川城《あくたがわじよう》（現、大阪府高槻市）で迎えている。これは、三好勢力からの政権交替を印象づける目的があったと考えられている（久野雅司二〇一七）。同時に、天皇からの下賜行為にも意味がある。畿内周辺の帰趨《きすう》が明らかになったところで下賜行為を行うことにより、義昭が新たな武家権力者の地位に立ったと認めたのである。

義昭の将軍任官と御礼参内

この天皇からの認定は、義昭悲願の征夷大将軍《せいいたいしようぐん》任官に結実する。上洛してからのちも義昭は将軍宣下と参内を望み、朝廷側にはたらきかけ、朝廷側も参内用の装束を調えるなど、その準備を進めていた（『言継卿記』永禄十一年十月二・六日条）。念願かない永禄十一年（一五六八）十月十八日、義昭は征夷大将軍・参議《さんぎ》・左近衛中将《さこのえちゆうじよう》に任じられ、従四位下《じゆしいのげ》に叙せられ、禁色《きんじき》（公卿と同様の地質・色目・文様《もんよう》の装束《しようぞく》を使用すること）・昇殿《しようでん》（禁裏清涼殿南廂《きんりせいりようでんみなみひさし》の殿上《てんじよう》の間《ま》に祗候《しこう》すること）が許された（『公卿補任《くぎようぶにん》』永禄十一年の項)。これにより、義昭は室町幕府第十五代将軍としてのスタートを切ったのである。

義昭は参内して将軍宣下を受け、任官の礼として「献料《こんりよう》千疋」「任官の御礼百疋」を伝奏《てんそう》(武家《ぶけ》伝奏《てんそう》。公武間の交渉役)万里小路惟房《これふさ》を通し献上している(『お湯殿の上の日記』永禄十一年十月十八日条)。義昭の任官にあたっては、当時、正式な官位叙任の方式とされていた「小除目《こじもく》」(官職を決める儀式)にのっとって挙行された。その様子は、陣座《じんのざ》(禁裏内にある公卿の詰所)に、上卿《しょうけい》(担当公卿・責任者)の庭田《にわた》重保《しげやす》、執筆《しゅひつ》(記録係)の万里小路輔房、奉行職事《ぶぎようしきじ》(実務担当者)甘露寺経元《かんろじつねもと》らをはじめとする公家たちが集まり、天皇の決定を受けたのち、戌《いぬ》の刻(午後八時)を回ったころに陣宣下《じんせんげ》が下される、というものである(『言継卿記』永禄十一年十月十八日条)。

将軍任官を機に、義昭—天皇間で献上・下賜のやりとりが急速に増え出した。任官翌日の十九日には、正親町天皇から義昭へ将軍任官の祝儀として伝奏(武家伝奏)を通じて太刀が下賜されており、それに対して義昭も喜んでいる様子がうかがえる(『お湯殿の上の日記』永禄十一年十月十九日条)。さらに二十二日になると、義昭は将軍任官の御礼を言上するため、参内をしている。

この折、義昭は三献《さんこん》の儀《ぎ》という祝儀の正式な酒宴の作法でもてなされ、天酌《てんしやく》(天皇から臣下が直接酒杯をいただくこと)もなされているほか、同席していた公家たちにも御通《おとおり》(尊い身分の人に召し出され、手ずからの杯をいただくこと)が行われた。この三献の儀は、将軍の正式な参内時にとり行われるものである。それに応えてか、義昭は緞子《どんす》二反、馬・太刀、唐糸《からいと》、太刀を天皇および和仁《かずひと》親王(誠仁親王第一王子、のちの後陽成《ごようぜい》天皇)に対しても献上している(『お湯殿の上の日記』永禄十一年十月二十二日条)。

さらに翌日の二十三日には、参内の褒賞として天皇から義昭へ太刀が下賜され、対して義昭も返礼の献上を行っている。この後も、二十五日には生きた白鳥の献上、二十六日にはまたもや参内の礼として百疋（金子か）の献上もなされていた。

このように、将軍任官直後から献上―下賜が、文字どおり絶え間なく繰り返されており、両者の関係が次第に深まっていく様子が見てとれる。あわせて、「将軍」に対する義昭および正親町天皇の意識もうかがえよう。

義昭の御礼参内と公家

義昭の将軍任官の御礼参内には、天皇の身内のほか、多くの公家たちも姿を見せている。まず、御礼参内に集った公家衆から見ていこう。

この折、天皇とともに誠仁親王（正親町天皇第一皇子）や准后《じゆごう》の二条晴良が同席している。もともと、二条家は足利将軍家と親交がある公家であった。たとえば、代々の二条家当主の実名は、足利将軍の諱《いみな》（実名）から一字をもらって使用する、という慣習があった。その中でも、晴良はとくに義昭との関係が深く、義昭が奈良一乗院から脱出したのち、越前の朝倉《あさくら》氏のもとに滞在していた折、晴良は自ら越前に赴き、義昭の元服をとり行っている（『言継卿記』永禄十一年三月二十四日条）。義昭もまた、晴良の関白再任（永禄十一年十二月十六日再任）に際しては、なんらかの口利きをしたという（『諸家伝《しよけでん》』十二）。そのような晴良だからこそ、義昭の参内に参会したのである。

義昭の昵近衆たち

義昭の将軍任官の御礼参内には、烏丸光康《からすまみつやす》・万里小路惟房以下十名の「御直盧之衆《おんじきろのしゅう》」つまり義昭の昵近衆《じつきんしゅう》たる公家衆も集まっていた。その面々は、烏丸光康・万里小路惟房・山科言継《やましなときつぐ》・万里小路輔房・烏丸光宣《みつのぶ》・日野輝資《てるすけ》・山科言経《ときつね》・飛鳥井雅教《あすかいまさのり》・飛鳥井雅敦《まさあつ》・上冷泉為満《かみれいぜいためみつ》らである（『お湯殿の上の日記』永禄十一年十月二十二日条）。前にも述べたように、義昭は幼少期から奈良興福寺一乗院に入室し仏門に入っていたため、公家との関係の形成は上洛前後の時期からであったという（水野嶺二〇一六）。

室町時代を通じて足利将軍家は朝廷を保護し共存関係を保っていたわけであるから、義昭も将軍任官後は必然的に朝廷と接触する機会が増える。そのような折に、公武間を仲介し、交渉などをスムーズに行いうる公家衆の存在は重要である。そのため、義昭も、将軍任官とほぼ同時に「御直盧之衆」という自身の昵近衆を編成したのである。

このメンバーは、第十三代将軍義輝の昵近衆とくに代々にわたって昵近衆となる家柄である「譜代《ふだい》の昵近」として名前があがっていた「家」の出身者たちであった。それまで比較的、公家社会と縁の薄い生活を送ってきた義昭はかつての昵近衆に連なる者たち（＝子孫たち）を積極的に登用し、自らの昵近衆（＝「御直盧之衆」）として再編成したのだろう。そのうえで、義昭は彼ら昵近衆を伴って参内している。なお、将軍の参内に際して、昵近衆が脇を固めるのは第十三代将軍義輝の参内時にも確認でき（『言継卿記』天文十六年正月二十五日条・永禄三年二月六日条）、今回の義昭のそれと同様である。義昭は将軍の参内のスタイルを継承しており、そこからは義昭の「足利将軍」としての自意識がうかがえる。

また、参内のスタイル（三献の儀・昵近衆を伴っての参内）に加え、この将軍任官→御礼参内という流れそれ自体にも、意義がある。第十三代義輝と第十四代義栄の将軍任官時を振り返ってみよう。彼らは、いずれも京都に入らないまま、それぞれの居住地で任官の宣旨を受けている。これは、陣座での手続きも行わず、上卿（担当公卿）からの書類のみで任官する「消息宣下《しょうそくせんげ》」という任官で、簡略化した方式であった。加えて、二人とも任官御礼の参内もせず、ただ献上を行ったのみである。かかる直近の先々代・先代将軍の任官時と比較すると、義昭の任官時のありようはまったく異なっており、より古い先例を重視してなされた模様である。

よって、義昭の将軍任官は正親町天皇にとって「従来と変わらない、将軍の交替に過ぎなかった」という説もあるが（藤井讓治二〇一二）、実際はむしろ逆で、「伝統回帰」した足利将軍家の復活と捉えられないだろうか。これまでとは異なり、正式な手続きをふまえて将軍に任官したことにより、義昭は「足利将軍家の復活」と「正統な足利将軍家当主の継承」を朝廷側に強く印象づけようとしたのだろう。

義昭の献上行為

将軍就任後の義昭は、義昭は第十二代将軍足利義晴や同母兄の第十三代将軍義輝期の幕府をモデルとして、「幕府再興」を目指していた。義昭の理想は、将軍を頂点として、三管領《さんかんれい》（将軍の補佐役、幕府最高の職名。斯波《しば》氏・細川氏・畠山《はたけやま》氏が歴任）を筆頭に将軍の膝下に諸国の武家が従うという、本来の将軍

―管領―守護《しゆご》による幕府体制であったという（久野雅司二〇一五）。

義昭による「幕府再興」の政権構想はたとえば、将軍のもとに全国の諸大名・国衆を再編し、栄典授与（偏諱《へんき》による一字拝領・家紋《かもん》の下賜）や幕府役職への補任、起請文《きしょうもん》による諸国大名との主従関係の構築（水野嶺二〇一三）などに表れている。加えて、義晴期・義輝期から仕えていた奉行人《ぶぎょうにん》（全奉行人の半数に相当する人数）を登用する、といった施策にも表れている。義昭は、彼ら実務に長けていただろう官僚を登用し、かつ案件処理の手続き面も前代からの方法を踏襲することによって、幕府の政務機構の再興・安定をはかったのである。これらのほか、将軍御所を元の幕府所在地だった二条勘解由小路《にじょうかでのこうじ》室町《むろまち》の「武衛《ぶえい》」（現、京都府京都市上京区）に再建していること（『言継卿記』永禄十二年四月十四日条など）も、旧来の幕府を再興させる意図が明確にあったことを示している。さらに、豊後大友《ぶんごおおとも》氏と安芸毛利《あきもうり》氏との講和（豊芸和睦《ほうげいわぼく》）や甲斐武田《かいたけだ》氏と越後上杉《えちごうえすぎ》氏との講和（甲越和睦《こうえつ》）など、各地大名間の和平調停も斡旋し、「天下静謐《てんかせいひつ》」を実現させようとしていた。

義昭の「幕府再興」の政権構想は政策面以外にも儀礼面、とくに献上行為にも表れている。つづいて、将軍任官後の義昭と朝廷間の献上・下賜行為を見ていこう。

義昭による献上は、永禄十一年（一五六八）から元亀三年（一五七二）までの五年にわたり行われている。その大まかなうちわけは、年中行事に際しての献上と、日常的な献上に分けられる。前者に関しては、正月（あるいは歳末）、七月の乞巧奠と盂蘭盆、十月の玄猪の際に行われており、その行事にちなんで正月（あるいは歳末）には玉毬打、乞巧奠の際には花、盂蘭盆には灯籠、玄猪の折には猪子餅などを献上している。これらの献上は、かつて第十三代将軍義輝が行ったそれとほぼ同様であった。つまり、義昭は年中行事の一環として献上を行うという、室町幕府将軍の慣習を踏襲していたと捉えられる。

つづいて後者の献上には、参内時の献上と日常的な献上がある。義昭は将軍に任官してからのち、都合三回参内している。先にも述べたように、将軍任官の御礼言上（永禄十一年十月）、年賀としての参内時（永禄十二年二月および永禄十三年二月）、義昭は主に太刀を献上し、朝廷からも義昭へ下賜が行われるなど、相互的な関係が構築されていったことがわかる。

これらに対して日常的には、折にふれて初物、たとえば初鮭・初鱈などの献上が行われている。かかる義昭―朝廷間の献上・下賜の取り次ぎには、主に伝奏（武家伝奏）の飛鳥井雅教と万里小路輔房が携わっていた（『お湯殿の上の日記』永禄十二年正月一日条・十月十一日条など）。義昭による献上は元亀三年まで行われているが、全体として献上の回数は年が下るにつれ、次第に減少している。加えて、元亀年間に入ると義昭の参内も途絶えた。これらの現象から、義昭―朝廷間の関係が、次第に疎遠になっていったことがうかがえる。

献上・下賜行為の消失

義昭と信長、両者の対立が決定的となったのは、元亀三年（一五七二）末（あるいは翌四年正月以降）に信長が義昭へ「異見十七ヵ条」（「義昭宛異見状写」『増訂　織田信長文書の研究　上巻』所収三四〇号文書）を示してからのちである。「異見十七ヵ条」の中で信長は、義昭の言動（政治姿勢・資質）を激しく非難し、失政を指摘したのに対し、義昭も激しく反発した。両者の対立は、翌四年四月の信長による上《かみ》京《ぎょう》焼き討ち・二条御所（将軍御所）の包囲ののち、正親町天皇が仲介し、いったん終結した（勅命講《ちょくめいこう》和《わ》）。だが、同年七月にいたり講和は手切れとなる。義昭は再び挙兵し宇治槇島城《うじまきしまじょう》（現、京都府宇治市槇島町）に立て籠もり、対して信長は槇島城を攻め、義昭の子義尋《ぎじん》を人質にとった。信長の攻勢を受けた義昭は降伏し、妹婿である三好義継《よしつぐ》の居城河内国若江城《かわちのくにわかえじょう》（現、大阪府東大阪市）へ去ることとなった。

注目すべきは、義昭が京を去って以降、義昭—朝廷間の献上・下賜行為は確認できないことである。先に述べたように、第十三代将軍義輝の時代には、京都不在の時期にも頻度こそ低くなったものの、献上は行われていた。これを思い返すと、義昭の献上（および下賜）が行われなくなったことは、義昭の「将軍」としての立場は衰退し、また朝廷も義昭を事実上「将軍」と見なさなくなっていた状況を端的に示している。

のち天正四年（一五七六）義昭は、幕府の再起をはかるため、西国の大名毛利輝元《てるもと》を頼り、足利将軍家ゆかりの地である備後国鞆《びんごのくにとも》の浦《うら》（現、広島県福山市）に居を移した。初代将軍尊氏が鞆の浦で幕府樹立を決意したという故事・吉例にあやかって、義昭もこの地を選んだという。一方、義昭を受け入れた毛利氏は当初、信長と前面交戦を避けるため義昭の毛利領国への下向を拒んでいたが、この段階にいたって毛利氏は政策を変更し、義昭を迎え入れて信長と対決する路線を選択したのである。義昭の一行は、信長から追放された旧国主・守護・守護代らの大名衆（伊勢北畠《いせきたばたけ》氏・若狭武田《わかさたけだ》氏）のほか、幕府関係者（奉公衆・奉行衆・同朋衆など約五十人以上）を含めた総勢百人以上であり、あたかも「鞆幕府《ともばくふ》」と呼ぶべき様相だったという説もある（藤田達生二〇一〇）。

西国大名の毛利氏や島津《しまづ》氏は、義昭を奉じることで自身の支配の正当性を得ようとしていた。だが、義昭の権力行使は毛利氏による制限がかけられており、義昭による官途や栄典授与行為も毛利輝元《てるもと》の自国支配のために行われたものであった。献上・下賜行為もついに復活することはなく、朝廷との関係も途絶えてしまっている。よって、幕府の持つ本来の「天下」（京都を含めた畿内周辺で、将軍が管轄する領域）における中央政権という性質は喪失している状況と見なす見解（久野雅司二〇一七）は、妥当といえる。

もっとも義昭は、天正元年（元亀四年）以降、同十六年正月に出家して昌山《しょうざん》（道山《どうざん》）と号し准三后宣《じゅさんごうせん》下《げ》を受けるまで、従三位《じゅさんみ》権大納言《ごんのだいなごん》・征夷大将軍の官位（官職と位階）は保持しつづけていた（『お湯殿の上の日記』天正十六年正月十三日条）。これに対し、たとえば信長が朝廷に向けて義昭を罷免《ひめん》、つまり将軍の解官《げかん》をはたらきかけた事実はなく、朝廷もまた義昭を解官しようと動いているわけでもない。

義昭が征夷大将軍でありつづけた意味、これは十六世紀半ばを過ぎてもなお、「足利氏嫡流こそが武家の棟梁《とうりょう》である」という血統による身分秩序意識（谷口雄太二〇一七）が生きつづけていたことを暗に示していよう。とはいえこの時期、「足利氏嫡流という秩序意識」とて必ずしも絶対的なものではなく、義昭をとりまく環境（「鞆幕府」）は、これまでの「室町幕府」とはまったく性質の異なるもので、かつ限定的な意味を持つに過ぎない、と捉えなければならないだろう。

3　足利義昭による公家衆との関係づくり

義昭のもとに集う公家たち

先にとりあげた献上・下賜行為は、おおむね天皇―足利将軍間を対象としたため、いわば公武のトップ同士の関係に注目したものになった。足利将軍と朝廷との関係を探るうえでは、公武のトップ同士の関係ばかりでなく、公家衆全体との関係にも目を向けなければならないだろう。そこで、まず第十五代将軍足利義昭が公家衆とどのような関係を作ったか、彼のもとに集った公家たちの様子から見ていこう。

晴れて第十五代将軍となった義昭は、幕府の政治機構の再整備を手掛けている。将軍任官から約三ヵ月後には、早くも「殿中御掟《でんちゅうおんおきて》」（「室町幕府殿中御掟」）が制定された（「仁和寺文書《にんなじもんじょ》」九、『増訂　織田信長文書の研究　上巻』所収一四二号文書）。これは信長によって将軍御所における規範を定めたもので、義昭がそこに袖判《そではん》を捺して承認した掟書で、永禄十二年（一五六九）正月十四日付で出された九ヵ条と、同月十六日付で出された「追加」七ヵ条の、合計十六ヵ条から成る。

この九ヵ条のうち、第二ヵ条目は公家に対する規範で、「一、公家衆・御供衆・申次、御用次第に参勤あるべき事」と規定されている。まずここでいう、御供衆《おともしゅう》とは将軍につき従う側近（武士身分）で、申次衆《もうしつぎしゅう》は来訪者を将軍に取り次ぐ者（武士身分）である。御供衆・申次衆はいずれも将軍の身近で奉仕する者たちであり、「公家衆」も彼らとともに並び記されていることから、この「公家衆」とは、朝廷に仕える廷臣《ていしん》であると同時に将軍のもとにも出仕する「昵近衆」であるといえる。そして、公家衆（昵近衆）も御供衆・申次と同様に、義昭の求めに応じて将軍御所に祗候し、その務めを果たすべき、と定められたのである。

先にも触れたように、義昭は将軍任官とほぼ同時に自らの昵近衆（＝「御直廬之衆」）を編成していた。その面々の多くは、かつて「譜代の昵近」と呼ばれていた「家」の出身者であり、かつ彼らが求められた役割も「将軍御所への祗候」であった。先に、昵近衆の再編から義昭の「将軍」としての自意識がうかがえることを指摘したが、加えて昵近衆に課された役割からも同様のことがいえる。

つまり、将軍―公家衆（とくに昵近衆）間の関係から見えてくる義昭の政権構想は、あくまでも「幕府再興」であったことがわかる。

義昭への参礼

「殿中御掟」の第二ヵ条で、これまでの将軍に対してと同様、公家衆（昵近衆）が義昭のもとへ出仕することが定められた。公家衆（昵近衆）が将軍のもとへ出仕する理由・目的は、将軍―朝廷間の取り次ぎや、将軍の参内や外出時の扈従《こしょう》（付き従うこと）などさまざまだが、「御礼参賀」も多い。この「御礼参賀」とは、端的にいうと「参礼」つまり「挨拶儀礼」である。一般的に当然のことながら、誰が誰に「礼を行うか」あるいは、誰の「礼を受けるか」ということは、両者の関係および社会的な立場に深く関わっている。それゆえ、「礼を行う／受ける」という行為は、秩序の再確認という意味を持っているのである。

もちろん、足利将軍家においても「挨拶儀礼」を将軍を頂点とした身分秩序を幕府内外に知らしめるツールとして十二分に活用している。先にも述べたが、室町殿（足利将軍家の当主）に対する公家衆をはじめ僧侶（その中でも門跡）の「御礼参賀」は、年頭・八朔（八月一日）・歳末などの年中行事に際して行われるものと、なんらかの慶事の際になされる臨時的なもの、という二種類に分けることができる。このうち、前者の年中行事に際しての「御礼参賀」は、第三代将軍義満期のころに形成され、第四代将軍義持《よしもち》期の応永年間中ごろに固定化していったという。そして後者の臨時的な「御礼参賀」は、第六代将軍義教《よしのり》期から増加しはじめた。この「御礼参賀」は、とくに義教将軍の初期段階、まだ権力基盤の弱い義教の権威高揚をねらって意図的に催されたという（金子拓一九九七）。その後、義教期から第八代将軍義政《よしまさ》期にかけて、室町幕府の儀礼（武家儀礼）は確立していったが、この時期はちょうど昵近衆も形成されていく時期にもあたることから、昵近衆はより儀礼的性格の強い公家身分集団と見なされている（滝澤逸也一九九七）。

第十五代将軍義昭に対しても、公家衆（昵近衆）の出仕が定められたわけであるが、「御礼参賀」など「挨拶儀礼」（＝参礼）もかつての将軍に対してと同様に行われたのであろうか。とくに時期的な変化に注目しながら追っていこう。

参礼のはじまり

義昭（当時は覚慶→義秋と改名）は幽閉先の奈良興福寺一乗院から脱出後、各地（近江国甲賀→同国矢島→若狭国→越前国）に寄寓《きぐう》していた時期にも、ごく限られた面々ではあったが数人の公家たち（飛鳥井雅教・吉田兼見《よしだかねみ》・近衛前久《さきひさ》・二条晴良・山科言継）と接してはいた。もっともこの時期、公家が義昭の寄寓先を訪れた理由・役目の大半は、任官に際しての朝廷からの使者・元服時の装束の世話（装束の調《ちょう》進《しん》・着付け）などであり、必ずしも参礼が主目的だったわけではなかった。

義昭が公家衆から礼を受けるようになったのは、上洛後まもなくからである。当時の京都では、武家の有力者が入れ替わり立ち替わりしていた時期であることから、公家衆もその動静に敏感になっていたのだろう。当時、義昭は上洛したものの、義栄陣営にあった三好三人衆《みよしさんにんしゅう》（三好長逸《ながやす》・三好宗渭《そうい》〈釣閑《ちょうかん》斎《さい》〉・石成友通《いわなりともみち》）の襲撃もあり、次期将軍としての立場は必ずしも盤石なものではなかった。公家衆もまた、義昭の置かれた状況を見極めている段階にあった。彼らの中には、義昭と積極的に交流すべきか判断に迷っている者もいたのだろう。義昭が上洛したという情報が入ると直ちに義昭のもとに参礼するか否か、相談し合っていることもあった（『言継卿記』永禄十一年〈一五六八〉九月二十七・二十八日条など）。

そのためか、上洛当初は参礼の回数も少なく、かつ少人数の公家、たとえば飛鳥井雅教・日野輝資といった面々が参礼しているに過ぎなかった（『言継卿記』永禄十一年十月四・九日条）。同様に、義昭が摂津国・河内国・大和国征討から凱旋《がいせん》した際、帰京の「御迎《おむかえ》」を行ったのは、やはり烏丸光康・光宣父子と日野輝資だけである（『言継卿記』永禄十一年十月十四日条）。彼らは足利将軍の身近で仕える昵近衆、その中でも「譜代の昵近衆」に名を連ねる「家」、つまり代々にわたって「昵近衆」であった「家」の出身者たちである。

上洛当初というこの時点では、まだ昵近衆全体が参礼を行ったわけではなく、公家社会と義昭の関係が希薄だったことがうかがえる。そのような中でも烏丸や日野らが義昭に対して参礼を行ったのは、まさに「譜代の昵近衆」たる「家」の出身者という自意識によるものである。「譜代の昵近衆」は、他の昵近衆一般と比較してより強く足利将軍と結びついていた。それだからこそ、次期将軍となる義昭に対してもかつての将軍に対してと同様に振る舞い、参礼に赴いたのである。

参礼の変化

義昭の将軍任官を機に、参礼の様子は一変した。それまでは、義昭への参礼も限定的に行われていたのであるが、定期的な参礼がなされるようになった。もちろん、官位叙任を祝う参礼など臨時的な参礼も確認できる。かかる参礼に加え、将軍任官直後の時期から、義昭に対する節朔日《せつさくじつ》の礼（毎月一日や節句日）が行われるようになったのである。史料から確認できる節朔日の礼の始まりは永禄十一年（一五六八）十一月一日であり、元亀二年（一五七一）の十一月一日まで続いた。

また、参礼の面々にも変化が確認できる。先にも述べたように、義昭は将軍任官時の御礼参内に際して自らの昵近衆（＝「御直廬衆」）を編成し、参内に伴っている（『お湯殿の上の日記』永禄十一年十月二十二日条）。その後の参内時、たとえば年賀の参内に際しても昵近衆が義昭の供をし、三献の儀にも相伴している（『お湯殿の上の日記』永禄十二年二月二十六日条・同十三年二月二日条）。節朔日の参礼も、この昵近衆を中心になされるようになった。かかる場合、「譜代の昵近衆」に限らず、昵近衆全体として参礼している。このような参礼は、かつて第十二代将軍義晴に対しても行われていた（『大舘常興日記《おおだちじょうこうにっき》』天文十四年六月一日条・同八月一日条、『言継卿記』天文十四年十二月二十九日条など）。

ここから、義昭の将軍任官を機に新たに編成された昵近衆にも義昭を「将軍」として見なす動きが表れたことが読みとれる。かつての昵近衆―将軍間の関係と同様な関係が、義昭―昵近衆間でも見られはじめ、両者の関係は主に儀礼的な場面から生まれ、構築されていったことがわかる。

さらなる変化は、義昭の従三位権大納言への叙任（永禄十二年六月二十二日に叙任）を経て表れた。永禄十二年六月二十二日、義昭は従三位権大納言に昇進した。直近の足利将軍の中で、この官位に就いた者は第十二代将軍の義晴のみである（享禄三年〈一五三〇〉正月二十日に叙任）。公家身分の中でも「三位」は、公卿《くぎょう》に位置する上位のレヴェルで特別な意味を持つ。つまり三位に叙せられることで、公家社会の中でも上層部に組み込まれたことを示しているのである。よって義昭の昇進は、足利将軍家として約四十年ぶりの慶事であったといえよう。

その祝賀には、「諸家總参賀《しょけそうさんが》」（『言継卿記』永禄十二年六月二十九日条）とあるように、公家衆のほとんどが礼に赴いている。昵近衆のみならず、公家衆全体の参礼へと、規模が拡大したのである。このほか、初めて義昭の参内に供をした公家も現れるようになった。義昭の年賀参内に際し「今日始加参会」した者として、四辻季遠《よつつじすえとお》の名前があがっている（『言継卿記』永禄十三年二月二日条）。これまでも四辻は、節朔日の参礼にも顔を見せたことはなかった。四辻は、昵近衆の「家」に相当しない（『年中恒例記』）ことから、これまでは参礼や参内の供を行わなかったのだろう。

このような参礼の人数の増加・顔ぶれの多彩化という変化は、やはり従三位権大納言への昇進が鍵となったといえよう。義昭の立場は、「征夷大将軍」の職、幕府のトップという立場に加え、公卿となった。この立場の変化に公家衆は敏感に対応し、「公卿」義昭への礼遇として、参礼や参内の供を行うようになったのである。なお、この点については信長の叙任時にも共通するので、後にも触れよう。

参礼の減少

だが、義昭への参礼も長くは続かなかった。元亀元年（一五七〇）の終わりころから参礼者の人数は減少する傾向を見せはじめている。事実、元亀元年末から翌二年の参礼者は、飛鳥井雅教・雅敦父子、高倉永相《たかくらながすけ》、日野輝資、広橋兼勝《ひろはしかねかつ》、正親町三条公仲《おおぎまちさんじょうきんなか》ら「譜代の昵近衆」にほぼ限られるようになった（ほか、山科言継も参礼を行っている）。参礼者の減少という状況を打開しようとしたのか義昭側は、「来月の月初めの礼に顔を出さない者は、成敗の対象とする」という通達を下している（『言継卿記』元亀元年十一月一日条）。義昭は参礼に行わない者に対して処罰をちらつかせたわけであるが、実際のところはこのような処分が下された形跡はない。ここから、これまでの公家衆による参礼はあくまで自発的な意志にもとづいていたこと、よって義昭はそれに対する強制力を持ち得なかったことがうかがえる。

また先にも述べたように、幼くして仏門に入り寺院で生活していた義昭は、もともと公家衆との関係は薄かった。義昭は、かつて将軍任官以前の出家時に近衛家（叔父の関白近衛稙家）と猶子関係を結んではいたが、摂家との関係も表面的なものに過ぎなかった。代々の足利将軍たちが、関係の強化を目して公家衆に行っていた偏諱の授与も、二条昭実《あきざね》に対してのみ（「昭」の一字を与える）だったようである。いわばこれは、自身の将軍任官に協力的であった二条家に対する一種、例外的な優遇措置であったといえよう。一方、摂家もこれまでとは異なり、幕府政治に関与することもなかった。摂家―義昭間の関係は比較的浅かったため、摂家は義昭への参礼を行わなかったのだろう。

加えて、義昭自身の婚姻も一因がある。第三代将軍義満期以降、足利将軍家の正室（御台所《みだいどころ》）は公家の日野家、つづいて摂家筆頭の近衛家から迎えていた。対して義昭は、当時ふさわしい人物がいなかったのか、公家出身の女性を娶ることはなかった。そのため、婚姻を媒介に公家衆との新たな関係を作り出しえないままに終わった（巻末【系図2・4】参照）。

義昭と親密な公家衆はほぼ昵近衆に限られ、それ以上は拡がらなかったのであろう。参礼者の減少も、かかる両者（義昭―公家衆）間の関係が影響しているといえよう。

参礼の消失

元亀三年（一五七二）には、ついに公家衆による参礼は見られなくなる。ちょうどこのころは、義昭と朝廷との距離も次第に遠くなっていった時期でもあった。その例として、義昭―信長間の決裂を決定づけた「異見十七ヵ条」がある。先にもあげたように、この中で信長は、義昭の幕府政治への向き合い方を批判し、同時に朝廷に対する対応の悪さも糾弾している。

たとえば、この第十ヵ条目にあがっている改元問題を見てみよう。当時、「元亀」の元号は世間で「不吉」という風聞《ふうぶん》も立っていたこともあり、朝廷では改元を望み、信長・義昭の両人に伝えていた。これは室町時代から改元は、公家を代表する天皇と武家を代表する将軍の合意によって行われる慣習がつづいていたためである（神田裕理二〇一一A）。だが、信長は朝廷の改元希望に同意したものの、義昭は将軍任官後に自身と朝廷が歩み寄って実現させた「元亀改元」に思い入れがあったのか、耳を貸さなかった。改元準備を進める朝廷が費用の提供を要求しても、義昭はいっこうに応じようとせず、「異見十七ヵ条」中で、その態度は問題視されている。前に触れたように「異見十七ヵ条」は、元亀三年末から翌四年正月以降に出されたと考えられていることから、遅くとも元亀三年に入ってからは義昭は朝廷への奉仕を怠っていたのだろう。

よって朝廷との関係も、この時期には次第に冷えこんでいったことは容易に想像できる。このような状況を、おおかたの公家もおそらく敏感に感じとり、公家衆もまた義昭との距離を置くようになっていったと思われる。それは、義昭の将軍任官時にかたちづくられた昵近衆（＝「御直廬衆」）ですら、同様であった。彼らは義昭の最も身近にいた公家衆たちであったにもかかわらず、元亀四年七月、信長に降伏した義昭が京から逃れる時も供をすることはせず、その後も義昭との交流を絶ったのである。

第二部

織田信長と朝廷

第一章　信長の朝廷対応

1　戦国時代の改元

「革命児」から「常識人」へ

太平洋戦争以前から現在までの日本史研究の中で、織田信長《おだのぶなが》ほどその評価が定まらなかった人物はいないだろう。戦前では「皇国史観《こうこくしかん》」のもと、信長は「勤王者」と捉えており、天皇を崇拝し、さまざまな政策を通して朝廷の財政を立て直したからこそ天下統一をなしえた、と考えられてきた。一転して、戦後はおおむね「公武対立史観」で捉えられており、信長は天皇・朝廷などの伝統的権威を否定し、彼らと戦うことによって、新しい国家を創り出そうとした、と考えられるようになったのである。それにより、信長イコール「革命児」、といったイメージが生まれた。

現在は、信長をめぐる研究、たとえば諸政策に関する研究が進み、信長は伝統的権威を重んじる「常識人」として描かれることが増えた。公武関係をめぐる研究でも、信長と天皇の関係を対立・抗争を基準に捉える考え方も残る一方で、さまざまな視点、たとえば官位問題・改元《かいげん》・勅命講和《ちよくめいこうわ》の実態・改暦《かいれき》問題・経済基盤の保障・馬揃《うまぞろ》え・正親町《おおぎまち》天皇の譲位問題などからの研究が進展するにつれ、協調・融和関係を基調として捉えられるようになった。信長と天皇・朝廷は、協調路線のうえで結びつき、相互補完的な関係にあったという説である。この代表的なものは、「公武結合王権論」であろう（堀新二〇〇四）。だが現状では、公武の「相互補完」や「結合」のあり方についての具体的な説明は乏しい。

　このように、信長と天皇・朝廷との関係については、現段階では「協調説」が優勢になるものの、評価はいまだ定まってはいない。公武対立説／協調説に対しても、公武の関係を対立的か協調的かの二分法で捉えてしまうことの危険性（＝逆の、あるいは別の見方・解釈を排除してしまう）が指摘されている（池上裕子二〇一六）。加えて、対立／協調を前提として論を進めてしまう傾向に陥ったり、これを前提に単純化した理解につながってしまう恐れもあるだろう。

織田信長像（東京大学史料編纂所所蔵模写）

　室町幕府に代わり新たな武家政権を構築した信長、そして豊臣秀吉《とよとみひでよし》にとって、天皇と朝廷機構をいかに取り込んでいくかが急務となったことは事実である。先の指摘をふまえると、「対立」／「協調」といった捉え方、およびそのような立場（＝対立説の立場か協調説の立場か）を前提にして論を進めていく、といった方法は、いったん棚上げすべきだろう。また、「相互補完」「結合」の具体像も提示する必要があろう。加えて、信長にとって朝廷は「利用すべきたんなるシンボル」でしかなかったのか、「自らの統制下に置くべき存在」だったのか、あらためて検討しなくてはならない。

さらに現段階にいたっても、当時の朝廷についても、あまりにも単純、短絡的な理解で語られることが多い。たとえば、「信長が天皇・朝廷を滅ぼさなかったのは、彼が国家権力を有してもなお天皇の伝統的な権威が必要だった」という説明である。これに関しても、「伝統的権威」という抽象的・観念的な用語で説明され、その内実にふみこんでいない点が問題である。今後は、「伝統的権威」という言葉に頼らず、天皇・朝廷の果たした役割から当時の天皇・朝廷のあり方を探り、その具体像を示すべきであろう。

そこで、当時のどのような政治的局面で天皇・朝廷が登場し、そこで彼らのどのようなはたらきが武家権力者（信長）によって期待され、活用されていたか見ていくことにしたい。

改元の契機

改元とは、元号の改定である。折しも二〇一八年から二〇一九年にかけて、「平成最後の」という言葉がいたるところで聞かれたように、天皇の代替わりに合わせて改元が行われる、といった印象が強い。だが、「天皇の代替わりを機に改元する」ことが明文化されたのは、実は明治時代に入ってからのことである。明治元年（慶応四年、一八六八年）九月八日の「改元の詔《みことのり》」で定められた「一世一元《いっせいいちげん》の制」にもとづき、天皇一代につき元号は一つだけ用いられているようになり、現在までつづいているのである。

一方、明治時代以前では、さまざまな機に即して改元が行われていた。その契機として主に、天皇代替わり・天変地異・祥瑞《しょうずい》・兵乱時などがあげられる。これらのほか、中国で生まれた「讖緯説《しんいせつ》」（中国の漢王朝で生まれた思想）にもとづいて、干支《えと》が「辛酉《しんゆう》」「甲子《かっし》」の年に改元がなされることがあった。「辛酉」の年は、天の指名によって君主または王朝（政府）が代わる王朝交代の革命の年であり、その三年後の「甲子」の年にいたると、徳の備えた人に天命が下され、政治の内容が変わる変革の年となる、と考える「讖緯説」にもとづき、それらを「区切り」と見なして改元が行われるのである（それぞれ「革命改元《かくめいかいげん》」「革令改元《かくれいかいげん》」という）。

つまり、改元は「時の区切り」であり、また「状況の一新をはかる」行為でもあった。それゆえ、天皇の時（社会的時間）に対する支配権を示すものとして、伝統的に朝廷によって行われてきた。天皇独自の権限であるから、これまでは武家ですらそれを奪うことができなかったと考えられていたのである。

その一方で近年、室町時代以降では武家（足利《あしかが》将軍）が統治のための一手段として積極的に利用した結果、改元は天皇の有する諸権限のうちで最も武士の意志に左右されていた、という見解も出されている（今谷明一九九〇）。つまり、改元に関しても武家（足利将軍）が主導権を握っていたということである。信長の時代に行われた天正改元（元亀四年〈一五七三〉）についても、信長によって発せられた「京都を中心とする『天下』を制した者の宣言」であり「織田政権発足のシンボル」（池享一九九二、池上裕子二〇一二)、つまり信長が朝廷にせまって実現させたと捉えられている。

このように評価がわかれている現状下、改めて改元はいかなる状況下で実施されたのか、その時に朝廷側・武家側の双方がどのような動きをしたのか、具体的に検討したうえで、評価し直す必要があるだろう。以下、まず戦国時代の改元の様子をふまえつつ、信長と改元の関わりを見ていこう。

武家の意のままの改元だったのか

先にも述べたように近年の研究では、室町時代以降、改元は武家側からの申し出によってのみ実施されており、そこには朝廷側の意向は反映されていない、と捉える見解が見られる(今谷明一九九〇)。この見解の根拠としてあげられているのは、改元実施を持ちかける「発議権」、元号案の選定や改元日時の決定など諸手続きにまで介入する「協議・選定権」も武家が掌握しているというものである。

このほか、「武家代始《だいはじめ》」改元が実施されていたともいわれている。そもそも「代始」改元とは前にも述べたように、天皇の即位など、天皇代替わりに際して行われるものである。それが室町時代以降、武家(足利将軍)の代替わり(＝将軍任官)に際して行われるように変化した。その結果、「代始」の語が天皇を意味せず、武家を指すようになった、と捉えられているのである(今谷明一九九〇)。

戦国時代の改元は、本当に武家(将軍)のほしいままに行われていたのか。実際の改元の中で、「発議権」「協議・選定権」「武家代始改元」は、どのように行使されていたのだろうか。

改元の「発議権」

まず、「発議権」から見てみよう。確かに、大永改元（一五二一年、兵革《へいかく》・天変改元）、天文改元（一五三二年、兵革改元）は、武家側から発議された改元といえる。しかし、すべての改元が武家から発議されたわけではなく、朝廷側からのアクションもなされているのである。たとえば、この時代にいたっても先に述べた「讖緯説」にもとづく改元が行われている。文亀改元（一五〇一年）と永正改元（一五〇四年）がそれにあたるが、いずれの場合も朝廷側から発議している。文亀改元は、干支が「辛酉」の年にあたるため、革命改元を行うべく朝廷で論議した結果、実施された改元である（「明応十年改元定《めいおうじゅうねんかいげんさだめ》記《き》」『実隆公記《さねたかこうき》』）。また永正改元も、干支が「甲子」の年にあたる革令改元として、朝廷主導のもとでとり行われている（『公藤公記《きんふじこうき》』永正元年〈文亀四年、一五〇四年〉二月三十日条など）。

これらのいわば慣例上なされた場合のほかにも、朝廷が主導して実施された改元も見られる。すなわち弘治改元（一五五五年）は、「兵乱の世を鎮める」ことを目して朝廷が望んだ改元であった（「弘治改《こうじかい》元定記《げんさだめき》」）。享禄改元（一五二八年、代始改元）の場合は、武家側からの発議もあったと考えられるが、後に述べるように、朝廷側にも改元する理由（＝後奈良天皇の践祚《せんそ》）があったため、実現にいたったと捉えるべきであろう。

改元の協議権

「協議・選定権」に関しては、どうであったか。まず明応改元（一四九二年）を見ると、第十代将軍足利義稙は朝廷と改元陣儀《じんのぎ》（改元実施の公卿《くぎょう》会議）の上卿《しょうけい》（責任者）の人選と改元実施日について相談しており、かつ元号案に「明」の字が入った号（明応・明暦・明保）の採用を求める（『親長卿記《ちかながきょうき》』延徳四年七月二・十・十九日条）など、改元陣儀の内容にふみこんでいる。また享禄改元時の際では、第十二代将軍義晴《よしはる》は改元陣儀の開催八日前に年号勘文《かんもん》（元号の候補とそれを作成する際に参考にした古典等も記した文書）を閲覧《えつらん》し、候補にあがっている「延禄」号・「同徳」号・「時安」号を外すよう申し入れている（『実隆公記』大永八年八月十二日条、『享禄度改元申沙汰愚記草《きょうろくどかいげんもうしざたぐきそう》』）。

一方、天文改元時（一五三二年）にいたると、第十二代将軍義晴は元号案それ自体にすら口を挟まず、陣儀での進行に任せている（『天文度改元愚記草《てんぶんどかいげんぐきそう》』）。ここから、時期が下るごとに武家側の関与の度合いは、次第に低くなりつつあったことがうかがえる。

「代始改元」の実態

つづいて、「代始改元」についても見てみよう。この時代、「代始改元」の意味は武家（足利将軍）の「代始」を意味するようになったのだろうか。

戦国時代に「代始」とある改元は、文亀改元（一五〇一年）・享禄改元（一五二八年）・永禄改元（一五五八年）である。このうち文亀改元は、干支が「辛酉」の年にあたるため、前述した「革命改元」という側面もあった。加えて、前年（明応九年）に後柏原《ごかしわばら》天皇（第百四代天皇）が践祚（天皇位の継承）したことも考慮に入れ、実現にいたっている。

享禄改元も、二年前（大永六年〈一五二六〉）の後奈良《ごなら》天皇（第百五代天皇）の践祚に、永禄改元も前年（弘治三年）の正親町天皇（第百六代天皇）践祚に、それぞれもとづいてなされたものであった。つまりこの時期でも、「天皇代始」改元が行われていることがわかる。また、これらの改元に対して、武家（室町幕府）が、改元手続きに関わる費用（用途は主に実務を担当する公家への報酬など）を負担していること（文亀・享禄改元）から、武家側も「天皇代始」改元を否定しているわけではないことが読みとれる。

もっとも、戦国時代には将軍任官に際しても改元が行われることもあった。その事例としては、室町幕府第十二代将軍である足利義晴期に実施された大永改元（一五二一年）である。この年（永正十八年〈一五二一〉）の三月、第十代将軍足利義稙《よしたね》は管領《かんれい》として幕政を掌握していた細川高国《ほそかわたかくに》と対立し、淡路国《あわじのくに》（現、兵庫県）へ出奔《しゆつぽん》した。義稙は、日ごろより高国の専横に不満を抱いていたという。その結果、高国は彼に代わる将軍として義晴（第十一代将軍義澄《よしずみ》の長男）を擁立し、同時に新将軍の任官を前提として、朝廷へ改元を持ちかけ、実施にいたっている。なお、実際の義晴の将軍宣下《せんげ》は改元（八月二十三日）の約四ヵ月後の十二月二十五日になされている。

この改元は一見すると、義晴の将軍任官に連動した「武家代始」改元のようであるが、その経緯をたどると、そのように即断することはできない。当時、公家衆は「来年は十九年、必ず改元あるべきことなり、よって武家より申さるるにつき、当年改元もっともしかるべし」と考えていた。彼らは、「永正年号は十八年の長きにわたって使用されてきたので、来年はきっと改元となるだろう。ちょうど武家側からの申し出もあったので、今年、改元が実施されるのは当然であろう」と認識しているのである

（『和長卿記《かずながきょうき》』永正十八年七月二十八日条）。

つまり、朝廷側でも改元は予測されていたのであり、必ずしも武家（幕府）の希望のままに実現されたわけではなかった。もちろん当時点で、朝廷側は義晴を将軍任官予定者と見なしていたことは、間違いない。加えて、朝廷側にも改元する理由（永正号の長期間使用）があったからこそ、武家側の申し出を容れ、実現にいたったのである。ここに、公武の合意があってはじめて実現するという、戦国時代の改元のあり方が読みとれる。

さらに、改元理由についても触れよう。改元詔書《しょうしょ》（改元を発表する公式文書）には改元の理由についても記載されるが、大永改元のそれには「兵革・天変」とある。兵革は戦乱という意味であり、天変はこの場合、前年（永正十七年）三月に熊野《くまの》地方（現、和歌山県南部・三重県南部）を襲った大地震を指すのであろう。このように改元詔書には、新将軍就任については触れられていないのである。いうまでもなく、改元詔書は公式発表であるから、記録として残り、先例となりうる重要なものである。

よって、これらをたんなる名目上のものと退けるわけにはいかないだろう。改元詔書に「武家代始」あるいはそれに相当する理由を盛り込んでいない点から、武家（幕府）側の意向とは異なり、朝廷側は武家の代替わり（新将軍就任）を改元理由の一つとして公にすることを避けたのであろう。朝廷側の認識では、「代始」はあくまでも天皇の代替わりを示すものであったことがうかがえる。

したがって戦国時代にいたって、「代始」改元は「武家代始」を意味するようになったと捉えるのは、やや早計といえよう。

織田信長と改元

ここまでの検討をふまえると、戦国時代の改元は、決して武家主導で行われていたのではなく、公武の合意によって実施されるのが基本であったことがわかる。つづく織田信長の時代に行われた改元は、いかなるものであっただろうか。

信長期に行われた改元は、元亀改元（一五七〇年）とつづく天正改元（一五七三年）である。まず、これら二つの改元のプロセスを追い、そこに天皇・朝廷がどのように向き合ったのか、具体的に見ていきたい。また、これまでの研究では「信長は朝廷にせまり、『天正改元』を実現させた」ともいわれていた。実際の改元のプロセスから、信長がどのように関与したか、改めて評価し直したい。

元亀改元の実施

永禄十一年（一五六八）九月、信長とともに「天下御再興《てんかごさいこう》」をかざして入京した足利義昭《よしあき》は、翌月の十月十八日、征夷大将軍《せいいたいしょうぐん》に任官し、室町幕府第十五代将軍としてそのスタートを切った。義昭が将軍任官直後から朝廷に対し改元の実施を申し入れていることから（『言継卿記《ときつぐきょうき》』永禄十二年四月八日条）、この「元亀改元」には義昭の意志が強くはたらいていたことがわかる。それと対照的に、改元に関して信長はまったく口を出していない。

義昭が強く希望していたにもかかわらず、改元問題はこの時点では進展しなかった。そのため翌十二年四月、義昭は再び改元の実施をはたらきかけている（『言継卿記』永禄十二年四月十五日条）。この時は、いったん朝廷も改元をつかさどる役目の公家たちを任命するなど、具体的に動きはじめたものの、朝廷側の準備不足が原因でその計画は頓挫《とんざ》した（『言継卿記』同年四月十六・十八日条）。このように、改元の実現には朝廷・幕府双方の合意が必要という、戦国時代の慣例が息づいていたことがうかがえる。

その後、同十三年正月にまたも義昭は改元実施を主張し、朝廷側に改元にかかる費用の提供も持ちかけた。この段階にいたると、朝廷側も義昭の申し入れを歓迎している様子がうかがえる。間を置かずに正親町天皇は、元号案を提示する勘者《かんじゃ》を任命し、元号案を作成させるなど、改元への準備に入っている。同年四月、六人の公家衆からなる改元陣儀（会議）で複数の元号案（候補）の難陳《なんちん》（審議）が行われ、最終的には天皇によって、「国家にとってめでたい」（＝「国家寿瑞之号《こっかじゅずいのごう》」）という意味の元亀号に決定した（『改元部類記《かいげんぶるいき》』）。

この改元手続きの手順および公家の役割も、平安時代の儀式書に記された手順とほぼ一致する。もっとも省略された部分もあったが、この点について、陣儀参加者から疑問視されてもいる（『中原康雄記《なかはらやすおき》』元亀元年〈永禄十三年〉四月二十三日条）。この時期、公家たちは伝統的な改元手続きを意識しており、それに沿おうとしていたことがうかがえる。

一方で義昭は、改元の実施が決まると直ちにその費用として先例（おおよそ三十貫文余）より多額の五十貫文（一貫文は、現在の十〜十五万円に相当）を渡している（『中原康雄記』元亀元年四月六日条）。費用提供は、足利将軍に課された制度的な役割の一つであったから、第十五代将軍となった義昭もそれを意識して行ったのであろう。だが義昭は、改元の具体的な手続き面が進行する段階にいたるとまったく干渉しておらず、義稙期（明応改元）・義晴期（享禄改元）との違いが際立つ。たとえば、元号案の採択やその決定に、義昭がなんらかの介入をしている様子はまったくうかがえない。

もっともこれは、改元だけに見られることではなかった。たとえば、関白《かんぱく》任官の陣儀に際しての、義昭の行動を見てみよう。

永禄十一年十二月、二条晴良《にじようはれよし》が関白に再任した。前に晴良は、義昭が義栄《よしひで》と対立し越前国《えちぜんのくに》（現、福井県）に逃れていた際、義昭に協力的な態度を見せたため、のちのちにいたっても義昭は恩義に感じていたという（『言継卿記』永禄十三年〈元亀元年〉三月二十日条）。この義昭の懐古談《かいこだん》からもわかるように、両者の関係は良好であったにもかかわらず、晴良の関白任官の陣儀には関わっていない。なお、信長も同様である（『言継卿記』永禄十一年十二月二十六日条）。つまり、義昭は朝廷の政務運営や政治的機能の遂行それ自体には、関与することはなかったのである。

義昭にとっての元亀改元

義昭にとって「元亀改元」の意義は何だったのだろうか。それは、将軍任官直後から希望していた点からも明らかなように、第一に自身の将軍任官を周囲に示すことであった。これは、かつて第十二代室町将軍任官を前に、改元を希望した足利義晴と同様である。さらに、将軍候補のライバルで第十四代将軍となった足利義栄や信長への対抗もあっただろう。義栄の将軍任官時および就任期間中、一度も改元が行われていないことから、義昭は率先して改元を実現させ、義栄との差異化をはかったと思われる。

また、九ヵ条の「殿中御掟《でんちゅうおんおきて》」と七ヵ条の「追加」（永禄十二年正月制定、『増訂　織田信長文書の研究　上巻』所収一四二号文書）および五ヵ条からなる「条々《じょうじょう》」（「五箇条条書」同十三年正月制定、『増訂　織田信長文書の研究　上巻』所収二〇九号文書）などを通して、将軍権力を強化しつつも信長は義昭の行動についても自身の意見を述べるようになる（水野嶺二〇一八）。必ずしも将軍権力を牽制するものではないが、当初の「義昭・信長連合政権」の政治形態から、次第に干渉するようになった信長に対し、自身の地位を示す必要も生じ、改元にこだわったのである。

一方、朝廷は当初、改元には消極的であった。義昭の希望を容れ改元することは、義昭を将軍つまり武家権力者のトップとして認めることを意味する。先にあげた、大永改元（義晴の将軍就任目前に、大永改元が実施された）は、その好例である。朝廷が、当初から約二年遅れて義昭の申し入れを受諾した理由は、義昭をめぐる政治情勢を見極め、いちおうの安泰を確認しえたところで、改元にふみきったためといえよう。ここからも、朝廷は改元に関して独自の政治的判断を下していたことがうかがえる。

だが、改元詔書に示された元亀改元の理由は「兵革」であった。義昭の思惑とは異なり、やはり朝廷側は公の理由として、義昭の〝将軍就任〟を前面に出すことを避けたのであろう。先にも述べたように、元亀改元の手続きも平安末期以来の方法を意識し、それに沿おうとしていた（『中原康雄記』元亀元年四月二十三日条）。それゆえ、朝廷側は先例にない「武家代始」を標榜《ひょうぼう》することには消極的だったのである。

戦国時代を通して、朝廷にとって改元とは「朝儀再興《ちょうぎさいこう》」つまり応仁《おうにん》・文明《ぶんめい》の乱《らん》以後、停滞しがちであった朝廷の政《まつりごと》や儀式を復興させる意識の表明であった。実際、天文改元・永禄改元がなされた時、朝廷側は「朝儀再興は天下泰平《てんかたいへい》と並ぶ、めでたいこと」と寿《ことほ》いでいる（『お湯殿《ゆどの》の上《うえ》の日記《にっき》』天文元年七月二十九日条、『改元定記《かいげんさだめき》』永禄元年）。

天正改元にいたるまで

天正改元は、信長が対立していた義昭を京都から追放した三日後の元亀四年（一五七三）七月二十一日に朝廷へ申し入れ、まもなく実施された（七月二十八日に改元）ことから、これまで「織田政権発足のシンボル」と見なされてきた（池享一九九二、池上裕子二〇一二）。同様に、信長色の濃い改元と捉える理由の一つとして、「信長による申し入れ」があげられることも多かった。

しかし、実態はやや異なっている。実は朝廷側では約一年前（元亀三年）から改元を希望し、「かいけん（改元）の事おほせ（仰）らる丶」（『お湯殿の上の日記』元亀三年三月二十九日条）とあるように、そのことを信長・義昭の両人に伝えていたのである。同時に、実務を担当する改元伝奏《てんそう》や改元奉行《ぶぎょう》などの役目を負う公家衆の人選→任命を行うなど、改元陣儀開催への準備を着々と進めていた。改元に向けて朝廷が積極的であった理由は、当時、「元亀の年号は不吉候あいだ、改元しかるべきよし」（「異見十七ヵ条」。同三年年末あるいは同四年初頭に制定）、つまり京都周辺で「元亀は不吉な元号であるので、改元すべきである」という風聞《ふうぶん》が立っていたためである。

朝廷の積極的な姿勢がうかがえる中とくに注目すべきは、いくつかの元号案を示した年号勘文（勘者は高辻長雅《たかつじながまさ》。元号案は、貞正・安永・延禄・天正・文禄号）も、すでに元亀三年十一月十一日付で作成されていることである（「年号勘文写《ねんごうかんもんうつし》」『勧修寺家文書《かじゅうじけもんじょ》』）。

あわせて、改元の費用（十五貫三百文）も朝廷側で用意された模様であった。「幕府再興」後まもなく、義昭・信長の連立政権は、禁裏御料《きんりごりよう》（荘園《しょうえん》等の領地）の安堵《あんど》（権利・権益の保障）や直務《じきむ》（直接支配）回復、貸米《かしまい》制度といった政策を通して、朝廷や公家衆の経済基盤の安定化をはかってきた。前の元亀改元時とは異なり、朝廷が改元費用を自前で用意できたのは、このような経済政策の成果と捉えられる。経済政策の成功によるものとはいえ、朝廷による「費用の自前化」からも、改元に対する朝廷側の熱心さが伝わってこよう。「天正改元」は必ずしも、信長の意のままになされたものではなかったことがわかる。

改元をめぐる信長—義昭の攻防と朝廷

朝廷の改元希望に対し信長は承諾したが、義昭は聞き入れなかった。義昭は、将軍任官後に、自身と朝廷が歩み寄って実現した「元亀改元」に思い入れがあり、元亀年間の継続に執着していたのであろう。ただ義昭自身は、元号案には口を挟むことなく、「元亀」号それ自体への関心は薄かったようである。だが元亀三年段階では、これ以上進展しなかった。信長は将軍を無視した行動をとることによる不利つまり外聞を考え、実施に向けて朝廷にはたらきかけることは控えたと思われる。朝廷もまた、信長—義昭間の関係悪化を見てとって、積極的に動かなかったのであろう。この時期においても、改元実施には朝廷・武家の合意が必要であったことがうかがえる。と同時に、元亀改元時同様、朝廷はどのような時点で改元にふみきるか、政治的な判断を行っていたことがわかる。

　義昭は、改元実施を拒みつづけていた。このことは、先にもあげた元亀三年の年末（ないし同四年初頭）に信長から出された義昭への糾弾《きゅうだん》（「異見十七ヵ条」）からも読みとれる。この条目の中でも、「（義昭様が）改元の費用を提供なさらないため、事態は滞っている」と非難し改元実施を促す信長に対して、義昭が反感を持ったことは想像に難くない。

　対して信長には、義昭との関係がじょじょに冷ややかになっていくにつれ、このような「元亀改元」、元亀号を忌避する気持ちが生じたと思われる。こののちも、改元準備を進める朝廷が費用の提供を要求しても、義昭はいっこうに応じなかった（『お湯殿の上の日記』元亀三年四月二十日条）。実際に改元が行われたのは、これから約一年三ヵ月後のことである。

天正改元の実施

　明くる元亀四年（一五七三）二月、義昭は近江国《おうみのくに》（現、滋賀県）の浅井長政《あざいながまさ》・越前国の朝倉義景《あさくらよしかげ》・甲斐《かいの》国《くに》（現、山梨県）の武田信玄《たけだしんげん》らによって次第に形成されつつあった信長包囲網の紐帯《ちゅうたい》となった。この信長包囲網には、大坂本願寺《おおさかほんがんじ》の宗主《しゅうす》顕如光佐《けんにょこうさ》も門徒に挙兵を命じて加わったという（『近衛家文書《このえけもんじょ》』二・『勝興寺文書《しょうこうじもんじょ》　坤《こん》』・『顕如上人御書札案留《けんにょしょうにんごしょさつあんとめ》』など）。彼らは、義昭の「天下静謐《てんかせいひつ》」の命令に同意し、反信長の狼煙《のろし》をあげた。

　これにより、信長—義昭間の対立は決定的となった。同年四月、正親町天皇の命令（勅命）によっていったん講和は結ばれたものの（『兼見卿記《かねみきょうき》』元亀四年四月五日条、『お湯殿の上の日記』同年四月七日条）、義昭はこれを棄破し六月に挙兵を決め、翌月、実行に移した（『お湯殿の上の日記』・『兼見卿記』同年七月三日条）。

元亀四年七月十八日、織田勢の攻勢に降伏した義昭を京都から追放した信長は、「のふなか（信長）よりかいけん（改元）事にはかに申」（『お湯殿の上の日記』元亀四年七月二十一日条）とあるように、突然、改元の実施を朝廷にはたらきかけた。義昭の朝廷への対応は不十分で、世評も悪かったため（『兼見卿記』元亀四年四月一日条）、おそらく朝廷も不満を募らせていたのだろう。それを察してか信長は義昭追放後、一掃するかのような動きを見せたのである。

信長の申し出を受けた朝廷は、直ちに準備にとりかかっている（『お湯殿の上の日記』元亀四年七月二十八日条、『中原康雄記』同年七月二十八日条）。かねてより改元を望んでいた朝廷にとって、この申し出は願ったりかなったりであろう。ただ、このタイミングを見極めることが重要で、朝廷は義昭―信長間の対立が収束し、政治情勢が安泰したところで、改元実施を受け容れたのである。すでに前年から、年号勘文や費用（十三貫八百文余を朝廷側で用意）などが準備されていたこともあり、事はスムーズに運んでいる。

七月二十八日、改元陣儀は上卿の今出川《いまでがわ》（菊亭《きくてい》）晴季《はれすえ》（正二位権大納言《しょうにいごんのだいなごん》）、改元奉行の中山親綱《なかやまちかつな》（正《しょう》四位参議左中将《しいさんぎさちゅうじょう》）ら五人の公家衆（主に禁裏小番衆《きんりこばんしゅう》）によって行われた（『お湯殿の上の日記』同年七月二十八日条）。勘者の高辻長雅が勘進した貞正・安永・延禄・天正・文禄の元号案と、同じく東坊城盛長《ひがしぼうじょうもりなが》が勘進した寛永・明暦・永安の元号案が陣儀参加者に披露され、彼らによる難陳（議論）を経たうえで、天皇のもとへ上げられ、「清浄は天下の正となる」という意味を持つ、「天正」号に定まった（『改元部類記』）。この改元陣儀の方法も、元亀改元時のそれと同様、伝統的な手続きに沿ったものである。

「天正改元」が信長色の濃い改元と見なされる理由の二つ目は、この「天正」号の決定にある。改元にあたり、信長は年号勘文を閲覧し、いくつかの候補の中から「天正」を選択した（『壬生家四巻之日記《みぶけしかんのにっき》』同年七月二十八日条、『改元覚書《かいげんおぼえがき》』二）。ただ、この勘文閲覧も信長が強制したわけではなく、改元陣儀（改元の選定会議）に参仕した公家たちが談義して決定したことに過ぎない。

また、「天正」号も勘文中からの採択であり、信長が創案したものではない。前にも触れたように、かつて「明応」改元時（一四九二年）、元号案に「明」の字の使用を求めた第十代室町将軍足利義稙の行為（『親長卿記』延徳四年七月十九日条）と比較しても、信長の関与の度合いは低い。

公武にとっての改元の意義

確かに、「天正改元」は信長が単独で政権を樹立させた時点で実現した。この意義はけっして小さいものではないが、改元の申し入れが朝廷側から再三なされていたことをふまえると、「天正改元」は「織田政権発足のシンボル」とばかりとはいえないだろう。元亀三年（一五七二）時点で、朝廷が改元にふみきらなかったこともあわせると、改元には朝廷が武家権力の正当性（誰が武家権力のトップたりうるか）を認定する意義もあったと捉えられる。

このことは、朝廷の信長への対応からもうかがえる。改元翌日の七月二十九日、朝廷より信長のもとへ改元を伝達する使者（公家の日野輝資《てるすけ》）が派遣され、綸旨《りんじ》（天皇の意志・命令を伝える文書）が届けられた（『京都御所東山御文庫《ひがしやまおぶんこ》記録　甲』所収二四一号文書）。綸旨は以下のとおりである（原、漢文）。

改元執行せられ、年号天正と相定まり候。珍重に候。いよいよ天下静謐安穏の基、この時にしくべからざるの条、満足に察し思し食さるるの旨、天気候ところなり。よって執達くだんのごとし。

七月廿九日　　　　左中将親綱（中山）

織田弾正忠（信長）殿

これは、改元実現をかなえた信長に対する、正親町天皇の謝意を表すものである。同時に、信長が義昭に代わる正当な武家権力者として、「禁裏や万民」に十分な対応をしうる存在、天下に安泰をもたらすことができる存在と見なしていることを表明するものであった。したがって、改元はたんなる「アドバルーンあげ」以上の意味を持っていたことが読みとれよう。

2　信長の講和交渉

勅命講和に見る信長と朝廷

第一部第二章で見た誓願寺《せいがんじ》―円福寺《えんぷくじ》・三福寺《さんぷくじ》間の相論《そうろん》（とくに本末問題をめぐる係争）の事例から、この時代の朝廷は理非《りひ》、つまり正当性があるか否かの判断を行っていること、またそのような判断を下すことを人びとから期待されていたことは明らかである。

このような朝廷の行為は、訴訟以外の場でも見られる。信長もまた、朝廷が下す理非の判断に期待を寄せており、自身の戦の場で大いに活用している。この場合の理非の判断とは、勅命講和がそれにあたる。つづいて見ていこう。

日本全国で絶え間なく戦争が繰り返されてきた戦国時代とはいえ、戦況が膠着《こうちゃく》した際にはお互いにある程度の妥協を図り、講和が結ばれることは珍しくなかった。これは、どちらか一方が滅びるまで徹頭徹尾戦って、戦況の泥沼化ひいては自軍勢の弱体化を招くことを避けるためである。この時、天皇の命令によって講和が結ばれる（＝勅命講和）こともあった。これまで、勅命講和は漠然と「天皇の権威にすがるもの」（今谷明一九九二）や「たんなる形式」と見なされることや、あるいは「緊急避難的なつなぎの方策として利用されるもの」（堀新二〇〇一）と理解されることが多かった。

しかし、勅命講和を「たんなる形式」や「緊急避難的なつなぎの方策」と断定するのはやや一面的である。加えてこれまでの、勅命講和イコール「天皇の権威にすがる行為」という漠然とした理解が生まれたのは、「天皇の命令によって講和が結ばれた」という事実のみに注目が集まった結果であろう。勅命講和は、たとえ「緊急避難的」であったにせよ、それは必要があるから提示され、結ばれるのである。そうだとすると、どのような条件下で勅命講和が意味を持つのか、講和に結実する効果や意義を改めて考えなければならないだろう。

ネゴシエーターとしての期待①——元亀元年、本願寺との講和

元亀元年（一五七〇）四月、信長は若狭《わかさ》（現、福井県）の国衆《くにしゅう》である武藤友益《むとうともます》の「悪逆《あくぎゃく》」を討伐するために軍事行動を展開した。これまで長くこの出陣は、同年正月に信長が諸国（東は甲斐国、西は備前国《びぜんのくに》〈現、岡山県〉までの地域）の大名・国人《こくじん》らに向けて発令した「上洛《じょうらく》して天下静謐に協力し、あわせて朝廷と幕府に礼を尽くすように」という上洛命令（『二条宴乗日記《にじょうえんじょうにっき》』）に従わなかったことを名目とした越前朝倉氏討伐と捉えられてきた。しかし近年になって、①朝倉義景は上洛を要請されていなかったこと、②若狭武藤氏征伐は義昭の命令であること（『毛利家文書《もうりけもんじょ》』）の二点を理由に、朝倉氏討伐は目的ではなく、後世の結果論に過ぎないという見直しが図られている（久野雅司二〇一七）。

信長軍を挟撃しようと武藤氏が朝倉義景に援軍を要請したため、信長の政策も朝倉氏征伐に転換したという。ここに信長の義弟で同盟者であった近江浅井氏が離反し、六月にいたって、近江国姉川河畔《あねがわかはん》（現、滋賀県米原市）で、信長・徳川家康《とくがわいえやす》の連合軍と浅井・朝倉連合軍との戦いとなった。世に言う姉川の戦いである。

この戦いで、信長・家康連合軍は、浅井・朝倉連合軍を撃破したが、摂津国《せっつのくに》（現、大阪府北部・兵庫県南東部）で三好三人衆《みよしさんにんしゅう》方（中心は三好長逸《ながやす》）が蜂起したため、信長と将軍義昭はあいついで出陣することとなった。九月に入り、信長が本願寺（大坂本願寺）の破却を通告してきたとして、本願寺宗主の顕如光佐が決起し、三好三人衆、浅井氏と同盟を結んだ。本願寺方は九月十二日夜に織田方の陣所を急襲し、同二十日には浅井氏・朝倉氏も南下してきた。信長からすると、畿内周辺の多数の反織田勢力

（本願寺・延暦寺《えんりやくじ》・三好三人衆・阿波三好家《あわみよし》・六角氏《ろつかく》・浅井氏・朝倉氏・若狭武田氏など）に包囲されたかたちとなり、窮地に陥ったのである。これが、足かけ十一年に及ぶ石山合戦《いしやまかつせん》の始まりとなった。

本願寺と朝廷

本願寺―信長間の争いが勃発《ぼつぱつ》した状況を見てとった朝廷は、独自の判断で講和に乗り出そうとしていた。朝廷では、本願寺にはたらきかけるため、勅使《ちよくし》（天皇からの使者）を派遣することを協議しはじめている（『言継卿記』元亀元年九月十五日条）。その矢先、信長と義昭が朝廷に申し入れ、本願寺に対する勅命講和を望んだため（『お湯殿の上の日記』元亀元年九月十八日条）、朝廷は直ちに行動に移した。停戦に向けて、正親町天皇は本願寺に宛てて勅書《ちよくしよ》（天皇の手紙）をしたためている（『言継卿記』元亀元年九月二十日条）。この勅書は、三人の公家（烏丸光康《からすまみつやす》・柳原淳光《やなぎはらあつみつ》・正親町実彦《おおぎまちさねひこ》）らになる勅使によって本願寺へ届けられる手はずとなった。

彼らのうちとくに烏丸光康は、昵近衆《じつきんしゅう》（武家昵近公家衆。足利将軍に奉仕する公家衆）の一人であり、義昭と近い関係にあった（『お湯殿の上の日記』永禄十一年十月二十二日条など）。さらに烏丸家は、顕如光佐の本願寺宗主の任命時期（＝証如光教《しようにょこうきよう》から顕如への代替期）から本願寺との関係を深めている（水野智之二〇一〇B）。そのうえで、光康は永禄二年（一五五九）十二月の本願寺の門跡成り《もんぜき》（『お湯殿の上の日記』永禄二年十二月二十七日条）を支援した。加えて、光康は永禄二年から同九年にかけて、また正親町実彦も同時期に、ともに大坂本願寺に滞在していた（『言継卿記』永禄九年十二月二十三・二十四日条）。

いずれも本願寺とゆかりの深い公家たちだからこそ、勅使に選ばれたことがわかる。

勅書の内容は、休戦を呼びかけるのと同時に、「存分候はゝ、仰出され候へく候」、つまり「本願寺側に言い分があれば、申し出るように」というものであった。天皇は、本願寺に対して、その主張を聞こうという姿勢を見せているのである。

結果的に、この勅書は越前朝倉勢や一向一揆《いっこういっき》の蜂起といった戦火の影響もあって本願寺には届かなかった（『言継卿記』元亀元年九月二十〜二十三日条）。一方で、十月晦日には、青蓮院門跡《しょうれんいんもんぜき》（天台宗《てんだいしゅう》総本《そうほん》山《ざん》比叡山延暦寺《ひえいざんえんりゃくじ》の三門跡の一つ。門跡は天皇家・摂関家の子弟が住職となる特別な寺院）である尊朝法親王《そんちょうほっしんのう》（伏見宮邦輔《ふしみのみやくにすけ》親王第六王子、正親町天皇の猶子《ゆうし》）も、顕如光佐に向けて書状を出し、講和をはたらきかけている（『青蓮院文書』）。なお、青蓮院門跡（＝尊朝法親王）が動いたのは、青蓮院が本願寺の本所《ほんじょ》（青蓮院―本願寺は本寺・末寺関係にある）であったことによる（神田千里一九九五）。尊朝法親王の書状は本願寺に届き、十一月十三日には顕如光佐も異議がない旨、返答している（『顕如上人御書札案留《ごしょさつあんとめ》』）。

十一月十二日にいたって、松永久秀《まつながひさひで》が介入したことにより、三好三人衆が大坂を退くことに決まった。また二十五日には、信長は六角義賢《よしかた》（承禎《じょうてい》）・義治《よしはる》父子とも和睦《わぼく》した（『護国寺文書《ごこくじもんじょ》』）。これにより、本願寺と義昭・信長の戦いは、いったん休戦状態となったのである（『尋憲記《じんけんき》』元亀元年十一月十二日条）。

ここでの、天皇および青蓮院門跡（＝尊朝法親王）のはたらきは、「休戦」に向けてきっかけをつくるものだった。確かに、「休戦」にいたったのは、信長方が窮地を打開すべく三好三人衆と、ついで六角氏とそれぞれ和睦したためである。本願寺も、そのような周囲の状況をふまえて、いったんは矛《ほこ》を収めたのだろう。だが、こればかりでなく青蓮院門跡（＝尊朝法親王）の書状もまた、「休戦」に向けて一定の「効果」があった。前述のように、本願寺方は青蓮院門跡（＝尊朝法親王）から講和の勧告を受けていた。つまり事前に講和のきっかけが与えられていたからこそ、三好三人衆が大坂を退いた翌日にいたって、それを容れて「休戦」に同意したのではないだろうか。

さらに、天皇は実現こそしなかったものの、自身が仲介者となる意志があることを示している。これは、講和を促す青蓮院門跡（＝尊朝法親王）の動きより、さらに一歩、ふみこんだものといえよう。ここから天皇は、調停を図るネゴシエーターとしての役割も担っていたことがわかる。信長もこの役割を期待し、勅命講和を依頼したのだろう。

ネゴシエーターとしての期待②――元亀四年、足利義昭との講和

なお、同様なはたらきは、元亀四年（一五七三）四月、信長と義昭との対立が悪化した時にも確認できる。ここで、信長と義昭の関係について簡単に触れよう。

これまで信長と義昭の関係については、永禄十一年（一五六八）九月の上洛以後まもなくの時期から、すでに波乱含みであったと捉えられてきた。すなわち、「信長は義昭の自主性を認めず、その権力発動を牽制する」という理解が大半だったのである。しかし近年、戦国期の室町幕府の研究が飛躍的に進展し、幕府の行政機構についても詳細な検討がなされるようになった結果、義昭を信長の統制下に置いた「傀儡《かいらい》」と捉える見方は改められ、両者の関係も対立・緊張関係にあったとする説も否定されるように

なった。実際の政務、京都支配においても、信長と義昭とは別々に機能しており、両者は相互補完的な状態であったのである（久野雅司二〇〇三・二〇〇九）。

両者の対立が決定的となったのは、先にも触れたように、元亀三年の年末（あるいは翌四年初頭）に信長が義昭へ「異見十七ヵ条」（「義昭宛異見状写」『増訂　織田信長文書の研究　上巻』所収三四〇号文書）を示したことによる。この中で信長は、義昭の言動（政治姿勢・資質）を激しく非難し、失政を指摘している。対して義昭も、翌四年二月には浅井氏・朝倉氏に信長打倒の御内書《ごないしょ》（将軍が発給した、公的な意味を持つ書状）を発給するほか、京都周辺から人員を動員し将軍御所の備えを固めている。

一方で信長は同月、義昭のもとへ実子を人質に出し和議を申し入れるが（『細川文書《ほそかわもんじょ》』二）、義昭は拒否し、翌三月には人質も返還した。四月に信長は上洛し、まず洛北を放火することによって威嚇し、重ねて義昭に講和を求めたが拒否された。信長が再三、講和を申し入れたのは、「天下再興」つまり幕府政治復活の道を探るためであった。しかし義昭との講和は成らず、四月四日、信長は上京を焼き討ちし、二条御所《にじょうごしょ》（将軍御所）を包囲した（『兼見卿記』元亀四年四月四日条など）。

このような信長の動きは、義昭との「君臣御間《くんしんのおんあいだ》」という身分関係を意識し、義昭と直接対立することを避けるためであった。信長は、信長は将軍と武力衝突することにより、不利益を蒙る可能性（たとえば、謀反人《むほんにん》のそしりを受けるなど）が生じることを憂い、それを排除しようとしたのである（「三河徳川家康宛黒印状」『増訂　織田信長文書の研究　上巻』所収三六七号文書）。

朝廷のはたらきかけ

つづいて、講和に向けての過程を追っていこう。上京焼き討ちの翌日、信長の本陣（知恩院《ちおんいん》）へ、「無事の義」つまり講和を促すため、勅使（二条晴良・三条西実澄《さんじょうにしさねすみ》・庭田重保《にわたしげやす》ら公家三名）が派遣された（『兼見卿記』元亀四年四月五日条）。その後、七日には信長の名代（織田信広《のぶひろ》・佐久間信盛《さくまのぶもり》）が、講和を申し入れるため、義昭のもとへ派遣されている（『兼見卿記』元亀四年四月七日条）。五日の勅使派遣を受けたのち七日にいたって、実際の交渉に移ったのであろう。同じく七日に、三人の勅使は義昭そして信長のもとに赴いている（『お湯殿の上の日記』元亀四年四月七日条）。この勅使派遣の意味は、双方に講和の旨を伝えている行為から、信長・義昭に対する講和の意志および実施の確認であろう。そして四月二十七日・二十七・二十八日に、信長―義昭間で互いに和議を誓う起請文《きしょうもん》が取り交わされ、講和が成立したのである（『和簡礼経《わかんれいきょう》』）。

この講和に際しては、勅使派遣後に信長の名代が義昭のもとに向かった点から、まず朝廷が動いたものと理解できる。義昭との武力衝突を避けようとしていた信長が講和に前向きだったのであろうが、勅使派遣によって講和交渉のきっかけが与えられたと捉えられる。

また、朝廷の勅使派遣の目的を、「講和そのものよりも、京都全体が戦火に巻き込まれることを避けるため」とする見解もあるが（堀新二〇〇一）、これはやや一面的ではないだろうか。この点を、再検証してみたい。

信長は焼き討ちに先立って自ら参内し、正親町天皇への見舞いを行い、禁裏御所《きんりごしょ》の安全をはかっている（『お湯殿の上の日記』元亀四年四月四日条）。さらに、万一禁裏御所が類焼した場合には、天皇は吉田神社へ臨幸《りんこう》（天皇が行幸してその場に臨むこと）することも検討されていた（『兼見卿記』元亀四年四月四日条）。よって、天皇が戦火を避けるために勅使を派遣し、信長―義昭間の講和を求めた、という見解も一応は首肯できる。当時、応仁・文明の乱時の惨状は、記憶に刻印されていたのだろう。

天皇自身の選択

それでは、武家の抗争によって京都が戦場となった際、勅使は常に派遣されているのであろうか。いうまでもなく、戦国時代では京都全体が戦場となっており、京都の支配をめぐっていくつもの勢力が争っていた。たとえば、天文十六年（一五四七）三月、室町幕府第十二代将軍足利義晴とその嫡男義輝《ちやくなんよしてる》が細川晴元《はるもと》の討伐を表明したが敗れ、同年七月には晴元と講和している。義晴の死後は、晴元の軍勢と三好方の戦いが繰り広げられるようになったが、同二十一年正月には義輝と三好長慶《ながよし》は和睦する。しかし、義輝・三好長慶の政治体制の安定は長くはつづかず、翌二十二年八月に義輝は京都から近江国朽木《くつき》（現、滋賀県高島郡）へ逃れ、永禄元年（一五五八）十一月にいたって、長慶と和睦することとなった（『後鑑《のちのかがみ》』）。このような場合、いずれの講和にも天皇は関与していないのである。講和交渉の多くは当事者間で行っており、第三者が関与したのはごく一例（長慶―義輝の和睦時には、六角義賢〈承禎〉が仲介した）に過ぎない。

天皇が講和に関与しなかったのには、理由がある。抗争・和睦が繰り返されている状況下ではあるものの、将軍が擁立されるかあるいは将軍候補者が存在している場合が多かったため、朝廷（天皇）はあくまで将軍家の内部対立に過ぎない、という認識を持っていたためであろう。また、抗争前に将軍の敵対勢力が朝廷へ音信（贈答行為）を行い、天皇には敵対しない姿勢を示したという（水野智之二〇〇五）。おそらく朝廷（天皇）は、抗争は自身に直接関わるものではなく、また抗争によってなんらかの影響を受けるものではないと判断し、「講和には関与しない」という姿勢をとりつづけていたのであろう。

以上の戦国時代の事例と比較すると、今回の講和での勅使派遣は例外的といえる。義昭—信長間の決裂を決定づけた「異見十七ヵ条」の第一ヵ条で、信長は義昭の朝廷への対応の不十分さを、光源院《こうげんいん》（第十三代将軍義輝）の例もあげて糾弾している。加えて第十ヵ条では改元の問題に触れ、義昭の怠慢により改元が滞っていることを非難している。実際、先にも述べたように、改元問題は一向に進展していなかった（『お湯殿の上の日記』元亀四年四月二十日条）。朝廷にとっても、このような義昭の態度は不安であっただろう。また当時、この「異見十七ヵ条」は、広く流布しており、奈良興福寺大乗院《こうふくじだいじょういん》の僧尋憲《じんけん》も写しを入手するほか、甲斐の武田信玄もこれを見て信長の政治的能力の高さに感嘆したという（『当代記《とうだいき》』）。よって、朝廷も目にし、信長による非難を理解していたとしても不思議ではない。

一方、信長は前述のように、「天下再興」＝幕府政治を復活させる道を探っていた。それゆえ、義昭に幕府の代表者として朝廷へ奉仕することを再認識させようとしていたのだろう。朝廷もまた、これに期待したのである。室町幕府再興つまり信長—義昭体制の復活・安定化により、朝廷への奉仕（とくに経済的援助）がスムーズに行われるようになる。

だからこそ朝廷は、信長—義昭間の講和に積極的に関わり、勅使を派遣したのである。したがって、勅使派遣の目的は、たんに「戦火を避けるため」ばかりではなかったといえる。

その後、同四年七月にいたると、義昭は再び挙兵した。先にも述べたが七月二日、二条御所を出た義昭は山城国《やましろのくに》（現、京都府宇治市）槇島城《まきしまじょう》に立て籠もり、叛旗《はんき》を翻《ひるがえ》した。信長は二条御所を破却させたのち、槇島城を包囲する（『兼見卿記』元亀四年七月十三日条）。まもなく義昭は信長のもとへ、実子の義尋《ぎじん》を人質に出して降伏、その後、河内国若江城《かわちのくにわかえじょう》（現、大阪府）へと追放された（『兼見卿記』元亀四年七月十八日条）。

この折の信長—義昭間の交渉は当事者同士でなされており、朝廷へ講和のための勅使派遣を依頼する、といった動きはない。とくに、信長にとっては、義昭の追放を正当化することが可能となるため、講和の必要はなかったのである（堀新二〇〇一）。

一方、朝廷側では今回は勅使を派遣しておらず、派遣を検討している様子もうかがえない。

朝廷側は、再度の義昭の挙兵により、信長—義昭体制の復活は望むべくもないこと、また義昭が攻撃に出ることなく降伏したことにより、義昭方の勢力が脆弱化していた状態を見てとったためであろう。天皇は、室町幕府の再興、信長—義昭体制の復活はもはや実現しないものと判断し、自ら講和をはたらきかけることはしなかったのである。つまり、必ずしも「都から離れた槇島の戦火は、朝廷にとって関心事ではなかった」（堀新二〇〇一）というわけではなかったといえよう。

この事例から、信長側の依頼をただ受けるのみならず、朝廷は自らをとりまく政治的な状況から判断して、講和のための勅使を派遣するか否かを決めていたことが読みとれる。

延暦寺根本中堂

講和締結への期待①——講和条件を保障する役割

さらに、天皇には当事者を講和交渉のテーブルに着かせる役割や、講和条件の内容を保障する役割も期待され、天皇もまたその役割を果たしている。この事例の一つとして、元亀元年（一五七〇）の、信長と延暦寺・朝倉氏・浅井氏間で結ばれた講和（＝江濃越一和《こうじようえついちわ》）があげられる。

前に述べたように、元亀元年九月に本願寺が挙兵したのを受けて浅井氏・朝倉氏も近江坂本口まで進出した。これに対し織田方が反撃したため、浅井氏・朝倉氏は比叡山に逃れ、山門《さんもん》（比叡山）の庇護を受けることとなった。

元亀元年十一月末、浅井・朝倉・比叡山延暦寺（反信長勢力）—信長・義昭間の戦況がいっそう悪化したため、講和が模索された。講和交渉は、合戦の当事者ではあったが、信長・朝倉氏双方に接点を持つ義昭と、交渉の実務を担った関白二条晴良の二人によって進められている。

彼らが交渉に携わった理由について見ると、義昭は、上洛前、二年ほどのあいだ朝倉氏に保護されていたという縁があったからである（山田康弘二〇一一）。また先にも触れたように代々、二条家は足利将軍家と親交があり、代々の当主は足利将軍の諱《いみな》（実名）から一字をもらって自身の実名に使用している。たとえば、二条晴良の「晴」は、第十二代将軍義晴から「晴」の字をもらったものである。さらに晴良は、越前の朝倉氏のもとに滞在中であった義昭に対し、自ら赴いて元服《げんぷく》をとり行っていた（『言継卿記』永禄十一年〈一五六八〉三月二十四日条）。

一方、義昭も晴良の関白再任（永禄十一年十二月十六日）にはなんらかの口利きをする（『諸家伝《しょけでん》』）ほか、家領《けりょう》荘園をめぐる二条家—勧修寺家間の相論（紛争裁定）の際、晴良に有利に事を進めている（『言継卿記』永禄十三年三月二十一日条）。このように、晴良と義昭も密接な関係を構築しており、それゆえ晴良は実際の交渉役として適任であったといえよう。

晴良の尽力により、まず朝倉氏と信長が講和に応じ、その条件として朝倉氏・信長・義昭のあいだで人質が交換された（『尋憲記』元亀元年十二月十三日条）。なお、この時の人質の条件（人数・人質の身分）は、織田方・朝倉方は対等であったため、「信長側の戦況が不利」とする説（今谷明一九九二）は、妥当ではない（片山正彦二〇〇七）。

一方、浅井氏と延暦寺に対しては、講和条件である近江国北郡（現、滋賀県）の領地分け案が示されたが（『尋憲記』元亀元年十二月二十二日条）、延暦寺側は所領《しょりょう》（山門領《さんもんりょう》）が安堵（所有や権益の保障）されるか不審に思い、同意しなかった。講和をしぶる延暦寺に対し、正親町天皇は十二月九日付で綸旨を発給した（『伏見宮御記録《ふしみのみやごきろく》』利七十三）。

その内容は、つぎの二点に分けられる。前半部分はまず、晴良と義昭つまり公家方と武家方のはからいによって、朝倉―信長間で講和が成立したことを高く評価し、それを祝うものである。つづく後半部分の内容は、信長―浅井間でとり決められた山門領安堵の実現を保障したうえで、延暦寺に講和を勧めるためのものであった。結果、この綸旨を受けてのち、十二月十五日、講和は成立するにいたったのである（『言継卿記』元亀元年十二月十五日条）。

この講和締結において、天皇はたんなる名目的な意味で綸旨を発給したわけではない。

そもそも延暦寺は、鎌倉時代以来、ほとんど法親王（出家後に親王宣下を受けて親王となった皇子）が相承《そうしょう》（相続）する寺院であり、かつ鎮護国家《ちんごこっか》の天皇の祈祷所《きとうじょ》でもあったことから、朝廷との関わりが深い。山門領の安堵は、朝廷にとっても懸案事項であったのだろう。よって、天皇もそれを望んでいるという意志を表明する綸旨を発給し、講和の締結を後押ししたのである。

つまり天皇は、講和条件を保障しつつ講和締結に導いていったように、武家権力者、京都支配者である将軍義昭の政治的な動向と同一歩調をとり、その政治的な判断をバックアップしていたのである。

講和締結への期待②――講和条件（内容）を提示する役割

また講和締結に向けて天皇・朝廷には、一方の当事者を講和の流れに引き込むというはたらきに加え、交渉過程で双方の納得しうる講和条件を提示する役割も期待されていた。このようなはたらきは、石山合戦の最終段階でも見られる。

本願寺を取り巻く状況は、天正七年（一五七九）に入ると、悪化の一途をたどる。大坂の出城森口が信長に降ったのをはじめ、五月には毛利氏（本願寺とは協力関係にある）と結んでいた宇喜多直家《うきたなおいえ》が信長に臣従、さらに十二月には本願寺と結んでいた荒木《あらき》氏一族の処刑などがつづいた。同年十二月末、後ろ盾がなくなり追いつめられた本願寺に対し、朝廷は信長との講和を勧めた（『本願寺史』第一巻）。その経緯を追っていこう。

本願寺が孤立し窮地に陥ったという状況を受けた朝廷は、同年十二月末、勅使として勧修寺晴豊《はれとよ》・庭田重保の二名の公家を本願寺に派遣し、「状況をわきまえて、信長と和睦するべきであろう」と、進言した（「正親町天皇女房奉書《にょうぼうほうしょ》」）。これは、朝廷（正親町天皇）が戦況に応じて主体的に行った講和勧告である。その後まもなくして、信長のもとへも勅使として勧修寺晴豊が派遣され、講和が打診された（『お湯殿の上の日記』天正八年正月十八日条）。これらを受けて年明けには、本願寺・信長ともに講和に同意したのである。

このように、前項と本項でとりあげた種々の事例と同様、石山合戦での最終段階においても、天皇は講和のきっかけを与え、当事者を講和交渉のテーブルに着かせる役割を果たしていたことがわかる。

天正八年三月から、講和に向けての具体的な交渉が始まった。まず、三月一日には勅使として近衛前《さき》久《ひさ》・勧修寺晴豊・庭田重保が本願寺に派遣された。近衛前久が交渉役となったのは、かつて将軍義昭との確執で京都を出奔した際に身を寄せたのが本願寺であったこと（『言継卿記』永禄十一年十一月二十三日条）、また教如光寿《きょうにょこうじゅ》（宗主顕如光佐の嫡子《ちゃくし》）を自身の猶子としていたこと、など本願寺と関係が深かったためであろう。同様に、庭田重保も顕如の母親（重子《しげこ》、顕能尼《けんのうに》）と姉弟という姻戚《いんせき》関係から、交渉役に選ばれたのであろう（巻末【系図6】参照）。

この時、天皇と同時に皇太子誠仁《さねひと》親王（正親町天皇第一皇子）も本願寺に宛てて書状を発給している（「本願寺顕如光佐宛誠仁親王消息」『増訂　織田信長文書の研究　下巻』所収八五三号文書〔参考〕）。書状の中で誠仁親王はまず、信長と本願寺が講和を承諾し、その交渉が進むことは「仏法繁昌《ぶっぽうはんじょう》の基《もとい》」、つまり本願寺の繁栄につながると祝意を表している。つづいて、「大坂退城候はは、万端然《ばんたんしか》るべく候はんよし、内々叡慮《えいりょ》よりも仰せられ候」と述べている。親王は本願寺に対し、大坂の地を離れることを進言し、また天皇もそのように思っていると、あわせて天皇の内意も伝えているのである。おそらく、この天皇の内意も勅書としてしたためられ、本願寺側に送られたであろう。

誠仁親王像（東京大学史料編纂所所蔵模写）

当時の朝廷内部では、誠仁親王が高齢の父正親町天皇（永正十四年〈一五一七〉誕生）を補佐する、あるいはその代理を務めることがしばしば見られる（『お湯殿の上の日記』・『言継卿記』天正四年六月一日条、『お湯殿の上の日記』天正八年閏三月一・二十六日条など）。加えて、天皇と親王は同一歩調をとって政務に携わっており、親王が天皇の意向を受けて発言している場合もある（『兼見卿記』天正八年十月三日条）。今回の例も、その一つといえよう。

同八年三月十七日には、信長が本願寺との講和条件（教団全体の赦免《しやめん》・大坂の退去・南加賀二郡の返還・人質の差し出しなど）を記した覚書《おぼえがき》を示している（「本願寺宛覚書」『増訂　織田信長文書の研究　下巻』所収八五二号文書）。あわせて信長は、勅使に対して本願寺の「赦免」は叡慮（天皇の意思）によるものであること、本願寺側に異存がなければ講和条件は守られることを誓約している（「庭田重保・勧修寺晴豊宛起請文」（『増訂　織田信長文書の研究　下巻』所収八五三号文書））。

交渉はつづき、閏三月五日、本願寺が今回の講和は叡慮によるものであることを示し、講和に際して七月の盆前までに大坂の地を退去すること、信長方の人質は退去時まで留め置くことを約する誓詞を、勅使の庭田・勧修寺に提出している。ここで、信長―本願寺間の講和は成立したのである。その後、信長は停戦に向けて動き、顕如も誓約どおり四月九日に大坂の地を去り、紀伊鷺森（現、和歌山県）に移った。

勅命講和の意味――名目的か否か

しかし本願寺内部では、この講和に同意しない者たちも存在した。教如光寿は講和に不満を持ち、突然、大坂退去を拒否し、天正八年（一五八〇）閏三月下旬には全国の門徒に向けて徹底抗戦の檄《げき》を飛ばしている。教如の決起の背後には、当時毛利氏の食客《しょっかく》となっていた義昭の支援があったらしい（神田千里二〇〇七）。その後、七月に入り大坂の出城である兵庫・花隈《はなくま》（現、兵庫県神戸市）などがあいついで陥落するなど戦況が悪化した結果、教如は信長に降伏した。この折、信長―教如間を結び講和交渉の実務を請け負ったのは近衛前久である。また朝廷からも、勅使として庭田と勧修寺の両名が遣わされ、教如からの人質の受け取り、教如の大坂退去に携わっている（『増訂　織田信長文書　下巻』所収八八一号文書）。講和が成ったのち八月二日に教如は大坂から退いたが、この時、大坂本願寺は焼失した（『多聞院《たもんいん》日記《にっき》』天正八年八月五日条）。ここで、足かけ十一年に及ぶ石山合戦もようやく終結したのである。

このように、朝廷は主体的に講和をとりはからっている。講和交渉の過程で、朝廷は双方の納得しうる条件を提示する、というはたらきをしていた。今回の場合では、本願寺の大坂退去である。朝廷は教団存続を望む本願寺に、この条件を示すことによって、講和交渉にふみ切らせたのである。朝廷がこのような行動をとったのは、本願寺が准門跡寺院であったという立場も関係していたといえる。准門跡寺院としての本願寺の壊滅・宗門断絶は、朝廷にとっても決して歓迎すべき事柄ではない。

また、本願寺も朝廷からのはたらきかけを受けて講和にふみきったのには、まず教団の存続＝宗祖《しゅうそ》親鸞《しんらん》の「一流断絶《いちりゅうだんぜつ》」を何としてでも回避したかったからであろう。ほかに、本願寺教団の中では法主《ほっす》（宗主）の権威とともに天皇の権威もそれに劣らぬ切り札となる、という意識があったためともいう（神田千里二〇〇七）。これにより、講和を結ぶ自身（＝顕如。ついで教如）の面目も立ち、教団内部の「徹底抗戦」を主張する勢力の反発を回避することが可能となったのであろう。同時に信長側にとっても、朝廷のこのような動きは、自身の要求（＝大坂を退去させたうえでその寺地を得る）を示すうえで好都合であったといえよう。

一方、講和交渉の仲介者としての役割は、室町幕府第十三代将軍足利義輝および十五代将軍義昭も果たしていたことは、つとに知られている（宮本義己一九七四・一九七八）。将軍による講和交渉の意義は、「交渉のきっかけを与える」「面子を救いショックを吸収する」と端的に指摘されている（山田康弘二〇一一）。勅命講和に見られる天皇の役割とほぼ同義といえようが、明らかに違う点もある。将軍は対立し合う大名に向けて、「豊芸間《ほうげいかん》（＝尼子氏—毛利氏間）の儀、急度《きつと》無事しかるべく候」（「足利義輝御内書案」）、「越甲《えつこう》（＝上杉氏—武田氏間）此節和与《このせつわよ》せしめ、いよいよ天下静謐の馳走」（「上杉輝虎《てるとら》宛足利義昭御内書」）とあるように、和睦を迫っているのは確かである。だが、交渉の過程で講和条件など具体的な事柄にまで関与しているわけではなかった。

以上、検討してきたところ、これまでのように勅命講和をたんに形式的・名目的なもの、あるいは観念的な天皇権威によるものと捉えることは、再考すべきである。もとより、天皇の調停がすべての講和締結に有効的にはたらいた、あるいは講和締結に絶対的な効力があったというわけではない。だが、ここでたどった実際の講和交渉の過程からは、たんに上位の立場から「講和命令」を発令する天皇ではなく、ネゴシエーターとしてより実質的な役割を果たしていた天皇（朝廷）の姿が見てとれる。信長もこのような役割を期待して、「勅命講和」という講和締結のかたちを用いたのである。

第二章　朝廷の政務運営と信長

1　信長の訴訟対応

訴訟対応の場

つづいて、織田信長《おだのぶなが》—天皇・朝廷間の関係を、政治的側面から見ていこう。その素材として、訴訟の場における信長の対応についてとりあげる。先にも述べたように、戦国時代には朝廷もまた訴訟機関の一つとして人びとから認識されていた。信長の時代にいたっても、そのような認識が生きていたのだろうか。武家と朝廷の二つの訴訟機関の存在と役割について、見ていこう。

信長が足利義昭《あしかがよしあき》を奉じて上洛《じょうらく》した永禄十一年（一五六八）九月以降、義昭・信長の「連合政権」に対して京都の公家・寺社は、所領安堵《しょりょうあんど》（土地の領有権などの認定・保障）や土地の売却・押領《おうりょう》をめぐっての訴訟を求めて、しばしばはたらきかけている。これは何も対義昭・信長に限ったことではなく、義昭上洛以前に京都の政権を掌握していた三好《みよし》氏に対してもなされていた（『言継卿記《ときつぐきょうき》』永禄九年二月十八日条・五月八日条）。つまり、武家は土地の領有関係や諸権益の権利を確定しうる存在、権利を侵す者を排除しうる存在と見なされていたことを端的に示している。よって、新たな武家権力者である義昭・信長に対しても、同様の期待が寄せられたのである。

もっとも信長はこの時期、公家から求められた土地問題の解決や他の案件処理に関しては、自身の上洛時に限って対応していた。（『言継卿記』永禄十二年十一月八～十四日条）。たとえば、摂家《せっけ》の一条内基《いちじょううちもと》と中流公家（名家《めいか》クラス）の日野輝資《ひのてるすけ》とのあいだで「御公事之儀《おくうじのぎ》」（『言継卿記』永禄十二年七月十二日条・八月八日条）、おそらくなんらかの賦課をめぐって相論《そうろん》（係争・裁判沙汰）が起こった際、一条内基は信長の居城岐阜城に赴き提訴に及んだものの、この時点では信長は対応しなかった（『言継卿記』永禄十二年八月十三日条）。やはり、信長自身が岐阜に在国中だったからであろう。だが翌十三年三月に、一条内基が上洛した信長のもとへ「礼」に訪れ、樽代（酒代）として百疋《ひき》を贈っていることから（『言継卿記』永禄十三年三月五日条）、結果的には信長は相論に携わり、内基の訴えを認めたと思われる。この樽代百疋は、おそらく「勝訴」を謝しての内基からのお礼の品であろう。

訴訟に対しては「自身の上洛時に限って対応する」という信長の態度からは、あまり積極性はうかがえない。この姿勢は、将軍義昭の存在を慮《おもんぱか》ってのことだったのだろうか。では元亀四年（天正元年、一五七三年）七月、義昭を京都から追放して信長が「天下人《てんかびと》」の地位に立ってからは、いかがなものだったのだろうか。また、公家たちが引き起こした訴訟問題に対して、信長はどのように対応したのか。その事例をいくつか見ていこう。そのうえで訴訟対応のありようから、信長の対朝廷への政策意図を探っていこう。

油公事相論での信長の対応

天正二年（一五七四）、穀倉院別当領山崎油《こくそういんべっとうりょうやまざきのあぶら》の公用《こうよう》（賦課）をめぐり、官人《かんじん》（朝廷を支える下級官吏）の中原《なかはら》（押小路《おしのこうじ》）師廉《もろかど》と清原《きよはら》（舟橋《ふなはし》）国賢《くにかた》とのあいだで争いが持ち上がった。

中原氏・清原氏は共に大外記《だいげき》の局務《きょくむ》（主に朝儀《ちょうぎ》の挙行や先例の調査等に携わる官職のトップ）という地位に就く家柄であり、代々の局務は中原氏・清原氏のいずれかから選ばれるのが、平安時代中ごろより定まっていた。この局務が管轄するのが大山崎（現、京都府大山崎町）の油座《あぶらざ》から得る公事《くじ》で、代々の局務となった者がそれを引き継ぎ、山崎油を徴収するのが慣わしであった。

この油公事相論が起こったのは、初めてではなかった。また裁定にあたっては、足利将軍も関わっており、天正二年時の相論では、信長も関わっている。以下、見ていこう。

信長期以前の油公事相論

ここでいったん、時間軸をさかのぼってみる。先にも触れたように、山崎油の徴収権をめぐっては、これ以前の永禄年間にも中原家（中原師廉）―清原家（清原枝賢《しげかた》）間で争いが起こっていた。局務の職の交替があったにもかかわらず、清原家が油公用の徴収権を独占し続けたため、中原家がこれを問題視し、相論となった。双方の訴えを受けた朝廷では、近衛稙家《このえたねいえ》（前関白《さきのかんぱく》）以下の摂家（公家のトップ層）・清華家《せいがけ》（摂家に次ぐ家格）を中心とした公家衆の審議を経て永禄四年（一五六一）閏三月、時の天皇の正親町《おおぎまち》天皇により中原家勝訴の裁決を下した（「正親町天皇綸旨案《おおぎまちてんのうりんじあん》」『地下文書《じげもんじょ》』所収一二一号文書）。山崎油の徴収権は局務に付帯すること、つまり局務の地位にある者が徴収することを改めて示したのである。

注目すべきは、右の裁定において、朝廷が幕府に一切諮《はか》ることなく審議を進めている点である。翌永禄五年にいたり、清原家がこの朝廷での判決（＝中原家の勝訴）を覆そうと今度は幕府に訴え出た。そのため幕府で裁定の場が設けられたが、幕府から出されたのは中原家の徴収権を保障する将軍足利義輝（室町幕府第十三代将軍）の下知《げち》（＝命令）であった。つまり、ここでの幕府の役割は朝廷での裁決（＝理《り》非《ひ》の決定）を補完し、その実行を保障する役割を果たしていたと捉えられる。

天正二年の油公事相論

話を天正二年（一五七四）に戻そう。右のように中原家—清原家間の相論は終結し、中原家側に山崎油の徴収権があることは確定した。だが織田期の天正二年にいたると、またもや清原氏（清原国賢、枝賢の嫡男《ちゃくなん》）によって山崎油の納入は横領されるようになった。そこで師廉は、国賢による「違乱《いらん》」（＝横領行為）を朝廷に訴えている（「正親町天皇綸旨案」『壬生家文書《みぶけもんじょ》　四』所収一一八三号文書）。提訴を受けて、朝廷は師廉の主張を認め、その知行《ちぎょう》（＝徴収権）も安堵（保障）した。あわせて、正親町天皇は信長方に対して国賢の横領行為を非とした裁決を示し、それをやめさせるべく「違乱停止《ちょうじ》」の実行を命じている（「正親町天皇綸旨案」『壬生家文書　四』所収一一八三号文書）。

その結果、「違乱停止」の命令は功を奏し、翌三年には油一斗が局務である中原家に納入されたのである（『大外記中原師廉記《だいげきなかはらもろかどき》』天正三年三月三日条）。

その後、豊臣期《とよとみき》（天正十二～十三年段階）にいたっても、山崎油の徴収権は局務の地位に付帯するという原則どおりに中原家に上納され（「穀倉院領公用油納状」『壬生家文書　四』所収一一八五号文書）、同家の収入の一部として計上されている（「大外記押小路師廉当知行《とうちぎょう》注文案《ちゅうもんあん》」『壬生家文書　四』所収一一一〇四号文書）。

このように天正二年の際も、清原国賢の行為を非とする裁決は朝廷が下したうえで、実際に「違乱」した者（＝国賢）を排除し徴収権を保障する役割は、武家方すなわち信長方が果たしている。このようなあり方は、永禄五年（一五六二）時のそれと同様である。ここから、朝廷方で対処した案件処理に対する関与のありようについては、信長も室町幕府（足利将軍）のそれを踏襲していることがわかる。

2　信長の強権発動はあったのか——綸衣相論から見直す——

絹衣相論とは

これも同じく天正二年（一五七四）、常陸国《ひたちのくに》（現、茨城県）の天台宗《てんだいしゅう》僧侶と真言宗《しんごんしゅう》僧侶とのあいだで、絹衣《けんえ》の着用をめぐる争いが再燃した。絹衣とは、素絹《そけん》（生絹《すずし》）製の僧衣である。そもそも絹衣には、天台宗僧侶には着用が認められるが、真言宗僧侶に対しては一定の格式を持つ者のみ着用できるという、格差があった。

事のはじまりは十九年前の天文二十四年（一五五五）、常陸国の真言宗僧侶が勝手に絹衣を着用しはじめたことに対し、それを問題視した天台宗側は朝廷に訴え出たのである。この時に下された朝廷つまり後奈良《ごなら》天皇による裁決は、天台宗側の主張を認めるものであった（「後奈良天皇綸旨写」『吉田薬王院文書《よしだやくおういんもんじょ》』所収六一号文書）。

その十九年後の天正二年にいたり、真言宗側が絹衣着用の許可を求めて朝廷へ訴え出たことによって、相論は再び表面化した。この時に出された正親町天皇による裁決は、先の裁決（＝後奈良天皇の裁決）を覆すものであった（「実相院文書《じっそういんもんじょ》」）。つまり、一転して真言宗の主張が認められることとなったのである。

翌天正三年六月、前年に下された裁決に不満を持った天台宗側が強く反発し、またもや相論となった。相論が繰り返され、裁定が進展しない状況を問題視した信長は、同年六月末から七月上旬ごろ、五人の公家たちを「奉行衆《ぶぎょうしゅう》」として任命し、彼らによる再審議を命じた（「三条西実枝書状《さんじょうにしさねきしょじょう》」・「青蓮院宮《しょうれんいんのみや》（尊朝法親王《そんちょうほっしんのう》）令旨写《りょうじうつし》」）。

「奉行衆」となった三条西実枝・中山孝親《なかやまたかちか》・勧修寺晴右《かじゅうじはれみぎ》・庭田重保《にわたしげやす》・甘露寺経元《かんろじつねもと》らは皆、天皇の側近たる禁裏小番内々衆《きんりこばんないないしゅう》に属しており、かつこれまでも朝廷の政務運営の面でも中心的な役割を担ってきた者たちである。この点から、奉行衆の選定に際し、信長は決して恣意的に行ったわけではなく、天皇との関係や実務経験を念頭に置いていたことがわかる。

「五人之奉行」による審議システム

彼ら五人の奉行たちは、さっそく審議にあたっている。数度にわたる審議の結果、①天文二十四年（一五五五）から天正二年（一五七四）までの裁決は無効とする、②末寺（常陸国の寺院も含む）は本寺の法度を遵守すること、③訴訟の時は本寺を通して訴えるという手順をふむこと、という結論が出された（「誠仁親王書状案《さねひとしんのうしょじょうあん》」『輪王寺文書《りんのうじもんじょ》』所収四号文書）。一連の審議の過程で、信長からなんらかの干渉を受けた様子はうかがえない。

その後、審議での結論に沿って朝廷からの裁決が綸旨というかたちで常陸国天台宗・真言宗に宛てて下されている。朝廷の裁決内容は、①天台宗・真言宗の末寺に関することは朝廷では取り扱わない、②これまでの裁決を無効とする、③末寺は本寺の沙汰（指示や決定）に従うこと、本寺で判断できない事柄は勅命（天皇の命令）を加える、④相論の停止と天下鎮護の祈祷を命令、というものであった（『願泉《がんせん》寺文書《じもんじょ》』）。この綸旨とあわせて、五人の奉行衆の連名による副状《そえじょう》も発給された。その内容も、両宗に対して相論禁止を命じるものであることから、彼らの審議は決して形式的なものではないことがわかる。加えて、綸旨の発給時に彼ら五人の連名による副状がなかった場合、綸旨は無効となることも規定されている（「三条西実枝書状案」『東寺百合文書《とうじひゃくごうもんじょ》　イ函』所収二五五号文書）。このことから、五人の奉行衆には、綸旨の有効性を保証する役割も課せられていたことがわかる。

一方、朝廷側もこの審議システムが整ったことを、「五百年前に設置された記録所の再来のようだ」と歓迎し、朝廷の再建・再興のしるしと見なしている（「理性院堯助宛三条西実澄〈実枝〉書状」『東寺百

合文書　イ函』所収二五五号文書）。記録所とは、係争などの案件処理を行う機関であり、十一世紀後半から十二世紀末の院政期に設置された。後醍醐《ごだいご》天皇による建武の新政（元弘三年／正慶二年、一三三三年）では、記録所は朝廷政治の中核であったという（堀新二〇〇五）。朝廷側の歓迎ぶりは、かつての朝廷政治のありようを、いわば理想像としてイメージしたからであろう。

「五人之奉行」の活躍

実際のところ、五人の奉行衆による審議システムが整ったことで、朝廷側も相論裁定者としての自覚を高めている。このことは、絹衣相論での裁決を示した綸旨の中に記されている、「本寺で判断できず対応不可能な場合や重大な問題が発生した場合には勅命を加える」（＝前掲③）という文言からも、明らかである。加えて、絹衣相論と同時期の天正三年に朝廷がとり扱った相論などの案件が、それ以前に比べて急激に増加したこともその現れといえる。

たとえば、公家の家督《かとく》相続・領地売買・関所《せきしょ》の権益《けんえき》をめぐる相論の処理など、多岐《たき》にわたっている（『お湯殿《ゆどの》の上《うえ》の日記《にっき》』天正三年〈一五七五〉七月二十四日条など）。このような場合も、信長側による介入はない。絹衣相論の審議と同じく、五人の奉行衆が合議にもとづき自主的に事を進めていたのである。よって奉行衆は、持ち込まれた案件を処理するため、日夜、評議に追われ多忙を極めていた。その結果、当時六十代半ばの三条西実枝は疲労困憊《こんぱい》し、「正しく審議にあたっているのにもかかわらず、訴訟人の恨みを一身に買ってしまう」と愚痴をこぼして（「三条西実枝書状案」『東寺百合文書　イ函』所収二五五号文書)、同三年十一月早々には身を引いてしまった。だが、実枝はこのまま朝廷あるいは信長との関係を断ち切ったわけではない。実枝が奉行衆から抜けたあとも、中山孝親ら四人は何かと実枝を頼っている様子である(『宣教卿記《のぶのりきょうき》』天正四年三月二十三日条)。

このの ち、彼ら奉行衆は案件処理に携わるばかりではなく、朝廷―信長間をつなぐ伝奏(武家伝奏)の役割も担うようになる(神田裕理二〇一七)。同様に実枝もまた、信長の権大納言《ごんのだいなごん》・右大将《うだいしょう》任官時(天正三年十一月)に宣下《せんげ》の上卿《しょうけい》(儀式の責任者)を務めるほか、右大臣《うだいじん》・右大将辞官(天正六年四月)の際にはそれを朝廷に伝達するなど、ひきつづき伝奏《てんそう》(武家伝奏《ぶけてんそう》)としての活躍を見せている(『公卿補任《くぎょうぶにん》』天正三年・同六年の項、『総見寺文書《そうけんじもんじょ》』)。

信長と絹衣相論

これまでの朝廷―信長間を探る研究史(公武関係史)において、絹衣相論は「信長の強権発動によって相論が解決した」と理解されることが多く、「信長の朝廷支配」を示す事例の一つとして捉えられてきた。

だが近年、相論の解決という意味では朝廷による裁定の効果はなかったものの、信長が「五人之奉行」による裁定機関を設置し、彼らに裁定を行わせるシステムを調えた点に注目し、「信長のサポートによって朝廷の政治機能が正常化した」という評価がなされるようになった(堀新二〇〇五)。つまり、従来の「信長による強権発動」「信長の朝廷支配」と見なす見解とは、一線を画す評価がなされたのである。

実際、この相論に関して信長はどのように対応したのか、つづいて見ていこう。

まず、朝廷の対応である。朝廷によって天正三年（一五七五）に出された裁決では、常陸国の真言宗門徒に対し絹衣着用の禁止が明記されていなかったせいか、その後も絹衣の着用は続いていたようである。また、朝廷での裁決を伝えるべく常陸国に下向した京都醍醐寺《だいごじ》（真言宗）の子院である戒光院《かいこういん》の僧侶深増《しんぞう》は、こともあろうに自身、絹衣をまとって現れたのである。当然のことながら、常陸国の天台宗側は反発し、改めて朝廷に訴え出るにいたった（「関東天台宗諸寺書《しょじしょ》状写《じょううつし》」『吉田薬王院文書』所収六二号文書）。

朝廷側も、京都醍醐寺三宝院門跡《さんぼういんもんぜき》の義演《ぎえん》（天正四年八月、醍醐寺八十代座主《ざす》に任命）に対して、真言宗僧侶の絹衣着用の可否を問い糺《ただ》したところ、「本寺はおろか末寺の僧侶が絹衣を着用することは、もってのほかである」という返答を得た（「三宝院義演請文写《うけぶみうつし》」『輪王寺文書』所収一〇六号文書）。そこで朝廷は、常陸国の真言宗に宛てて、「深増の絹衣着用は寺の法度に違反している」「天正三年時の裁決を遵守すること」「本寺の命令に従うこと」ことを命じる内容の綸旨を発給した（「正親町天皇綸旨写」『輪王寺文書』所収一〇二号文書）。あわせて天台宗に対しても、「天台・真言の両宗ともに、末寺は本寺の命令に従うべき」という旨の綸旨（正親町天皇の綸旨）を発給している（『願泉寺文書』）。また、深増に対しては不法行為（＝絹衣の着用）をはたらいたとして、処罰されることとなった。これにより、深増は醍醐寺から追放されたのである（醍醐寺大衆《たいしゅうとう》等起請文案《きしょうもんあん》『輪王寺文書』所収一〇五号文書）。

一方、信長が携わったのは、深増の処分の実行にとどまる（「織田信長判物案《おだのぶながはんもつあん》」『輪王寺文書』所収一一一号文書）。信長の姿勢は、あくまでも朝廷の決定にもとづき、実際に処分を行うというものであり、そこに彼の主導性はうかがえないのである。よって、「信長の強権発動による相論の解決」とする従来の見解は、成立しがたい。むしろ、最終的な解決は、朝廷側が理非の判断（どちらの主張に理があるか）を行い、信長がそれに沿って実行する、という公武間の役割分担によるもの、と捉えるべきであろう（神田裕理二〇一一B）。

「強権発動」説の再考

絹衣相論裁定に見る信長の関与のあり方は、前にも述べた穀倉院別当領山崎油公用をめぐる相論裁定での足利将軍の行動と同様である。信長はそれを武家権力の関与のあり方と認識し、それを継承していたといえる。

また、「信長が審議システムを整備したことによって、相論が解決した」と見なすいわゆる「信長サポート説」も、再考の余地があろう。先に見た禁裏大工職《きんりだいくしき》相論の例からもわかるように、信長の単独政権が成立する以前の戦国最末期においても、朝廷は相論裁定・案件処理といった問題に対して独自に、かつ主体的にとり組んでいることが確認できるからである。

かかるありようは、いわば外部である武家側からのはたらきかけではなく、朝廷内部から「朝廷の再興」の気運が高まっていたことを示すものである。信長による審議システムの整備は、それを促進させる効果を持った、と評価すべきではないだろうか。

宇治平等院住持職相論に見る信長の姿

この後も、信長の朝廷政治、とりわけ相論裁定に対する関与のあり方は変わらない。その例を、一つあげよう。

天正九年（一五八一）、宇治《うじ》平等院《びょうどういん》（天台宗寺門派と浄土宗が管轄）の住持職《じゅうじしき》（住持の地位とそれに伴う諸権益）をめぐって、新善法寺氏《しんぜんぼうじ》（石清水八幡宮《いわしみずはちまんぐう》の祠官《しかん》）がこの地位に就こうとして、青蓮院《しょうれんいん》（天台宗の三門跡寺院の一つ）と争った。そのうえ、新善法寺氏を担ぎ上げた宇治七人衆（小土豪《しょうどごう》のグループ）が平等院領を押領するという事件も起こった。

住持職をめぐる争いの解決は朝廷に求められたが、朝廷は新善法寺氏の訴えを認めなかったのである。朝廷側は同年（天正九年）八月十二日付で、しかるべき人選を命じる正親町天皇の綸旨を青蓮院に宛てて発給している（『華頂要略《かちょうようりゃく》』巻十三）。同じく信長に対しても、朝廷側の裁決が伝えられた。

信長もまた、配下で京都所司代《きょうとしょしだい》（京都の治安維持や朝廷の警護を担う役職）の職に在った村井貞勝《むらいさだかつ》に命じて事態を糺明させた（「青蓮院尊朝法親王書状」『増訂　織田信長文書の研究　下巻』所収九六一号文書）。そこで得た信長の結論は、朝廷側の裁決（青蓮院の勝訴）を受け容れるものであった。信長は住持職の人選についても口を差し挟まず、評定によって最適な人物を選ぶことを推奨している。そして平等院領については、新住持の決定後、彼（新住持）に還付する旨を示している（「近衛前久宛朱印状《このえさきひさあてしゅいんじょう》」『増訂　織

田信長文書の研究　補遺・索引』所収一〇二号文書）。

このように、信長はおおむね朝廷側の決定に沿っているのである。その一方で、新善法寺氏を担ぎ上げ、かつ平等院領を押領していた宇治七人衆は同年十二月十五日、信長の命によって処断されている（『華頂要略』巻十三）。つまり、この一連の裁判において信長は、直接裁決には関わらなかった。信長の関与は、押領されていた平等院領の還付と、押領者の宇治七人衆に対する処断にとどまっているのである。

このような関与のあり方は、先に見た絹衣相論の裁定時と同じである。天正九年という時期にいたっても、朝廷での相論裁定に対する信長の姿勢は一貫していたことがわかる。

相論裁定の場で、朝廷はいずれの主張が理にかなっているのか、正当性があるのかという判断（理非の判断）を行ったうえで裁決を下し、信長がそれにもとづいて実際的な処分を下すという、役割分担を行っていたのである。

第三章　信長と天皇・公家衆との交流

1　信長の献上行為

儀礼から読みとく信長の朝廷対応

つづいて、織田信長《おだのぶなが》と朝廷との関係について見ていきたい。すでに第一章・第二章で、戦国期・織田期における朝廷の動向を見る中で、とくに政治的側面から信長と朝廷との関係についても言及してきた。よって、ここでは、本書でこれまで触れてこなかった儀礼的な側面から、信長―朝廷間のありようを探っていこう。

近年、儀礼に関する研究は盛んに行われている。儀礼研究とは、具体的には挨拶の礼や贈答行為についての研究を指す。この分野の研究が進められていく中で、挨拶・贈答といった「行為」は、たんなる「慣習」といったレヴェルで語られるものではなく、実際の政治権力の行使や、政治的な支配にも反映するもの、と理解されるようになった。

信長と天皇・朝廷および公家衆との関係を捉えるために、儀礼研究の成果もとり入れて検討していきたい。まず、天皇―信長間のモノのやりとり、つまり献上《けんじょう》・下賜《かし》行為についてとりあげる。つづいて、挨拶儀礼についても述べていきたい。

一般的に、モノのやりとりは、人間関係を構築していくうえで、そしてそれを維持し、より緊密にしていくうえで、一定の役割を果たすといってよい。それゆえ、モノのやりとりのありようを分析することによって、交流の範囲や交流の深度をはかることができる。ここでとりあげる天皇―信長間の献上・下賜行為は、たんに公武間におけるモノのやりとりといった表面的な意味を持つだけにとどまらない。公武のトップ層である、天皇と武家権力者間の献上・下賜行為は、武家権力者の政権構想を示し、それを推し進める役割を果たす。つまり、天皇と武家権力者間の献上・下賜行為は、儀礼的・形式的な意味にとどまらず、政治的に機能するものだったのである。その具体的な様相を、見ていこう。

信長から朝廷への献上①――信長上洛前

信長―朝廷間で、モノのやりとりが行われはじめたのは、信長上洛《じょうらく》一年前の永禄十年（一五六七）にさかのぼる。

この時期、朝廷は朝廷は京都での支配的地位に立つ新たな武家の登場を期待していた。

たとえば、武家権力者に対して朝廷は荒れた禁裏御料所《きんりごりょうしょ》（朝廷が所有する荘園《しょうえん》）の回復を求めており、同様に公家衆は諸権益の確定や家領《けりょう》をめぐる係争の裁定を求めていた（『言継卿記《ときつぐきょうき》』天文二十三年十月八・二十三日条など）。だが先にも述べたように、度重なる武家の抗争によって京都が混乱に陥らないように、朝廷は将軍対立候補の足利義栄《あしかがよしひで》・足利義昭《よしあき》のどちらか一方と積極的に関係をとり結ぶことは行わず、いわば双方を両天秤にかけていたのである。

このような対応は、信長に対してもなされていた。信長の上洛一年前の永禄十年（一五六七）、彼の美濃《みの》（現、岐阜県）攻略を祝して正親町《おおぎまち》天皇は「古今無双《こごんむそう》の名将」と讃える綸旨《りんじ》（天皇の手紙）を発給している。この時、天皇は紅《くれない》の衫《かざみ》（衣服）も贈り、あわせて誠仁《さねひと》親王の元服《げんぷく》費用と禁裏の修理費用の提供・禁裏御料所の回復を要請している。このことは、天皇が信長も「新たな武家権力者」の一人としてその存在を認識しはじめたことを示していよう。

実際、信長は上洛後直ちに朝廷の希望を容れ、誠仁親王の元服費用および朝廷の手元不如意《てもとふにょい》を気遣って一万疋《ひき》（現在の金額で、約一千万円）の金子《きんす》を献上している（『言継卿記』永禄十一年十月八日条）。本来ならば、朝儀（朝廷の儀式）にかかる費用の大半は室町幕府が負担することになっていたが、この時期、幕府もその任を負えなくなっていた。結果として、朝廷では日常生活にはさほど支障がないにせよ、天皇の即位礼《そくいれい》など規模の大規模な朝儀の挙行は困難になっていた。信長の行為は、この状況を見越してのことであった。このほか、信長は禁裏御料所の直務《じきむ》（直接支配）も回復させている（『お湯殿《ゆどの》の上《うえ》の日記《にっき》』永禄十二年四月十七日条）。また、所領の所有権や知行権の保障や諸権益をめぐる相論《そうろん》の裁定を求めた公家衆に対しても、信長は時に応じて対応している（『言継卿記』永禄十一年十月二十一日条、同十二年四月十三・十五日条など）。ここから、信長は京都に安定をもたらす存在として認識されていたことがうかがえよう。

だが、上洛直後の信長による献上行為は回数も少なく、特徴的なことも見られない。頻度が高くなり、さまざまな献上品が見えてくるのは、上洛翌年の永禄十二年以降である。以後、信長の死の直前の天正十年（一五八二）まで、献上は百十二回にのぼった（永禄十一年〜天正十年までの総数）。

信長から朝廷への献上②――信長上洛後

永禄十二年（一五六九）四月から信長は禁裏の修造を手がけはじめたこともあり、信長と朝廷の関係は次第に近くなっていったのだろう。信長単独の参内もこの年の十月に初めてなされ、それは禁裏修理の見舞を目的にしたものだった（『お湯殿の上の日記』永禄十二年十月三十日条）。この年から、献上も月に何度も行われるようになり、じょじょに恒例化していった様子がうかがえる。献上品も金子ばかりではなく、白鳥・雁・鶴、鯨・鮒・鱒、米・柿・蜜柑・山芋・枇杷・瓜など、食料品が増えていった。

なお当然のことながら、信長に対して朝廷は下賜も行っている。その契機は、信長の献上に対する返礼のほか、信長への上洛見舞・戦地からの凱旋《がいせん》見舞《みまい》、禁裏御料所が回復した礼などである（『お湯殿の上の日記』天正元年十一月十一日条・同三年四月二十一日条・同七年九月十四日条など）。朝廷からの下賜品は、名刀、唐錦《からにしき》の織物や薫物《たきもの》、それも正親町天皇自らが調合した薫物といった、貴重な品が並んでいる。

話を信長の献上に戻そう。食料品の献上は、元亀四年（天正元年、一五七三年）七月、義昭を京都から追放し信長が単独で政権を樹立した後は、さらに品目が多彩となった。食料品でも、季節の品を中心に、珍品や名物、初物の献上が目立っている。初物は食すると寿命が延びるとされる縁起の良い品であり、献上品としてふさわしい。また、名物の中には「美濃の真桑瓜《まくわうり》」など信長の領国下で産出したされた品も含まれている。自身の領国の産物を献上することで、朝廷に向けて、その地域を支配下に治めていることを端的に示すことができる。と同時に、特産物を披露し、ひいてはその生産を活性化させることにもつながった可能性も指摘できる。とくに「美濃の真桑瓜」は、のち江戸時代にいたると、瓜の代名詞とされ、美味の高級瓜、贈答用の瓜としてその名を馳せていく（黒田智二〇一二）。信長による真桑瓜の献上（『お湯殿の上の日記』天正三年六月二十九日条）は、そのさきがけといえる。

　美濃名物であった真桑瓜の献上で、おもしろいエピソードがある。天正四年六月ごろ、古代以来の伝統を誇り、朝廷との結びつきも深かった奈良興福寺《こうふくじ》の別当職《べっとうしき》（興福寺のトップ）のポストをめぐって、二人の僧侶（尋円《じんえん》と兼深《けんじん》）が相争うトラブルが持ち上がった（『多聞院日記《たもんいんにっき》』天正四年五月二十八日条、六月五・十・二十四・二十六・二十八日条など。巻末【系図4】参照）。ポストを決めるにあたっては、従来の寺法（寺で行っていた方法）に沿って対処することが決まったにもかかわらず、正親町天皇が兼深の言い分を一方的に聞き入れてしまうというアクシデントが起きてしまった。

　このアクシデントを聞いた信長は天皇に対し、信長は「天皇の威信が失われると同時に自分（信長）も面目を失ってしまう」とお灸を据えている（金子拓二〇一四）。天皇にお灸を据える一方で、この時、同時に信長は美濃の真桑瓜を献上しているのである（「天正四年六月二十九日付両大納言宛信長書状写《りょうだいなごんあてのぶながしょじょううつし》」）。これは、さしづめ「アメとムチ」といったところであろうか。信長は朝廷に対し威圧的に振る舞っていたわけではなく、協調・共存関係をはかっていたことが読みとれる。

朝廷に献上された品は、もちろん天皇一人が消費するわけではない。たとえば、信長が献上した鮒は、鮒汁として参内した公家衆に振る舞われている。同様に、鶴も天皇に相伴して公家衆のほか後宮女房たちが味わっているのである。相伴にあずかった公家衆・女房衆は、これを歓迎している様子であった（『お湯殿の上の日記』天正三年二月七日条など）。

加えて当時、公家社会の中でも「汁会《しるかい》」という持ち回りの食事会を通しての交際圏が成立していたが（『孝親公記《たかちかこうき》』元亀元年九月十日条など）、いずれも共食することによって一座の者の連帯意識を促す効果を期待してのことであろう（神田裕理一九九九）。

信長家臣らによる献上

さらに、献上行為は信長自身にとどまらず家臣や信長の乳人《めのと》（後見役）らも行うようになった。永禄十三年（元亀元年、一五七〇年）以降、京都および畿内《きない》の政務にあたっている村井貞勝《むらいさだかつ》・坂井政尚《さかいまさひさ》らによる献上が見られはじめる。

とくに村井貞勝は、上洛直後から禁裏修理の奉行を務めており、天正元年（元亀四年、一五七三年）の義昭追放後、「京都奉行」（『信長公記《しんちようこうき》』巻六では、「天下所司代《てんかしよしだい》」とある）に任じられ、本格的に朝廷との交渉にも携わるようになった。その例をあげると、公家間のトラブルの調停を務める（『兼見卿記《かねみきようき》』天正九年七月十六日条）、禁中の警護番役を定める（『言経卿記《ときつねきようき》』天正七年五月二十一日条）、勅使《ちよくし》（天皇の使者）派遣の相談（『兼見卿記』天正四年五月十日条、『日々記《にちにちき》（天正十年夏記）』天正十年四月二十五日条）

等々である。

このようなはたらきを通して、貞勝と朝廷・公家衆のつながりは次第に深まったのであろう。貞勝は当初（永禄年間）、信長の京都不在時に代理として献上を行っていたのであるが、のちには貞勝が自ら献上を行うようになった。このような場合の献上品も、季節の品を中心とした食料品が多く、信長の献上品の品目とほぼ同様である。さらに、時には貞勝自身が、朝廷（正親町天皇）に対し下賜を求めることすら行うようになっていった（『お湯殿の上の日記』天正七年五月三日条）。また朝廷も貞勝に対して、しばしば下賜を行っており、その回数は十四回を数える。朝廷は繰り返し下賜を行うことを通して、京都の政務を担当する貞勝との関係維持に努めていたことがわかる。

一方、足利将軍の場合を見ると、献上の主体はほぼ将軍に限定される。第十三代将軍義輝《よしてる》としばしば対立し、義輝が京都から逃れていた時期に畿内の政権を掌握していたのは三好長慶《みよしながよし》だったが、長慶の献上もごく一、二例にとどまる（『お湯殿の上の日記』永禄二年四月十二・二十四日条）。そのほか、将軍の側近衆らの献上も行われていない。おそらく足利将軍は、将軍のみが献上を行うことが可能であるという、身分的な限定をしいていたのであろう。

先に見たように、信長の場合は比較的広範囲の人物が献上を行っているなど、その状況は明らかに異なっていることがわかる。この点からも、信長が朝廷との関係を密接に保とうとしていたことがうかがえよう。

義昭との比較

先にも述べたように、室町幕府最後の将軍となった足利義昭は元亀四年（一五七三）七月に京都から逃れた。のち天正四年（一五七六）には義昭は、幕府の再起をはかるため、毛利輝元《もうりてるもと》を頼って、その勢力下であり、かつ足利将軍家ゆかりの地である備後国鞆の浦《びんごのくにとものうら》（現、広島県福山市）に居を移した。京都から離れた直後から、義昭―朝廷間の献上・下賜は見られなくなり、義昭の鞆の浦移住後にいたってもついに復活することはなかった。かつて京都から逃れ、近江国《おうみのくに》（現、滋賀県）各地を流浪していた時期においても、献上を行い朝廷との関係も維持しつづけていた第十三代将軍義輝と対照的である。京都から離れた時点で、義昭と朝廷とのつながりは失われたのである。朝廷もまた、幕府の再起は果たしえないことを悟っただろう。

ここで再度、信長の献上を振り返り、義昭のそれと比較してみよう。信長の献上行為は、献上の機会・品目・贈与者層など、足利将軍のそれらと異なっている。将軍の方法を踏襲していないことから、信長は自身、天正元年以降、足利将軍権力を継承しない政権構想を持ち、それを朝廷にも表明していたと考えられる。

また、信長はその晩年、つまり本能寺の変《ほんのうじのへん》（天正十年六月）で横死するまで献上を続けていることから、朝廷との接点を保とうとしていたことがうかがえる。一説によると、信長はその生涯の中で一度も正式な参内《さんだい》をしていなかったが、その理由は天皇が自身の上位にあることを目にみえるかたちで示す正式な参内の場を避けていたため、という。さらに参内を避けることで、信長は天皇とのあいだに距離を置こうとしていた可能性も示唆《しさ》されている（藤井讓治二〇一二）。

だが、信長の献上は日常的な朝廷との交流といえ、朝廷と安定的な関係を維持しつづけている。信長は朝廷との協調を根底に置いたうえで、自身の政権を構築していったのである。

2　信長への挨拶儀礼

信長への参礼

つづいて挨拶儀礼をトピックとして、信長―朝廷間の関係をさらに探っていく。先に見た献上・下賜行為は、おおむね天皇―信長間を検討対象としたため、いわば公武のトップ同士の関係に注目したものになった。信長と朝廷との関係を探るうえでは、公武のトップ同士の関係ばかりでなく、公家衆全体との関係も見ていかなければならないだろう。そこで、公家衆による武家権力者に対する「参礼《さんれい》」をとりあげる。

「参礼」は、端的にいうと「挨拶儀礼」である。当然のことながら、誰が誰に「礼を行うか」あるいは、誰の「礼を受けるか」ということは、両者の関係および社会的な立場に深く関わっている。それゆえ、「礼を行う／受ける」という行為は、秩序の再確認という意味を持っているのである。

これまでの公武関係史の研究では、礼を「受ける」立場は、天皇あるいは将軍と捉えられることが多かった。将軍ではない信長は、「参礼」をどのように捉えていたのだろうか。公家衆の、信長に対する「参礼」のありようを、具体的に見ていこう。

信長への参礼としてあげられるのは、主に信長が上洛した際の「上洛見舞」と、信長が叙任した際になされた祝いの礼がある。このような「参礼」のありようから、公家衆が信長に、どのように対応していったか見てとることができるのである。

上洛見舞の礼①――「迎」の礼

これまでも述べたように、永禄十一年（一五六八）九月、信長は「天下《てんか》御再興《ごさいこう》」を唱える義昭を奉じて上洛した。

信長に対する上洛見舞の礼が初めて史料に現れたのは、永禄十三年（一五七〇）二月のことである（『言継卿記』永禄十三年二月晦日条）。この時、山科言継《やましなときつぐ》と五辻為仲《いつつじためなか》という二人の公家が信長の「迎《むかえ》」に出ている。もっとも、信長の上洛はこれが初めてではなく、二年前の永禄十一年に足利義昭を奉じて上洛している。だが永禄十一年時点では、信長に対する参礼は確認できない。この年の十月、山城国《やましろのくに》（現、京都府）・大和国《やまとのくに》（現、奈良県）・河内国《かわちのくに》（現、大阪府東部周辺）・摂津国《せつつのくに》（現、大阪府北部・兵庫県南東部）の大半を支配下に治めた義昭と信長は、ともにあらためて京都に凱旋《がいせん》したが、この折、公家たちが「迎」に出た対象は、あくまでも義昭だったのである（『言継卿記』永禄十一年十月十四日条）。

こののち、元亀年間（一五七〇～七三）から天正三年（一五七五）にいたるまで、公家による信長への上洛見舞は、史料上にしばしば現れる。だが、その面々はほぼ、山科言継と吉田兼見《よしだかねみ》に限られている。山科言継はかつて天文二年（一五三三）に尾張国《おわりのくに》（現、愛知県西部）へと下向《げこう》し、信長の父信秀《のぶひで》と対面している。この折、和歌や蹴鞠《けまり》の伝授を通して信秀をはじめとする織田家中と交流を持ったことから（『言継卿記』天文二年七月二十五～二十八日条）、信長と比較的近い関係にあった。また吉田兼見は、京都吉田社の神官であるが、幕臣の細川《ほそかわ》（長岡《ながおか》）藤孝《ふじたか》が父方の従兄弟にあたり（兼見の父兼右《かねみぎ》の姉妹が藤孝の母）、親交も厚いことから、義昭や信長といった武家権力者との接点を持つようになった。つまり、言継と兼見の二人は、いわば個人的な関係から上洛見舞を行ったのである。

以上のように、信長・義昭が並立していた時期においては参礼の対象は義昭であった。このことは、上洛見舞以外の、対義昭への礼（年賀・月初めの礼・節句ごとの礼）からも確認できる。このような場合、義昭のもとへは公家たちが礼に赴いている一方、信長への参礼はほとんど行われておらず、公家衆から信長のもとへ礼のための使者を派遣した様子もない（『言継卿記』永禄十一年十二月一日条、同十二年五月五日条など）。

この時期、信長は義昭と協調して政治を行っており、二人は相互補完的な連合政権を構築していた（久野雅司二〇〇三）。幕府内部で信長は義昭を支える実力者であり、朝廷および公家衆も少なからずそのことを認識し期待もしていた（『言継卿記』永禄十一年十月二十五日条・同十二年三月三日条など）。そうではあっても、信長は公家衆から参礼を行うべき対象とは必ずしも見なされていなかったのである。

一般的に、武家権力者への参礼、というと、公家側からの追従《ついしょう》いわゆる「ごますり」と考えられがちであるが、そのような捉え方はやや短絡的といえよう。参礼の対象となる者の条件は何か。この点について、さらに見ていこう。

上洛見舞の礼②――「罷出」からの「礼」

当初、信長へ上洛見舞を行う公家は限られており、個別的なものであった。それが一変したのは、天正三年（一五七五）である。公家が集団となって、信長の宿所に「罷《まか》り出《で》」て「礼」を行っている（『兼見卿記』天正三年三月四日条）。それまでとは異なり、信長と親しい公家以外の者が、礼を行うようになったのである。

また、参礼の形態も変化した。それ以前は路次《ろじ》で「迎」に出ていたのが、天正三年以降、信長のもとへ「罷り出」る、つまり足を運ぶようになったのである。この「罷り出」て「礼」を行うという行為は、先の「迎」に比べると、より丁寧である。かつ、公家衆が積極的に信長に接近しようとしていた様子もうかがえる。

この公家衆の参礼に関しては、信長家臣で京都所司代（京都奉行）の村井貞勝を通した信長による強制と捉える見解もある（立花京子二〇〇〇）。しかし、貞勝ら信長家臣が参礼に関与したのは、信長の上洛に関する公家側からの問い合わせに対する返答といった程度のことである。あわせて、貞勝が公家衆に対して一律に出迎えを強制している動きは見られない。

よって信長への上洛見舞の礼は、信長側からの強制ではなく、あくまでも公家衆の自発的な行為であったといえる。また、信長も参礼を通して公家衆と積極的に関係を持とうとしていないようであり、参礼に対しては「受け身」な姿勢を持ちつづけていた。

叙任時の礼

信長は天正二年（一五七四）年三月十八日に、従五位《じゅごい》に叙爵《じょしゃく》され、昇殿《しょうでん》を許された（『口宣案御写等《くぜんあんおんうつしとう》』『京都東山御文庫所蔵史料』）。昇殿（禁裏《きんり》清涼殿《せいりょうでん》南廂《みなみひさし》の間《ま》に祗候《しこう》できる）の資格を持つことにより、今後、天皇との対面などさまざまな交渉が円滑に行えるというメリットを、朝廷側・信長側が意識したのであろう（木下聡二〇一四）。これによって、信長は文字どおり堂上《とうしょう》公家《くげ》となったのであるが、この時、叙爵・昇殿を祝う公家衆の姿は確認できない。

翌年の天正三年十一月四日、信長は従三位《じゅさんみ》権大納言《ごんのだいなごん》に叙任され、七日には右大将《うだいしょう》（右近衛大将《うこのえだいしょう》）を兼ねた（『公卿補任《くぎょうぶにん》』天正三年の項）。ついに信長は、公卿《くぎょう》（三位以上の朝官《ちょうかん》）の仲間入りを果たしたのである。同時に、信長は一足飛びに権大納言に任官したが、これは足利義昭の現官であるため、それを意識しての任官だったと捉えられている。

また、近年の研究によると、右大将は、かつて足利義輝が第十三代室町将軍であった時に、その父義《よし》晴《はる》が右大将であったことから、父義晴＝右大将と子義輝＝将軍の図式に沿って、「御父《おんちち》」（義昭が信長に贈った尊称）信長＝右大将と「子」義昭＝将軍という関係を作り出し、信長を義昭よりも上の存在であることを示すものであったと理解されている（木下昌規二〇一四）。

前年とはうって変わり、この叙任に際しては大勢の公家衆が信長の叙任を祝して参礼を行っている（『兼見卿記』天正三年十一月八日条）。つづく天正四年十一月二十一日には、内大臣《ないだいじん》に昇進したが、この時も同様の参礼が行われている（『兼見卿記』天正四年十一月二十一日条）。

つまり、信長が従三位権大納言・右大将という、義昭と同等あるいはそれ以上の地位に立ってはじめて、大々的な公家衆の参礼が行われたのである。かつて義昭が従三位権大納言に叙任された折、公家の諸家（人数は十八人）が残らず参礼した（『言継卿記』永禄十二年六月二十九日条）。公家衆は、この義昭の事例を先例として意識し、それにもとづいて行動していたことがうかがえる。

先に見た上洛見舞の事例もふまえると、武家権力者に対する参礼を行うか否かを決める条件・基準には、官位序列システムもあったことも指摘できる。その基準となったのが、三位にあたる公卿以上、というランクであったのだろう。

画期となった天正三年

天正三年（一五七五）を境に、上洛見舞の礼もまたさらなる変化を遂げている。たとえば、信長が上洛すると、翌日あるいは翌々日に大勢の公家が「御礼」に出向くようになった。いうまでもなく、日を置かずに参礼する行為は、厚礼《こうれい》（より丁寧な礼）である。多くの公家衆は信長のことを、より礼を尽くさなければならない相手と認識しはじめたのだろう。

また参礼した者の人数は、現存の公家日記などの記載によると、公家身分の者が「廿余人」、「四十余人」、「五十余人」、地下人《じげにん》（昇殿が認められない下級の廷臣《ていしん》。官人《かんじん》クラス）や僧侶などが「八十余人」と数えあげられている（『言経卿記』天正四年五月一・二日、十一月五日条など）。天正三年以前と比べて、参礼を行う公家の数は大幅に増加している。かなりの数の公家たちが、厚礼な参礼を行いはじめたことがわかる。

なお、彼ら堂上公家たちは、公家「衆」として、まとまって参礼を行うようになり、秩序化された印象である。これまでの上洛見舞の際は、公家が個別的に礼に赴いていたことに対し、これは明らかな変化である。

また、参礼を行った公家衆の顔ぶれも変化を見せている。堂上公家のトップ層である摂家《せっけ》・清華家《せいがけ》（摂家に次ぐ家格）といった家格《かかく》（家の格式）の高い公家のほか、僧侶身分でも格の高い門跡《もんぜき》（天皇家や公家の子弟が門主《もんしゅ》を務める特定の寺院）も、礼に赴くようになったのである（『言経卿記』天正四年五月一日条・六月八日条、同七年五月二日条、同十年六月一日条など）。

一方、義昭への参礼者の中には、摂家は含まれなかったようである（『言継卿記』永禄十二年〈一五六九〉二月二十六日条、同十三年〈元亀元年〉二月二日条・三月一日条・七月一日条など）。この点については、のちにも触れる。

このように、信長が公卿の仲間入りを果たした天正三年以降、参礼の目的の多様化、参礼の公家衆の増加、顔ぶれの多彩化、秩序化が表れているのである。そしてこのような参礼のあり方は、信長晩年の天正十年六月まで続いた。

かかる変化が見られるのは、もちろん信長をめぐる政治的・社会的状況によるものであろう。この年（天正三年）の五月、信長は長篠《ながしの》の合戦で武田勝頼《たけだかつより》に大勝し、八月には越前一向一揆《えちぜんいっこういっき》を平定して一時的ではあるものの本願寺《ほんがんじ》と和平するにいたった。十一月には、織田家の家督《かとく》を嫡男《ちゃくなん》の信忠《のぶただ》に譲っている。つまり、天正三年は信長をめぐる政治的な状況が安定した年といえよう。将軍義昭の追放後、信長は事実上、武家権力者のトップに立ったといえるが、その政治的立場はより確実なものとなったのである。そして公家衆も、その状況を敏感に感じとっていたと思われる。

信長と公家社会

さらにこの天正三年（一五七五）、信長は公家衆や朝廷に対してもより積極的な経済政策を行っている。正月早々には、京都にある公家・寺社の所領《しょりょう》（領地、荘園）の経営について、不正を行ってきた代官を解任し、新たに任命した代官によって経営できるようにとりはからっている（『立入文書《たてりもんじょ》』・『壬生文書《みぶもんじょ》』）。ただ、この政策は強制力に欠けていたこともあって、あまり有効ではなかったため、その次善の策として（金子拓二〇一四）、三月の上洛直後、公家・門跡および地下官人たちに、身分に応じた米（公家は三石、官人は二石。一石は現在の金額で、約十～十五万円程度に相当）を分配している（『中山家記《なかやまかき》』・『宣教卿記《のぶのりきょうき》』・『大外記中原師廉記《だいげきなかはらもろかどき》』など）。同時に徳政令《とくせいれい》も発令し、公家や門跡の債務破棄を認めている（『中山家記』天正三年三月十四日条など）。この徳政令によって、一部の売却した土地は五十九年ぶりにもとの所有者の手に戻ってきたが、やはり限界もあったようである（下村信博一九九六）。さらにその後の十一月には、公家・門跡に対して、かつて彼らが所有していた京都周辺の土地を、新たな所領として再編したうえで給付した（『古文書纂《こもんじょさん》』・『土御門文書《つちみかどもんじょ》』など）。以上の諸政策により、公家衆の経済的基盤は安定した。

　また、天正三年を境に、信長と公家社会の関係も深まった。この年、信長は摂家の一つである二条家に養女（さごの方、赤松政秀《あかまつまさひで》の娘）を嫁がせている（『宣教卿記』天正三年三月二十八日条）。その後も、天正五年には近衛信基《このえのぶもと》（近衛前久《さきひさ》の嫡男《ちゃくなん》）の加冠《かかん》を務めている（『中山家記』天正五年閏七月十二日条）。加冠とは元服の際に、冠《かんむり》をかぶせる役を務める行為であり、それは仮親《かりおや》としての意味を持つ。あわせて信長は、この時、自らの偏諱《へんき》である「信」の字を与えている。ほか、鷹司家《たかつかさけ》の再興（天正七年）も、信長の勧めによるものであった（『鷹司家判物類《たかつかさけはんもつるい》』）。鷹司家は、天文十五年（一五四六）以降、継嗣《けいし》に恵まれず中絶していたが、故二条晴良《にじょうはれよし》の四男信房《のぶふさ》に跡目を相続させることによって、再興するにいたったのである（巻末【系図3〜4】参照）。

　このように天正三年以降、信長は摂家と姻戚《いんせき》関係を結ぶようになったのである。姻戚となったからこそ、摂家も自身より官位は低い信長へ参礼するようになったのであろう。この点からも、参礼を行うか否かを決める条件・基準の中には、公家社会内部の身分秩序システムが存在していたことが読みとれる。

　他方、義昭の場合、かつて将軍任官以前の出家時に近衛家（叔父の関白近衛稙家《たねいえ》）と猶子《ゆうし》関係（財産相続を目的としない仮の親子関係）を結んではいたが、将軍任官後、摂家との縁組（養子縁組や婚姻など）はしておらず、また摂家の諸事などにも携わってもいない。例外的に二条晴良との交流はあり、晴良の子昭実《あきざね》には自らの偏諱である「昭」の字を与えていた。そうではあっても、義昭―摂家間の関係はさほど深いものではなかったため、摂家は義昭への参礼を行わなかったのだろう。

以上の点から見ると、天正三年を境にもろもろ変化した参礼の様子――公家数の増加・顔ぶれの多彩化・秩序化――は、信長の政治的立場の安定化およびその経済政策によって、公家社会の外護者《げごしゃ》であることが、公家衆に認識された結果といえる。ただしそればかりではなく、義昭への参礼の実態をふまえると、官位秩序や公家社会内部の身分といった伝統的な身分秩序システムが影響しており、それにもとづいて行われていたことがわかる。

第三部

豊臣政権と朝廷

第一章　秀吉の朝廷対応

1　武家関白としての秀吉

「武家関白」の登場

つづいて、豊臣《とよとみ》政権とくに秀吉《ひでよし》と天皇・公家衆との関係を見ていこう。日本史上初の「武家関白《ぶけかんぱく》」となった秀吉は、どのように朝廷と向き合っていたのだろうか。

これまでの秀吉―天皇・公家衆との関係をめぐる研究では、主に天下統一過程における豊臣政権による天皇および朝廷の持つ政治的・宗教的機能の利用といった視点から検討されることが多かった（山口和夫一九九六）。

具体的には、秀吉が自らの支配の形式的な正統性を獲得するため、また身分秩序を形成するために、天皇が持つ官位授与や元号制定（改元《かいげん》）といった機能を利用した、という見解である。天皇および公家衆は、その機能を果たしえる存在と見なされたため、秀吉から経済的な支援や保護を受けることができた、と捉えられている。一方、秀吉は関白の地位にありながらも、その職務は履行せず、天皇や公家社会とは直接関わらないかたちで統制を行っていた、と見なされている（池享一九九二）。

だが、秀吉による支配・政治的利用の「客体」と見なす、これまでの天皇・公家像のみでは、当時の国家における天皇や朝廷の位置は低いものでしかなく、その存在意義もきわめて乏しい。当時の天皇および朝廷の果たした政治的な役割について、官位授与機能以外の面からも検討したうえで、天皇・朝廷の実態をさらに探っていく必要がある。

また、「天皇や公家社会とは直接関わらなかった」と評価する秀吉像についても、天皇・朝廷を低く位置づけていたことから生じたものである。主に儀礼的な側面を見ると、秀吉—天皇間、秀吉—公家衆間との交流も確認できるため、この秀吉像についても再検討を要する。当時の秀吉—天皇・公家衆との関係を明らかにするためには、両者の日常的な交流も含めた総体的な検討が求められよう。そこでは、天皇—秀吉というトップ同士の関係ばかりではなく、公家社会全体との関係にも目を配り、広く公武交流のありようを探る必要がある。

秀吉の台頭

天正十年（一五八二）六月、本能寺《ほんのうじ》の変《へん》で織田信長《おだのぶなが》が斃《たお》れたのち、秀吉は織田家の中でも台頭していった。翌十一年三月の賤ヶ岳合戦《しずがたけかっせん》で柴田勝家《しばたかついえ》を破り、同十二年の小牧《こまき》・長久手《ながくて》合戦での実質的な勝利によって、信長の後継者としての地位に立った。秀吉の台頭ぶりは、官位叙任《かんいじょにん》にも表れている。朝廷側も彼の権勢を見てとったのか、小牧・長久手合戦の講和以前の十月に叙爵《じょしゃく》と少将《しょうしょう》への任官（『兼見卿《かねみきょう》

豊臣秀吉像（東京大学史料編纂所所蔵模写）

記《き》』天正十年十月二日条）、その一ヵ月後の十一月には従三位《じゆさんみ》権大納言《ごんのだいなごん》に叙任した（『兼見卿記』天正十年十一月二十二日条）。官位昇進は、秀吉にとっては武家社会の中で抜きん出た立場を示すアピールになり、また朝廷にとっては秀吉に接近し取り込むための方策の一つとして、いわば両為《りようだめ》の効果があったのだろう。

従三位に上がったことにより秀吉は公卿《くぎよう》の仲間入りを果たしたのであるが、天正十二年十一月以前に秀吉が「任官し、次第に昇進していった」ように「読みとれる」文書が現在残されている。それは、秀吉の正室北政所《きたのまんどころ》（おね〈寧々《ねね》〉、吉子、杉原〈木下〉氏、高台《こうだい》院《いん》）の実兄（木下家定《きのしたいえさだ》）である木下家に伝わる『足守《あしもり》木下家文書《きのしたけもんじよ》』の中にある数通の口宣案《くぜんあん》（朝廷が叙任時に発給する文書）である。天正十年十月三日付で秀吉を従五位下《じゆごいのげ》左近衛《さこのえ》権少将《ごんのしようしよう》に任じた口宣案と、翌十一年五月二十二日付で従四位下《じゆしいのげ》参議《さんぎ》に任じた口宣案が現存しているのである。

実際のところは、この二通の口宣案のとおりに秀吉が叙任されたわけではない。これらの口宣案は、五位→四位→三位という段階を経て秀吉が昇進したように見せるために、後で朝廷側が日付をさかのぼって作成したものである。秀吉は従四位下参議に叙任されたことはなかったが、官位の順を追って昇進したと見せかけるための工作として口宣案が作成されたのである（木下聡二〇一五）。

もっとも、このような「遡叙任《さかのぼりじょにん》」はこの時代、とくに珍しいことではなかった。これは朝廷の先例を守り、かつ手続き上の問題を解消するための措置として用いられた叙任方法だった。かつて信長が天正三年十一月、従三位権大納言に叙任された際も、日付を遡ってその前年の三月、従三位参議に「すでに叙任されており、ここから昇進した」とする文書を作成していた（『口宣案御写等《くぜんあんおんうつしとう》』京都東山御文庫所蔵）。

日本初の「武家関白」

天正十二年十一月の時点で、秀吉は公卿の仲間入りを果たしたのであるが、その翌年三月には従二位《じゅにい》内大臣《ないだいじん》へと昇進し、翌十三年七月には武家出身者として日本史上初めて従一位《じゅいちい》関白に任官した。

ちょうどこのころ（天正十三年五月半ば）、摂家《せっけ》の近衛信輔《このえのぶすけ》――二条昭実《にじょうあきざね》の間で持ち上がっていた関白職就任をめぐる争いは、秀吉の内大臣昇進の影響もあって、混沌とした状況に陥っていた。両者は攻防戦を繰り広げており、近衛家は連歌会を通して親しくなった前田玄以《まえだげんい》（秀吉の家臣、のちの京都所司代《きょうとしょしだい》）を介して秀吉に口添えを仰ごうとしていた（『近衛文書《このえもんじょ》』）（遠藤珠紀二〇一三）。その後、朝廷で裁定が行われていたものの、事態は泥沼化していた。

この状況を耳にした秀吉は、事態を打開すべく今出川《いまでがわ》（菊亭《きくてい》）晴季《はれすえ》の助力も得て、「裁定により両家のいずれが敗訴となっても、このことは敗訴した家つまり摂家の破滅となるので、朝家《ちょうけ》（＝朝廷）のためにはならない」という理由を述べ立て、自身の関白任官の意向を示している（『近衛文書』）。この意向を聞いた信輔は、「関白職は五摂家《ごせっけ》以外の者が望むべきではない」と反対したが、父の前久《さきひさ》から「そもそも関白は天下を任された者が就くべき官職であるから、目下のところ、秀吉が関白にふさわしい」と進言され、結局のところそれを受け容れた。

関白任官にあたり、秀吉は、①近衛家との猶子《ゆうし》縁組（財産相続を目的としない仮の親子関係）、②近衛信輔への関白職譲与を約束、③五摂家への知行《ちぎょう》（所領地）加増（近衛家に千石、他の四摂家には五百石ずつの永代《えいだい》知行《ちぎょう》）、を条件に近衛家と交渉している。秀吉から関白任官の打診を受けた正親町《おおぎまち》天皇も、公家衆への勅問《ちょくもん》（天皇の質問）を行った。その結果、天正十三年七月十一日、日本史上初の「武家関白」が誕生したのである（『関白宣下一会《かんぱくせんげいちえ》』）。

このように秀吉の関白任官は、摂家の近衛家——二条家の関白職任官をめぐる争いに乗じた、偶然の産物であった。だが、前久の言葉から読みとれるように実際、当時秀吉を「天下を任された者」と見なす動きもあり、秀吉の希望を容れることができたのだろう。また、朝廷側も秀吉を朝廷官位の中に取り込もうとする意識を持っており（藤井讓治二〇一一）、朝廷側の思惑にも合致したのであろう。

このような理由・状況が絡んだ結果、秀吉の関白任官が実現するにいたったといえる（巻末【系図3】参照）。

したがって、これまで唱えられてきた秀吉が関白に任官した理由——①足利義昭《あしかがよしあき》に養子縁組を拒否されたため、征夷大将軍への任官は頓挫《とんざ》した、②小牧・長久手合戦での「敗北」により、武家のトップたる将軍への任官はあきらめた——などは、いずれも正しいものとはいえないのである。

関白任官から約二ヵ月後の九月、秀吉は正親町天皇から「豊臣」の姓を与えられた（『押小路文書《おしのこうじもんじょ》』七十八）。「豊臣」姓の下賜《かし》・改姓は、「天下を保ち末代に名をなすからには、新しく姓を立てるべき」と秀吉が希望し、天皇への奏聞《そうもん》（天皇に申し上げること）を経て行われたものであった（水野智之二〇一二）。これにより、秀吉は近衛家と猶子関係にあっても、摂家と同等かそれ以上の立場に立つことができるようになった。

以後、秀吉は官位秩序や「羽柴《はしば》」苗字《みょうじ》の授与などの身分編成にもとづいた大名編成を行い、「全国統一」への道を進んでいった。

作られたエピソード

なお関白任官の折、秀吉は御伽衆《おとぎしゅう》の一人である大村由己《おおむらゆうこ》に命じ、自身を天皇の落とし胤《だね》とする誕生《たんじょう》譚《たん》を作らせている（『関白任官記』天正十三年成立）。その内容は、秀吉の母「なか」は萩中納言《はぎちゅうなごん》の娘で、彼女が朝廷に仕えている折、天皇とのあいだに秀吉をもうけ、尾張国《おわりのくに》（現、愛知県西部）に帰郷したのちに出産した、というものである。もちろん萩中納言なる人物は実在せず、「なか」も朝廷に出仕した事実はない。この「御落胤説《ごらくいんせつ》」それ自体は、まったくもって荒唐無稽《こうとうむけい》な作り話である。

源頼朝像（東京国立博物館所蔵）

また、小田原《おだわら》攻め（天正十八年、一五九〇年）の折、鎌倉の鶴岡八幡宮《つるがおかはちまんぐう》で源頼朝《みなもとのよりとも》の木像に対面した際、秀吉は頼朝像に「友達」と語りかけたというエピソードも残っている（『川角太《かわすみたい》閤記《こうき》』）。以上はあくまでもエピソードであるが、秀吉が頼朝を自分の先達と自認していたこと自体は実際あったようである。本能寺の変後、毛利《もうり》氏方に服属を呼びかける書状には、「毛利氏（輝元《てるもと》）が秀吉に従うならば、日本の政治は頼朝以来、まさるものはないものになるだろう」（『毛利家文書《もうりけもんじょ》之三』所収九八〇号文書）という文言が記されていることから、秀吉は頼朝を将軍統治体制の始祖《しそ》と仰いでいたとも考えられている（跡部信二〇一四）。

かかるエピソードの類いからは、秀吉が出自にかなりのコンプレックスを抱いていたことがうかがえる。とくに天皇の御落胤説からは、そのコンプレックスを払拭するために、公家および天皇家と血縁関係にあったというイメージを流布させる意図があったことが読みとれる。同時に、秀吉は亡主織田信長の後継者としての地位を確立し、全国政権樹立を目指していく過程で、天皇とのつながりを強調することによって、その栄達《えいたつ》ぶりを喧伝《けんでん》する思惑があったことがうかがえる。あわせて、異例の官位昇進を正当化する目論《もくろ》みもあったのだろう。

2　秀吉の対朝廷政策

だが、いうまでもないことであるが、出自のコンプレックスがそのまま天皇・朝廷および公家衆への対応策につながったわけではない。秀吉の対朝廷政策はどのようにかたちづくられていったのか、見ていこう。

佐久間道徳謀反事件に見る秀吉・朝廷の対応

天正十二年（一五八四）五月、京都で佐久間正勝《さくままさかつ》（織田信雄《のぶかつ》配下の武将）の舎弟、佐久間道徳《どうとく》による秀吉方への謀反《むほん》の企てが発覚した。当時、道徳の兄佐久間正勝は伊勢《いせ》（現、三重県）で秀吉方の滝川一益《たきがわかずます》を攻めていることから、道徳がそれに呼応して謀反を企てたのだろう。

謀反の情報をキャッチした小野木重次《おのぎしげつぐ》（秀吉配下の武将、事件当時は淀在番《よどざいばん》）の軍勢三百人が道徳の拠点であった京都一条町《いちじょうちょう》・実相院町《じつそういんちょう》に向かったものの、すでに道徳は逃亡していた。そこで重次は関係者と見られる一条町・実相院町の町人十一人を捕らえ、淀《よど》（京都市伏見区）まで連行した。もともと一条町・実相院町は、禁裏御所《きんりごしょ》（天皇の住居）の護衛など禁裏（朝廷）に奉仕する町人が住む禁裏六丁町に組み込まれており、捕らえられた町人十一人の中には、勧修寺晴豊《かじゅうじはれとよ》・烏丸光宣《からすまみつのぶ》・徳大寺公維《とくだいじきんふさ》ら公家衆の使用人と見られる者も含まれていた（『兼見卿記』天正十二年五月十一日条）。

つまり、朝廷と密接な関係を持つ場所・人たちが謀反事件の中心となっていたのである。そこで朝廷も見過ごすわけにもいかなくなり、町人たちの釈放を求めて淀まで勅使《ちょくし》（天皇の使者）を派遣することとなった。

朝廷の対応

まず勅使の柳原淳光《やなぎはらあつみつ》・日野輝資《ひのてるすけ》・甘露寺経元《かんろじつねもと》が淀へ遣わされたものの、町人の釈放にはいたらなかった（『兼見卿記』天正十二年五月十二日条）。今度は勧修寺晴豊・高倉永相《たかくらながすけ》が勅使となって秀吉がいる美濃《みの》（現、岐阜県）まで下ったが、秀吉は対面を拒否しており、釈放の交渉はままならなかった（『兼見卿記』天正十二年五月十五日条）。この間、秀吉が捕らえた十一人を牢に閉じ込め、食物も与えないという厳罰に処していたためか、一条町・実相院町の町人がことごとく逃げ出すという事件も派生している。

事ここにいたって秀吉方は、逃げ出した町人の捜索と同時に朝廷に対して申し入れを行い、それを受けた朝廷では公家衆（朝廷の実務を担当する禁裏小番内々衆《きんりこばんないないしゅう》・外様衆《とざましゅう》の面々）が集まって返答を協議している（『兼見卿記』天正十二年五月二十三・二十七日条）。

だがなかなか事は進まず、七月にいたって事件はようやく解決する。正親町天皇の要請を受けた聖《しょう》護院道澄《ごいんどうちょう》（京都聖護院門跡《もんぜき》、近衛稙家《たねいえ》の三男、前久の弟）が仲介し、勅使として日野輝資・烏丸光宣・水《み》無瀬親具《なせちかとも》・久我季通《こがすえみち》（のち敦通《あつみち》）・今出川（菊亭）晴季らも加わって、近江国坂本《おうみのくにさかもと》（現、滋賀県大津市）にいる秀吉のもとで交渉が行われた。

交渉役の中心となった聖護院道澄は、本能寺の変後のかなり早い時期から秀吉の居所をたびたび訪問するなど、秀吉との友好関係を結んでいた（近藤祐介二〇一八）。あわせて、近衛家出身であることから朝廷にも近い存在といえ、その関係性から交渉役に選ばれたのだろう。

また同じく交渉に携わった公家衆のうち、勧修寺晴豊・今出川（菊亭）晴季・高倉永相らは、信長の時代からも朝廷―武家権力者間をつなぐ伝奏《てんそう》（武家伝奏《ぶけてんそう》）として活躍し、のちに豊臣期の伝奏（武家伝奏）として編成されるようになった者たちである（神田裕理二〇一七）。彼らは公武交渉のノウハウを十分に会得していたと思われ、その功もあってか、翌日には町人たちが釈放されるにいたったのである（『兼見卿記』天正十二年七月十二・十三日条、『顕如上人貝塚御座所日記《けんにょしょうにんかいづかござしょにっき》』）。

秀吉の思惑

右のとおり、この事件で秀吉は当初、二度にわたって勅使との対面を拒んでいる。その後、公武間の交渉を経て、勅旨《ちょくし》（天皇の意向）を受け入れたかたちで秀吉が町人たちを「赦免」することで終結した。言ってみれば秀吉が態度を一変させたことになろうが、それはなぜなのだろうか。

この時点つまり天正十二年（一五八四）六月末から七月にかけての、織田信雄・徳川家康の連合軍と秀吉方の合戦は、信雄・家康方による尾張国蟹江城《おわりのくにかにえじょう》（現、愛知県海部郡）の奪取といった激しい戦いがなされたものの、その後はあまり大きな戦いはなされておらず、ひきつづき膠着《こうちゃく》状態が続いていたと見なされている。

この状況を見越してか、朝廷側も信雄・家康方が勝利した場合に備えて、秀吉のみならず信雄・家康とも関係を結ぶべく、双方と接触していたという。朝廷の対応をふまえると、秀吉もまた朝廷を自己の権力の及ぶ範囲にとりこんでおく必要性を悟ったのである。これを悟ったからこそ、事件解決にいたる秀吉の態度も一変したのであろう。よって、この事件がその後の公武関係の基盤となったという、水野智之氏の指摘は首肯できる（水野智之二〇〇五）。

こののちも、秀吉は朝廷との緊密な関係を維持していく。だが、それは決して「朝廷をほしいままに動かしていく」といった意味ではなかった。朝廷と密接な関係をとり結んでいった秀吉は、どのように彼らと対峙《たいじ》したのか、つづいて見ていこう。

天正十三年の座次相論

これまで、日本史上初の「武家関白」に就任したことによって、秀吉は「公家社会へ権力を行使し介入していった」と捉えられることが多かった。その一つの事例として、公家や門跡が座次《ざなみ》（座順・席次）をめぐって争い（＝座次相論《そうろん》）、秀吉が裁定を下したという一連の事件がある。

この座次相論については、「秀吉による裁定」という終結から、「公家社会への権力行使」という評価（三鬼清一郎一九九一）が下されたのであるが、この評価は果たして妥当なのであろうか。

座次をめぐる争い

天正十三年（一五八五）七月、関白任官の披露のため、秀吉は禁中で能（一説によると、猿楽《さるがく》）の開催を決め、そこに正親町天皇以下、親王、門跡や摂家を筆頭とする公家衆を招こうとした（『兼見卿記』天正十三年七月十二日条）。開催にあたり秀吉は、親王・門跡・准后《じゅごう》（大皇太后・皇太后・皇后に准じる待遇を受ける者）・摂家をどの順番で着席させるか、座次を決めるべく、青蓮院宮尊朝法親王《しょうれんいんのみやそんちょうほっしんのう》（伏見宮邦輔《ふしみのみやくにすけ》親王王子、正親町天皇猶子）・妙法院常胤《みょうほういんじょういん》法親王（伏見宮邦輔親王王子、正親町天皇猶子）ら親王門跡（門跡寺院を嗣いだ僧体の親王）に問い合わせている（『根岸文書《ねぎしもんじょ》』）。

当時の親王には、正親町天皇の第一皇子である誠仁《さねひと》親王とその長男の和仁《かずひと》親王をはじめ、世襲親王《せしゅうしんのう》家《け》伏見宮家当主の伏見宮邦房《くにのぶ》親王、以下はいずれも伏見宮家出身で貴種《きしゅ》が院主を務める門跡となった御《お》室仁和寺《むろにんなじ》守理《しゅり》法親王（伏見宮邦輔親王王子、正親町天皇猶子）・青蓮院尊朝法親王・妙法院常胤法親王・梶井宮最胤《かじいのみやさいいん》法親王（伏見宮邦輔親王王子、正親町天皇猶子）らであった。准后には、近衛龍山《りゅうざん》（前久）聖護院道澄（近衛稙家の息子、前久の弟）・大覚寺尊信《だいかくじそんしん》（近衛稙家の息子、前久の弟）・三宝院義演《さんぽういんぎえん》（二条晴良《はれよし》の息子）・勧修寺聖信《かじゅうじせいしん》（一条房通《いちじょうふさみち》の息子）らがあげられる。この面々は、摂家の出身でやはり貴種が院主を務める門跡たちであった。

秀吉が問い合わせた理由は、室町時代以来、親王―准后間の座次や序列が一定しておらず、しばしばそれをめぐっての争いが繰り広げられ、天皇や上皇がその都度、序列を決めていたものの、いまだ決定打というべきものはなかったからであろう（神田裕理二〇一一D）。

問い合わせの結果、それをもとに秀吉は座次を作成したようであるが、席順をめぐって親王・准后間で争い（＝相論）が起こり、秀吉作成の座次に不満を持つ者、とくに門跡たちは能会を欠席することとなった（『諸帖抜粋《しょちょうばっすい》』）。なお、この欠席という措置には秀吉の示唆《しさ》があった可能性も指摘できる。おそらく秀吉は、自身の関白任官のお披露目かつ禁中で初開催となる能会に、相論を持ち込みたくなかったための示唆だろう。

秀吉作成の座次

秀吉は座次を作り直し、能会は予定どおり七月十三日に開催された（『兼見卿記』天正十三年七月十三日条）。この時の座次でも、天皇の左方に誠仁親王（正親町天皇第一皇子）の座があり、右方（天皇の右方。誠仁親王の正面）は秀吉の座となっている。そして、誠仁親王に続いて摂家が居並び、秀吉に続いて清《せい》華家《がけ》が並ぶかたちである。

天皇にごく近い座に秀吉が座るなど、秀吉の優位性はうかがえるものの、より上座となる左方（日本では通常、左方が上位となる）は誠仁親王の座となっている様子から、伝統的な身分秩序は守られていることが読みとれる。同じく、摂家と清華家との座を分けたうえで、摂家を上座につけていることからも、やはり家格《かかく》（家の格式）の上下にもとづいた座次となっていることがわかる。よって、秀吉が座次作成を通して公家社会へ積極的に介入していったとは捉えられない。実際の能会の「場」においては、なおも伝統的な身分秩序（上下関係）の意識が息づいており、それが優先されていたのである。

その一方で、秀吉は座次相論それ自体については終結をはかろうとし、自身が裁定を行うことを宣言している（『兼見卿記』天正十三年七月十四日条）。ゆくゆくは正親町天皇の退位と新天皇への譲位も控えている。こののち必然的に公家衆が参集する機会も増えることが予測されるため、秀吉はこれを機に座次裁定にふみきったのであろう。

裁定に向けて、秀吉は公家たちに序列を示す根拠となる旧記（たとえば南北朝時代に成立した『職原《しょくげん》抄《しょう》』や『釈家官班記《しゃっけかんぱんき》』等の官職に関する故実書《こじつしょ》など）を探させるとともに、裁定の場に赴き裁決を聞くよう命じている（『兼見卿記』天正十三年七月十四日条）。同様に、相論の当事者である親王・門跡・前関白《さきのかんぱく》たちにも根拠を示す旧記や証文を提示するように命じた（『勧修寺文書《かじゅうじもんじょ》』）。

もっとも秀吉は、「裁定を下したあとは、その裁決にのっとる」としているものの、旧記を参照するなど、やはり従来の序列を意識していることがうかがえる。

座次相論の裁定へ

早くも七月十五日、裁定は大徳寺総見院《だいとくじそうけんいん》で行われた。その場には、秀吉の指示どおり公家衆も参集した。あわせて、正親町天皇からは今出川（菊亭）晴季・中山親綱《なかやまちかつな》・勧修寺晴豊ら三名の伝奏（武家伝奏）が派遣され、親王・准后の序列の根拠となる書物などがもたらされていることから、「旧記の提出」という秀吉の指示は正親町天皇まで達していたことがわかる。この時、朝廷からは一冊の書物がもたらされたが、それには「親王が門跡より上座に座る」と記されてあった。

裁定は、親王（伏見宮邦房親王・青蓮院尊朝法親王ほか）・准后（近衛龍山・聖護院道澄・三宝院義演ほか）・前関白（九条兼孝《くじょうかねたか》・一条内基《うちもと》ほか）ら当事者たちがそれぞれ旧記や証文等の典拠を示したうえで秀吉と対面し、座次に関する意見を問答することからはじまった。しかし、典拠は出されたものの、決定打となるものはなく、典拠にもとづく裁決は困難となった。その結果、親王グループ・准后グループという区分をし、対グループ同士の座を左右に分ける／その応用編として僧侶となっている者たちにも、同様の対応をとる。つまり法親王と法体の准后についても、それぞれ別グループという区分をし、座も左右に分ける／ただし近衛龍山と伏見宮邦房親王は例外で、二人は他者を混じえずいつも並ぶ（＝上下差はない）、と規定した。そのうえで、各グループの代表の者がくじを引き、どちらのグループが上座（左の座）に着座するか決定する、といった方法が打ち出された。

もちろん、くじ引きであるから恣意的《しいてき》なものではなく、公平性は保たれている。当時、くじは公平さを貫く手段であり、神仏の意志が反映されていると考えられていた（瀬田勝哉一九八二）。実際、室町時代にもくじ引きは主に遊戯の場（双六《すごろく》・貝覆《かいおおい》など）で、会衆を分ける方法としてしばしば用いられていた（『看聞日記《かんもんにっき》』永享四年〈一四三二〉八月十一日条・同五年六月五日条など）。ここでは、くじ引きという方法に加えて、それぞれのグループ内の構成員間でも誰が上位に座るのか、という序列づけも行われていない。秀吉は、このような座次決定のルールを定めたうえで、正親町天皇の認可を受けたのち、「法度」として触れ、その遵守を求めたのである（『親王准后座次三ヶ条之事《しんのうじゅごうざなみさんかじょうのこと》』）。

この「法度」にもとづく座次を再現すると、次のとおりになる。

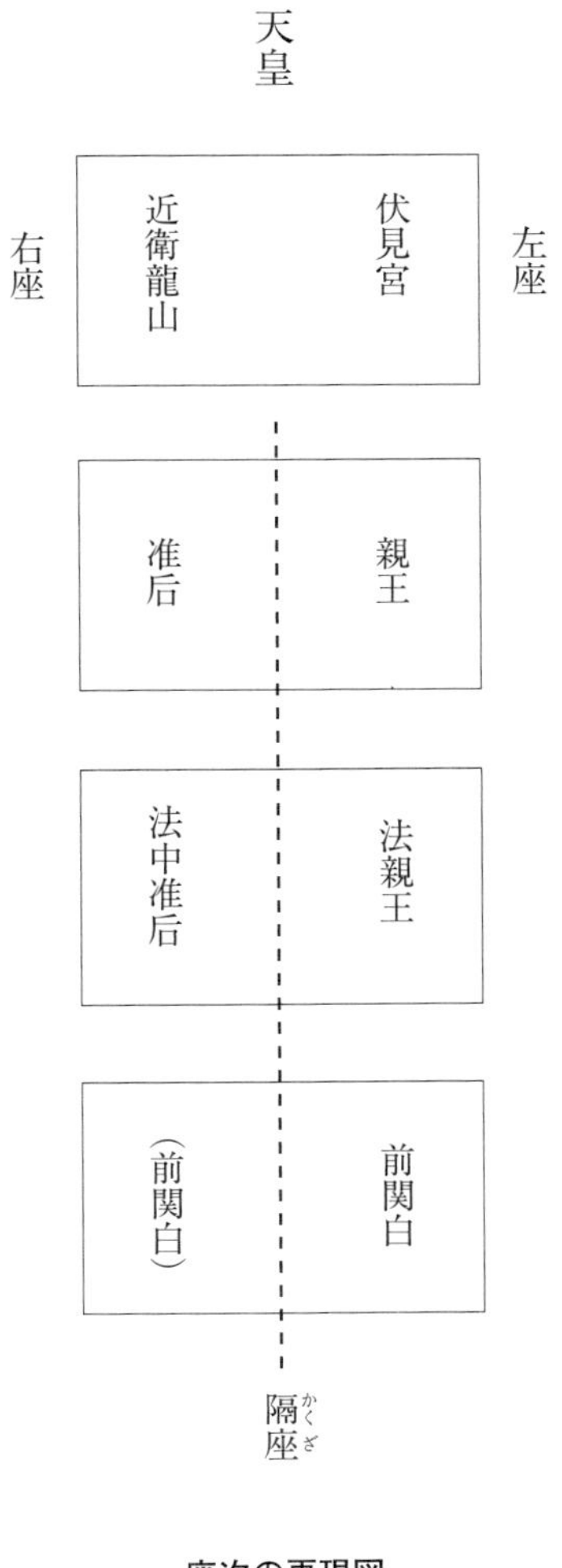

座次の再現図

この座次決定のルールは、果たして従来の評価どおり「公家社会を律するもの」といえるのであろうか。先にも述べたように、親王—准后間の座次はその都度、くじ引きで決定されるのであり、親王—准后間の上下は確定しないのである。つまり秀吉は、相論の終結＝座次の決定ではなく、相論を回避させる方向を打ち出したといえる。秀吉の裁定は、相論防止策としての序列の不明示とくじ引きという座次決定のルールを提示したに過ぎず、融和的な措置であった。さらにいえば、この座次の対象となったのは親王と准后という公家社会のごく一部の者たちである。公家衆全体を対象としたものではないことから、座次決定のルールは「公家社会を律するもの」とは評価できない。

さらに、このとり決めは「後の世の拠り所」とすべく正親町天皇の意を奉じるかたちで公にされている。天皇もまた、「隔座《かくざ》」（＝座を左右に分ける）という規定を追認していた（『先途大概《せんどたいがい》』）。ここから、秀吉は天皇と共同歩調をとって事を動かしていることが読みとれる。

禁中茶会・禁中能会の座次

この座次決定のルールを、「法度」として触れた点についてはどうであろうか。一般に、「法度」は法規を意味し、そのように称するからにはなんらかの法的拘束が生じても不思議ではない。天正十三年（一五八五）以降に朝廷内で開催された茶会・能会・和歌会を例に、その状況を見ていこう。

たとえば、主に官位の叙任を受けた武家衆を公家衆に披露する目的で秀吉が開催した禁中茶会・禁中能会がある（矢部健太郎一九九八）。禁中茶会は天正十三年十月、朝廷内で初めて開催されたのであるが、これは当時秀吉が茶の湯に入れこんでいたことによる（『宇野主水日記《うのもんどにっき》』天正十三年十月七日条）。この時は、正親町天皇から居士号《こじごう》を賜った著名な茶人千利休《せんのりきゅう》（宗易《そうえき》）も参加しており、門跡のほか摂家以下の公家衆に対して茶を点てている。つづく翌十四年正月に開催された茶会では、秀吉が自ら組み立て式の黄金の茶室を朝廷内に持ちこんでのものだった（『兼見卿記』天正十四年正月十六日条）。また禁中能会は、天正十四年正月、文禄二年（一五九三）十月、同五年五月と三回開催された。はじめは誠仁親王が主催したものであったが、文禄年間にいたると秀吉が自ら能を演じるまでになった。

先の座次規定をふまえて、茶会・能会・和歌会の際の座次を見ると、まず「他者を混じえずいつも並んで座に着く」と決められた近衛龍山と伏見宮邦房親王の座次はまちまちである。いずれの場合も、規定どおりの座次となっている状況は見出せない。親王・准后と法親王・法体の准后の座次についても、彼らは席を分けることなく入り交じって座る場合が多く、やはり「座を左右に分ける」という規定は守られていない。なお、法度の対象者ではないが同じ会合の参加者である堂上《とうしょう》公家《くげ》衆《しゅう》（内裏《だいり》清涼殿《せいりょうでん》に昇《しょう》殿《でん》できる廷臣《ていしん》一般）の座次は、上座から摂家、清華家、羽林家《うりんけ》、名家《めいか》といった家格順となっており、各家格ごとにまとまって席に着いていた。

さらに、「くじ引きで上座に着くか下座に着くかを決める」という方法は守られていたのだろうか。座次を決める過程が史料から読みとれる例は、天正十四年正月に開催された能会のみである。この時、法体の准后と法親王間でくじ引きは行われたものの、それは秀吉が本来とり決めたルール（＝グループごとに座る位置を決めるためのくじ引き）ではなく、「誰が先に天皇の向かい側に座るか」を決めるためになされたものだった（『兼見卿記』天正十四年正月十八日条）。

「法度」として有効だったのか

以上見てきたように、朝廷内でのさまざまな会合の際、法度にのっとった座次は用いられていなかったのである。それに加えて、くじ引きで座次を決定するという方法もとられていない。これでは法度が守られていないことになるが、この状況に対して秀吉からは罰則はもとよりなんらかの指示や命令が出された様子はうかがえない。「法度」とは言っても、そこには法的な拘束はなく、実効性は低かった。

秀吉が定めた座次規定は、その後の座次へのガイドライン・ひな型としても有効的ではなかったといえる。また、堂上公家衆の座次に目を向けると朝廷内の既存の身分秩序・序列にのっとっており、それが文禄年間にいたっても生きつづけていたことがわかる。

秀吉は信長とは異なり、家臣や臣従した大名たちに朝廷の官位を与え、関白たる自身を頂点にした身分秩序を構築した。朝廷の官位に対する姿勢は、信長に比して積極的だったといえよう。だが秀吉にとって、朝廷内の伝統的な身分秩序への介入といった方法で朝廷・公家衆を掌握することは難しく、介入しえない一面もあったのではないだろうか。

これまでの研究では「秀吉による裁定イコール公家社会への権力行使・介入」と捉えられることが多かったが、規定後の座次の様子もふまえると、かかる評価はあてはまらないことがわかる。

のち、朝廷内の「秩序」は徳川政権期にいたり、「禁中並《きんちゅうならびに》公家《くげ》中諸法度《ちゅうしょはっと》」（元和元年〈一六一五〉制定）で明文化された（同法度第二・第三・第十三条）。その中では、三公《さんこう》（太政大臣《だいじょうだいじん》・左大臣《さだいじん》・右大臣《うだいじん》）—皇太子以外の親王—前官の大臣—諸親王という序列、そして門跡間は親王門跡—摂家門跡という序列が規定され、座次もこのとおりとなった。以上の「序列」は、家康と公家衆の談義を経て決まった。「序列」つまり座次が条文化された点で、「禁中並公家中諸法度」は、秀吉が制定した「法度」に比べて、より厳密化していることがうかがえる。

3　秀吉が期待した天皇・公家像

天皇家との縁戚関係

関白任官後の秀吉は、積極的に天皇家と縁戚関係を結んでいった。まず、関白任官の翌年（天正十四年〈一五八六〉）十一月、秀吉は近衛前久の娘前子《さきこ》を自身の養女に迎え、即位したばかりの後陽成《ごようぜい》天皇の女御《にょうご》として入内《じゅだい》させている（『お湯殿《ゆどの》の上《うえ》の日記《にっき》』天正十四年十二月十六日条。巻末【系図3】参照）。

天皇や皇太子の「正妻」である皇后・中宮《ちゅうぐう》は、南北朝時代以降約三百年にわたり、経済的な理由や朝廷の機構の変化によって冊立《さくりつ》（勅命によって皇后を正式に定めること）がなされずにいた。女御とは皇后の予備的な地位であるが、同じくその制度は中絶していた。前子の入内によって、女御の制度が復活したのである。従来、皇后・中宮には天皇家の娘か、摂関家出身の女性が立てられていることが多い。関白となった秀吉も、この点を意識して前子の入内を進めたのだろう。

また秀吉は当初、実子に恵まれなかったため、後陽成天皇の同母弟の六宮《ろくのみや》（幼名胡佐麿《こさまろ》、のちの八《はち》条宮智仁親王《じょうのみやとしひと》）を猶子とした（『桂宮系譜《かつらのみやけいふ》』）。この六宮に対して、秀吉は天正十六年（一五八八）四月、自身が洛中で知行（所有および支配）していた屋地子《やじし》（地代）のうち三百石を「関白領」として贈与している（「天正十六年四月十五日付六宮宛豊臣秀吉判物《はんもつ》」）。ここから、秀吉は六宮を将来、関白職を継承する者と見なしていたことがわかる。同時に、これは豊臣家が関白職を独占的に世襲するための布石でもあった（巻末【系図1】参照）。

このようにして秀吉は天皇家の縁戚となったわけであるが、現存の史料を確認した限り、前子や六宮を通して朝廷を支配する、といった様子はうかがえない。

公家衆への期待

天皇家と縁戚関係を結び、かつ公武で役割分担を行いながら（神田裕理二〇一一C）政務運営を果たしていた秀吉は、公家衆に対してさらなるはたらきを期待している。

天正十六年（一五八八）四月、秀吉は前年九月に完成した京都内野《うちの》の城館（＝聚楽第《じゅらくだい》。秀吉の政庁兼邸宅）に、後陽成天皇を迎えた（＝聚楽第行幸《じゅらくだいぎょうこう》）。ちなみに、「臣下」の屋敷への行幸（天皇の外出）は、応永十五年（一四〇八）時（後小松《ごこまつ》天皇の、室町幕府第三代将軍足利義満《よしみつ》の北山殿《きたやまどの》への行幸）、永享九年（一四三七）時（後花園《ごはなぞの》天皇の、第六代将軍義教《よしのり》の室町殿《むろまちどの》への行幸）以来のことである。秀吉は、これらの先例を参考にして、行幸の準備にあたったという（『聚楽亭行幸記』）。

行幸に際して後陽成天皇につき従った公家衆と後宮《こうきゅう》に仕える女房《にょうぼう》たち、そして門跡に対しては、秀吉からそれぞれ知行地が宛行《あてが》われた。この知行宛行《ちぎょうあてがい》（割り当てられた土地の所有と権利の保障）の意義・目的は、朝廷の経済基盤のさらなる安定化をはかることにあった。

注目すべきは、この知行宛行にすべての公家衆や門跡が果たすべき役割（「役《やく》」）が明記されている点である。逆に言えば、「役」の反対給付として知行が宛行われたのである。

すべての公家衆・門跡に対する一律な知行宛行と「役」の規定は、秀吉の時代、天正十六年にいたって初めてなされた。対公家政策としてようやく完成形を見たのである。というのも、秀吉が知行宛行と役の規定を行ったのは、これが初めてではないからである。

この約二年半前の天正十三年十一月に、秀吉は自身の権力基盤の確立のため山城国《やましろのくに》（現、京都府）で検地《けんち》（田畑の面積・収穫高を調査すること）を行っている。検地の対象には、公家・寺社の領地全体も含まれており、秀吉は彼らの所領の再編を行い、それぞれ知行地を宛行った。これは、公家衆の経済基盤の安定にもつながっただろうが、知行宛行を通して、公家衆・門跡衆を豊臣政権の知行編成・知行体系内に取り込む意図もあった（山口和夫一九九六）。

すでに、この天正十三年時の知行宛行時には清華家以下の公家衆には「朝役《ちようやく》」（朝廷に奉仕する役割・役目）を、門跡には「勤行《ごんぎよう》」（祈禱《きとう》）と、それぞれ果たすべき「役」が課されている。だが天正十三年時点では、摂家には「役」の規定がいまだなされておらず、摂家とそれ以下の公家衆との家格の格差による違いが目立っている。公家社会の中での身分秩序や家格の格差は当然存在しており、公武の頂点に立ち、実際に知行宛行も行ってはいるが、関白任官まもない秀吉は家格秩序に配慮する必要があったと思われる。ようやく天正十六年時点にいたり、内実ともに秀吉の政治的立場が盤石となり、家格差への意識が薄まったのであろう。なお、知行宛行と「役」の規定については、前後の時代と比較しながら、後でも述べる。

飛鳥井家の蹴鞠
（歴博甲本「洛中洛外図屛風」より／国立歴史民俗博物館所蔵）

望まれた公家像

話を天正十六年（一五八八）時に戻そう。天正十六年に出された知行宛行状には、「いよいよ御奉公に励まれ、其の家の道々をあい嗜《たしな》まらるべきの状（原漢文）」（『近衛文書』一）、つまり「朝廷のために御奉公に励み、家の道々を嗜むように」と規定されているが、この「家の道々」とは具体的に何を指すのであろうか。

摂家を含む公家衆と門跡という僧籍にある者（僧侶）に等しく規定された「家の道々」には、二つの意味が含まれている。

一つは、公家の「家」に伝わる学問・芸能（たとえば上《かみ》冷泉《れいぜい》家に伝わる和歌・飛鳥井《あすかい》家に伝わる蹴鞠《けまり》など）を示す意味（＝「家業《かぎょう》」）である。門跡の場合は、仏事に携わること、すなわち勤行がそれに相当する。そして、もう一つは、この「家業」や勤行を通して朝廷に奉仕する役割・役目という意味（＝「朝役」）である。

つまり、公家衆にとっての「家の道々」とは「家業」＋

「朝役」である。同じく門跡にとっての「家の道々」は、「勤行」＋「朝役」である。つまり門跡には、天皇や朝廷を護持するための祈禱が求められた。公家衆に対しては、「家」に伝わる学問や芸能を身につけ、それを朝廷の政務運営や諸行事の場で発揮することが望まれたのである。

秀吉自身は、朝廷内の政務には携わってはいない。天正十三年に持ち上がった伊勢神宮の遷宮前後相論《せんぐうぜんごそうろん》（遷宮の順番をめぐる相論）の裁定においても、朝廷（天皇）が最終的な裁決を下し、秀吉は裁決の内容を保証しその遵守を命じる、といった相互補完的な役割分担がなされていた（神田裕理二〇一一C）。だからこそ、朝廷の政務運営を担う公家衆が滞りなくその任務を果たすべく、「家の道々」が定められたといえる。「家の道々」を全うする公家、これが秀吉の求めた公家像なのであろう。

公家社会の秩序再編

聚楽第への行幸時、秀吉は後陽成天皇に対して公家への支配権を強化している。すなわち、「家の道々」を務めず奉公を怠った公家衆に対して、天皇には「叡慮《えいりょ》」すなわちその意向に沿って、知行地の没収・再配分といった処罰を与える権限が保証されたのである（『聚楽亭行幸記』）。

このような「家の道々」の規定、それによる朝廷への奉公、および天皇による公家衆への支配権の強化を通して、秀吉は天皇を中心とする朝廷や公家社会の秩序を再整備したのである。

また、この「望まれた公家像」に反した動きに対しては、朝廷・武家（秀吉）ともに「制裁」を行っている。のち、秀吉が朝鮮出兵を始めた天正二十年（一五九二）、摂家のトップである近衛家嫡男《ちゃくなん》の信輔は朝鮮への同道を望み、二度にわたって秀吉のもと（肥前国名護屋《ひぜんのくになごや》、現在の福岡県）に赴いている。右の信輔の行為の背景には、前年に関白職が秀次の手に渡ったこと、左大臣の地位も失ったことによる失意の結果とも見なされている（山口和夫一九九六）。

「武家への奉公」を求めた信輔に対し、秀吉は弾劾《だんがい》した（『駒井日記《こまいにっき》』文禄三年〈一五九四〉四月十三日条）。あわせて信輔の不行跡《ふぎょうせき》を後陽成天皇に奏上《そうじょう》（天皇に申し上げること）した結果、信輔は勅勘《ちょっかん》（天皇から受けるとがめ）を蒙《こうむ》り薩摩国《さつまのくに》（現、鹿児島県）へ配流《はいる》となった（『多聞院日記《たもんいんにっき》』文禄三年四月十三日条）。この例から、秀吉が求めた「家の道々を全うし、朝廷へ奉仕する公家像」は、天皇にも受け容れられていたことがわかる。

秀吉の新規性

実は、公家に対する「役」の規定は信長の時代からも見られる。かつて信長も天正五年（一五七七）十一月、その年の正月に父親（土御門有脩《つちみかどありなが》）を亡くした土御門久脩《ひさなが》に対し、先祖代々の若狭国《わかさのくに》（現、福井県）にある先祖代々の領地を相続することを認め、あわせて「家業の励行」を命じている（『土御門文書』二）。

この時代、公家衆の家督《かとく》継承に際しては、天皇が家督人を認定し家門《かもん》（家記・家業・家屋・諸道具・寺院など）の相続を承認し、武家は天皇の命令を受けて家領《けりょう》の安堵《あんど》（所有権・知行権の承認）を行うのが基本的なあり方だった（水野智之二〇〇五）。このあり方は、足利義輝《よしてる》・義昭ら室町幕府将軍をはじめ、一時、京都の政局を握っていた三好《みよし》氏一族（三好長逸《ながやす》）にも継承されている。

だが天正五年にいたり、信長の政治的立場が高まったことによって武家（信長）が家領相続の安堵とともに家業励行を命じるようになった。三年後の天正八年には、花山院家雅《かざのいんいえまさ》に対して家領の相続を承認し、「朝役」励行を命じている（『古文書纂』廿九）。このありようは足利将軍が行っていた安堵のあり方とは異なるものであり、信長の公家衆への安堵は家領にとどまらず家門全体にまで及ぶようになっていた。これは、公家衆の家門に対する信長の積極的な関与と捉えられる。

とはいえ、信長の行為は例外的なものであった。土御門久脩の場合、当時の土御門家が本来の家業である陰陽道《おんみょうどう》に加え、縁戚にあたる勘解由小路《かでのこうじ》家の家業である暦道《れきどう》をも習得しなくてはならない状況下にあったからである（『言継卿記《ときつぐきょうき》』天正四年十月二十四日条）。当時、勘解由小路家の当主在高《ありたか》が十三歳という若年であったため、久脩には彼を支える必要が生じていた。たんに代替わりを意味するものではなく、両家の家業の継承が久脩一人の肩にかかっていたのである。正親町天皇はもちろん、信長もまた土御門家から戦場での日時・方角の吉凶について勘進《かんしん》（調査し報告すること）を受けていた可能性もあることから（『言継卿記』元亀元年〈一五七〇〉九月十日条）、同家の家業の必要性は認識していたであろう。土御門久脩に対する「家業」励行の命令は、陰陽道・暦道の継承を保証する意味を持っていたのである。かつ、これは土御門家をめぐる状況に即した、あくまで個別的なものに過ぎなかった。また、天正八年に示された「朝役」励行も、やはり公家衆全体に向けてなされたものではなかった。

第二部第一章で見たように、信長もまた改元や勅命講和《ちょくめいこうわ》など朝廷の政治的機能は利用しており、公家衆に一定の政治的な役割を担わせていた。ただ、織田期の段階では「家業」「朝役」励行命令は、対公家政策としては未成熟なものであったといえる。先にも述べたように、すべての公家衆が励行命令の対象となった豊臣期の天正十六年にいたって、これは対公家政策として完成されたのである。

秀次・家康と「家業励行」

家業や朝役を重視し、公家衆にそれを命じる傾向はのちにも続き、最終的には法令となって現れる。秀吉の甥で養嗣子《ようしし》の秀次《ひでつぐ》が関白であった時期の文禄二年（一五九三）にも、「家業励行」の命令が出されている（『諸家々業御沙汰覚《しょけかぎょうごさたおぼえ》』）。これは、秀次が後陽成天皇に奏上して勅命《ちょくめい》（天皇の命令）として出されたものである。公家の家業衰退を憂え、その隆盛を目指そうとする後陽成天皇の意向に沿うかたちで、秀次は家業再興を目してこの命令を出している。この時、秀次は朝廷内で毎月、漢詩《かんし》の会合を開くように提起するなど、家業の隆盛に向けての具体的なプランと朝廷への奉仕を示すとともに、家業に励んだ公家衆には褒賞《ほうしょう》として領地を与えることも表明している。このあり方は、秀吉のそれと共通する。ここから、秀次もまた秀吉の対公家政策を継承していたことがうかがえる。

さらに秀次が切腹した事件（＝秀次事件）の直後、文禄四年八月三日には事件の善後策として、「御《お》掟《きて》」五ヵ条と「御掟追加《おんおきてついか》」九ヵ条が公布された。これは、豊臣政権が制定したほとんど唯一の体系的な法令であり（三鬼清一郎一九八四）、先の「諸家々業御沙汰覚」を一歩進め、しかも諸門跡も含めて法令化したものである（橋本政宣一九九三）。この「御掟追加」の第一ヵ条目には、すべての公家衆とすべての門跡衆に「家々道」を務めることによって、朝廷を通して豊臣政権に奉仕することを規定し、違反した者には厳罰を下すことを明記している（「豊臣《とよとみ》家《け》五大老《ごたいろう》連署《れんしょ》条目《じょうもく》追加《ついか》」『浅野《あさの》家《け》文書《もんじょ》』所収二六六号文書）。この段階にいたって、初めて「家々道」が「法」として示されたのである。信長段階とはまったく異なった状況となったことがうかがえよう。

その一方で、「法」として示されたことにより、「家業」「朝役」の規定は、武家による対朝廷・公家への一方的な統制策、と捉えられがちである。だが、「役」の規定が朝廷の実態や天皇の意向に沿ってなされていることをふまえると、そのような理解は一面的なものであることが理解できるだろう。

また豊臣期の「御掟追加」は、のちに江戸幕府（徳川政権）が慶長十八年（一六一三）六月十六日付で制定した「公家衆諸法度」にもつながっている（『御当《ごとう》家《け》令条《れいじょう》』巻二）。この「公家衆諸法度」では、まず第一に家業の奨励を規定し、つづいて行儀や法度の遵守《じゅんしゅ》や禁裏小番の勤務の徹底を規定している。公家衆個々の家業や学問および行儀や法度の遵守などの項目から、徳川政権下でなされた対公家政策は豊臣期と比べ、より公家の個人的な行動面を重視して規定しているように思われる。それでも第一条目で、「公家衆はそれぞれの『家』に伝わる学問について、昼夜を問わず務めること」と規定されていることからわかるように、基本的には豊臣政権が打ち出した家業（＝学問）と朝廷への奉仕を公家衆の果たすべき役割とした政策を根底にしていたことがわかる。その意味で、徳川政権下での法令化のさきがけにもなった秀吉の対公家政策は、新規性があったといえよう。

第二章　豊臣政権と天皇・公家衆との交流

1　秀吉に対する挨拶儀礼

つぎに、豊臣秀吉《とよとみひでよし》と天皇・公家衆との関係を儀礼面から探っていこう。儀礼面に注目した理由は、先にも述べたように、儀礼は実際の政治権力の行使や、政治的な支配にも反映するものだからである。

さらに先に検討した、儀礼面から捉えた足利《あしかが》将軍や織田信長《おだのぶなが》と天皇・公家間の関係をもとに、秀吉—天皇・公家間の関係を探り、それらを比較することで、足利将軍・信長・秀吉それぞれの朝廷対応の特質が浮かび上がってこよう。

上洛見舞の礼

秀吉は、天正十一年（一五八三）三月の賤ヶ岳合戦《しずがたけかっせん》で柴田勝家《しばたかついえ》を破り、翌年の小牧《こまき》・長久手《ながくて》合戦での実質的な勝利によって、信長の後継者としての地位に立った。京に住む公家衆もまた、このような秀吉の立場の変化を敏感に見てとり、態度に表している。公家衆の秀吉に対する挨拶儀礼（＝参礼《さんれい》）から、その様子を探っていく。

秀吉に対する参礼は、上洛《じょうらく》見舞の礼・叙任《じょにん》時の礼・年中行事の礼の三種類に分けられる。ではまず、「上洛見舞」から見ていこう。

秀吉が上洛した際、公家衆は「上洛見舞の礼」として、路次《ろじ》で秀吉を迎えるほか、秀吉の宿所に赴いている。このような「上洛見舞の礼」が初めて行われたのは、秀吉がまだ官位についていない天正五年（一五七七）である。もっともこの時は、大々的になされたわけではなかった。参礼者も吉田社《よしだしや》の神官吉田兼見《かねみ》と兼治《かねはる》父子のみであることから、この参礼は個人的な行為といえる（『兼見卿記《かねみきょうき》』天正五年十月二十二日条）。

上洛見舞の礼が多く行われるようになったのは、信長横死後、秀吉が「弔い合戦」として明智光秀《あけちみつひで》を破った山崎合戦《やまさきかつせん》（天正十年六月）以降である。参礼の公家も、個人的な関係がある者ばかりではなく、おおむね羽林家《うりんけ》・名家《めいか》クラスのいわば中流公家が中心となっていった。山崎合戦後、参礼が増えたことは、秀吉が信長の後継者としての地位に立ったことを示している。よって、彼ら公家衆はかつて信長が行ったような経済基盤の安定化をはかる政策の実施も望むようになった（『兼見卿記』天正十年十二月四・五日条、同十一年五月十八日条など）。新たな武家権力者に対しては、かかる期待もあることから、公家衆は秀吉が無位《むい》・無官《むかん》ではあったものの、上洛見舞に赴いたのである。

このように上洛見舞は、武家権力者と接触し、関係を構築するため、公家の自発的な意志にもとづいて行われていた。一方、秀吉側は公家衆に対して、上洛見舞の命令・強制といった、積極的なはたらきかけはしていない。この様子は、かつての信長を彷彿《ほうふつ》させるものがある。

形態の変化

上洛見舞の礼は、このとおり秀吉の政治的地位の変化に密接に関わっている。先に述べたように、天正十二年（一五八四）十一月以降、秀吉は急速に官位昇進を遂げている。この叙任を境として、上洛見舞の形態にもろもろの変化が表れている。

たとえば、叙任以降、秀吉の宿所に赴く「礼」（より丁寧な行為）が増加するほか、関白任官《かんぱく》（天正十三年七月）後は、公家の最トップ層である摂家《せっけ》も参礼を行うようになった。関白任官を境に、参礼者の人数ばかりではなく、顔ぶれも多彩化しているのである。

このような変化は、公家衆が官位上でも公武の頂点に立った秀吉を意識し、それに対応して表れたもの、と捉えられる。

もっとも、秀吉にとっての「関白」は「天下」支配者の地位を形式的に示す名分に過ぎない、という見解も出されている（池享二〇〇三）。しかし公家側から見ると、関白任官を境とする変化は、「関白」の地位に対応したものといえる。公家衆の意識において、関白―堂上公家《とうしょうくげ》（内裏清涼殿《だいりせいりょうでん》に昇殿《しょうでん》できる廷臣一般《ていしん》）という官位にもとづく身分秩序（上下関係）が根強く存在していることがうかがえ、それが武家権力者への対応にも影響したことを示しているのではないだろうか。この点については、他の参礼の様相もふまえてさらに検討していきたい。

叙任時の礼

参礼には、秀吉の叙任に際してのものもある。以下、叙任の際の参礼の状況を追いながら公家衆の動きを見ていこう。また、叙任は秀吉自身の位置・立場に直接関わることであるから、秀吉の意識および公家衆の意識にも目を向けたい。

叙任時の参礼が初めて史料上に現れるのは、天正十二年（一五八四）十一月の従三位《じゅさんみ》権大納言《ごんのだいなごん》の叙任時である。この時、秀吉のもとへは清華家《せいがけ》（摂家に次ぐ家格《かかく》）以下の公家衆が、叙任を祝う礼に赴いている（『兼見卿記』天正十二年十一月二十二日条）。翌十三年三月正二位《しょうにい》内大臣《ないだいじん》叙任時にいたると、門跡《もんぜき》のほか摂家も参礼に赴くようになり（『兼見卿記』天正十三年三月十一日条）、同年七月の従一位《じゅいちい》関白《かんぱく》任官に際しても、門跡と摂家以下の公家衆が参集している。この時、公家衆は家格（家の格式）に従って、家格の高い順に礼を行っている（『兼見卿記』天正十三年七月十二日条）。

ここにいたって、参礼の場に摂家や門跡などいわば公家社会のトップクラスの者も姿を現すようになった。彼らの登場による参礼者層の拡大・顔ぶれの多彩化は、上洛見舞時の参礼より時期的にやや早く、内大臣叙任時より確認できる。

叙任時の参礼もまた、当初は公家衆の自発的な意志によるものであり、秀吉からのはたらきかけといった様子はない。だが、関白任官時に秀吉はそれまでとは異なる対応を見せている。この時、初めて秀吉は自ら公家衆との対面を持ちかけているのである（『兼見卿記』天正十三年七月九日条）。

では、なぜこの時にいたって秀吉は公家衆と対面しようとしたのだろうか。関白任官によって、秀吉は公武の頂点に立ったが、近衛《このえ》家と猶子《ゆうし》縁組（財産相続を目的としない仮の親子関係）を結んだうえでの任官であるから、形式的にはなお摂家とは同列に位置づけられる。よって、秀吉は公家衆から礼を受け、その様子を彼らに見せることで、自身の権力と、朝廷・公家社会内部で「関白」としての立場を明確に示したのであろう。

公家衆の認識

ところで、公家衆は叙任時の礼をどのように受け止めていたのだろうか。ここで、やや時間をさかのぼって戦国時代の様子を見てみよう。戦国期の関白任官時の礼を見ると、摂家出身の「公家関白」が任官した場合、祝いのため礼に赴いたのは、摂家と一種の主従関係（＝家礼《かれい》関係）を結んでいた者を中心としたごく二、三名の公家にとどまる。

また、足利将軍の将軍任官時に際しても、祝いの参礼を行ったのは昵近衆《じっきんしゅう》（武家昵近公家衆）と呼ばれる足利将軍家に仕えた公家、つまり将軍と近い関係にあった公家のみであった。秀吉の内大臣や関白任官時のように、公家衆全体が参礼する、といった様子ではない。

このように比較すると、秀吉への叙任時の礼、とくに関白任官時のそれは、やはり武家権力者が「関白」に任官し、公武双方の頂点を極めた、という秀吉の立場を意識してのものであったといえる。

一方、豊臣期において、武家の叙任時に公家たちが集団となって参礼を行ったのは、秀吉一族の羽柴《はしば》秀長《ひでなが》（秀吉の同母弟）・秀次《ひでつぐ》（秀吉の甥で養嗣子《ようしし》）をはじめとする十名の武将が公家成《くげなり》（従四位下侍従《じゅしいのげじじゅう》か従《じゅ》五位下《ごいのげ》侍従に叙任）を果たした時に限られる（『兼見卿記』天正十三年十月八日条）。さらに、公家と門跡による参礼が行われたのは、慶長三年（一五九八）四月の秀頼《ひでより》（秀吉の息子）の従二位権中納言《じゅにいごんのちゅうなごん》叙任の時のみである（『義演准后日記《ぎえんじゅごうにっき》』慶長三年四月二十四日条）。

注目すべきは、天正十九年（一五九一）十二月に秀吉の後継者として甥の秀次が関白に任官した折も、公家衆は秀次のもとへ赴いて行う参礼を行わず、秀次の参内《さんだい》時（任官御礼）に禁裏《きんり》の門外で礼を行ったに過ぎなかったことである（『兼見卿記』天正十九年十二月二十七日条）。また、かかる公家衆に対して秀次が参礼を強制することもなかった。

したがって豊臣期において、参礼の対象はほぼ秀吉に限定される、といってよいだろう。これは、公家衆があくまで豊臣政権内での最高権力者は秀吉と認識していた、ということを示すものである。

年中行事の礼

また、秀吉に対しては年中行事に際しても参礼が行われるようになった。これに相当するのは、年始の挨拶である「年賀」や、八月朔日に日ごろ恩恵を受けている人に対して謝意を表し関係を深めるという社交行事の「八朔《はっさく》の礼」などである。

「年賀の礼」は、秀吉の関白任官後初めての正月つまり天正十四年（一五八六）から始まり、同十九年まで計五回、行われている。「八朔の礼」も同様に、天正十四年八月一日に始まり、同十五年、同十九年、同二十年と、四回確認できる。なお「八朔の礼」のうちの一回は、秀吉の大坂城への帰城時の礼と兼ねてなされている（『兼見卿記』天正二十年八月四日条）。

関白任官後から始まった年中行事に際しての礼はいずれの場合も、摂家や門跡といったトップクラスを含めた公家衆が秀吉のもとに赴いている。このような参礼のありようは、先に見た「上洛見舞」の礼の形態変化（＝摂家の参礼が関白任官時から見られるようになったこと）と、同様といえる。やはり同じく、このような場合、秀吉側から公家衆に向けて、参礼の強制といったはたらきかけはなされていない。参礼は、いずれも公家衆の自由意志によるものだったのである。

注目すべきは、年賀・八朔の参礼がいずれも秀吉が関白を退き太閤《たいこう》（摂政《せっしょう》・関白を退いた者に対する呼称）となった時期（天正二十年から慶長三年〈一五九八〉）にいたると、確認できない点である。この時期に、公家衆から参礼を受けたのは、豊臣家の家督《かとく》を嗣《つ》ぎ天正十九年十二月に関白・左大臣に任官した秀次であった（『時慶記《ときよしき》』文禄二年〈一五九三〉正月四日条など）。その後、秀次は謀反《むほん》の疑いをかけられたなどさまざまな理由から自ら切腹するにいたった（『お湯殿《ゆどの》の上《うえ》の日記《にっき》』文禄二年七月十六日条、『言経卿《ときつねきょう》記《き》』同日条など）。

しかし、秀次自刃《じじん》後にいたっても、秀吉に対する参礼は復活・再現されなかったのである。ここから、公家衆は秀吉・秀次の「関白」という地位・立場を重視しており、「関白」に対して礼を行っていたことがわかる。

参礼の持つ三つの意味

以上の秀吉と秀次に対する参礼は、「公家関白」に対する参礼と共通する。再度、時間軸を巻き戻し、戦国時代の「公家関白」に対する参礼の様子にも触れよう。

戦国時代、現任の「公家関白」に対する年賀の参礼は確認できるものの（『宣胤卿記《のぶたねきょうき》』文明十三年〈一四八一〉正月四日条、同長享三年〈延徳元年、一四八九年〉正月八日条など）、管見の限り、「公家関白」がその職を退いた後、前関白＝太閤に参礼している様子は、確認できないのである。やはり公家衆は、関白―堂上公家（一般の公家）という身分秩序にもとづいて行動していたのである。

このように見ると、公家衆による秀吉への参礼には、三つの意味があったことがわかる。まず一つ目としては、信長の時にも見られた武家権力者に対する礼、二つ目には豊臣政権内部での最高権力者に対する礼である。そして、それらの意味ばかりではなく、秀吉の「関白」の地位・立場に対する礼としての意味もあったことが読みとれよう。

これまで、秀吉への参礼は武家権力者に対するたんなる追従《ついしょう》、「ごますり」と見なされてきた。しかし、公家衆の認識では秀吉との関係を、関白―堂上公家という、官位・家格にもとづく伝統的な身分秩序の枠組みで捉えていた面もあったのである。

2　秀吉―朝廷間の贈答

秀吉から朝廷への献上

秀吉―朝廷間でモノのやりとりが行われたのは、天正十一年（一五八三）のことである。閏正月に、正親町《おおぎまち》天皇は秀吉に対し布十帖と薫物《たきもの》十貝を下賜《かし》している（『お湯殿の上の日記』天正十一年閏正月十六日条）。これは新年を祝しての下賜であろうが、秀吉に対してのみ行われていることから、朝廷は信長横死後の旧織田家内部の者のうち、秀吉に期待を寄せ、接近しようとしていたことがうかがえる。

このような朝廷の姿勢がよりクリアになるのは、同年五月にいたってからであろう。秀吉は時の天皇である正親町天皇から太刀を、その第一王子（事実上の皇太子）である誠仁《さねひと》親王から、薫衣香《くのえこう》（衣服にたきしめるための薫物）五十袋が贈られている（『兼見卿記』天正十一年五月三日条）。この時、秀吉から天皇へ礼状が出されているが、その内容によると、これは賤ヶ岳合戦の戦勝を祝っての下賜であったことがわかる。

先にも述べたように、前年（天正十年）の本能寺《ほんのうじ》の変《へん》後、秀吉は信長の後継者としての地位を獲得すべく、合戦を遂行していく。天正十一年の賤ヶ岳合戦は、後継者決定の最終戦である小牧・長久手合戦の前段階であった。その賤ヶ岳合戦で旧織田家の重鎮であった柴田勝家を破った秀吉は、信長の後継者としての地位を手中にすることができた。朝廷も、そのことを認識したのであろう。秀吉がこの時期を境に、またたくまに官位昇進を遂げていることも、その表れだろう。

すでに戦国時代から、朝廷は武家の抗争によって危機に陥らないように、勝敗が決しない段階では、対立する武家のいずれにも接触を持たないのが常である。秀吉の勝利によって、彼の地位の変化を見て取った結果、この下賜が行われた。このようなモノのやりとりを通して、武家権力者の動向、それに対応する朝廷の姿が明確に浮かび上がってくるのである。

叙任時の献上

以後、秀吉―朝廷間の贈答が増えてくるのは天正十三年（一五八五）以降である。これは、秀吉の叙位任官がきっかけとなっている。

すでに前年（天正十二年）十月に従五位下左少将に任じられていた秀吉は、翌月、従三位権大納言へと昇進している。だが、秀吉が叙任時に朝廷へ礼として献上《けんじょう》を行ったのは、天正十三年三月の従二位内大臣への任官時とやや遅れる。この任官によって、秀吉は室町幕府第十五代将軍義昭《よしあき》や信長の子織田信雄《のぶかつ》の官位を凌《しの》ぎ、名実ともに武家の最高権力者の地位に立ったといえよう。

従二位権大納言への叙任の礼として、秀吉は参内のうえ、正親町天皇に対面し、太刀代折紙《たちだいおりがみ》（太刀に添える目録）・銀百枚を献上した。つづいて誠仁親王にも対面し、太刀代折紙・銀五十枚を、和仁《かずひと》親王（誠仁親王の第一王子）にも太刀代・銀二十枚をそれぞれ贈っている（『兼見卿記』天正十三年三月十日条）。

太刀代・銀は、叙任時の献上品として定例化した品目であり、室町幕府の殿中礼法書《でんちゅうれいほうしょ》である『道照愚《どうしょうぐ》草《そう》』（永禄年間〈一五五八～七〇年〉に成立）にも記載されているものである。よって、かつての足利義《よし》輝《てる》・義栄《よしひで》・義昭ら足利将軍も、それぞれ将軍任官時にこれらの品々を献上している。

一方、信長の場合は、これらの品々に加えて、砂金《さきん》・沈香《じんこう》・巻物《まきもの》などを添えている。また秀吉も、天正十三年七月従一位関白任官の折は、白鳥や錦《にしき》・料紙《りょうし》も献上している（『兼見卿記』天正十三年七月十一日条）。

このように、信長および秀吉の叙任時における献上品は、基本的には故実《こじつ》をふまえているものの、独自性も表れている。この点からも、信長および秀吉は、室町将軍権力を継承しない政権構想を有していたことをうかがわせよう。

年賀の献上

関白任官後、秀吉―朝廷間の距離はより近くなった。参内の回数も増え、その折には献上も行っている。たとえば、秀吉は関白任官後初めての正月（天正十四年〈一五八六〉）から、年賀のため参内を行いはじめ、それは養嗣子の秀次に関白職を譲る天正十九年まで続いた。

いうまでもなく、贈答儀礼や年中行事において新年は大きな意味を持つ。秀吉は自らの政権を構築していくうえで、官位秩序にもとづいた大名編成を行い、自身は関白に任官して天皇に臣従するかたちを選んだのであるから、年頭に主人である天皇に挨拶することはある意味、当然といえよう。さらに、年賀にあわせ、秀吉配下の武家衆が官位叙任の御礼を言上するため、秀吉につき従って参内することもあった。（矢部健太郎一九九八）。

年賀のため参内した秀吉は、あわせて献上も行っている。その品々は、縑《しじら》（絹織物）・白鳥・鶴・馬・太刀・銀・杉原紙《すいばらし》などであるが、とくに鶴・白鳥が献上された意味は大きい。鶴は雉子《きじ》・雁と並ぶ三鳥の一つに数えられており（『庖丁聞書《ほうちょうききがき》』）、また時代は下るが元禄年間（一六八八～一七〇四年）に記された『本朝食鑑《ほんちょうしょっかん》』（日本の食物全般について、滋味・食法などを詳述した書物）によれば、鶴は千年を生きる仙獣であり、食すれば長寿の薬と称えられていた。

かかる意識は、おそらく織田・豊臣時代においても確立していただろう。とくに、正月に鶴を献上したことの意味は大きい。朝廷の正月行事の一つに、鶴庖丁《つるぼうちょう》というものがある。これは、正月十七日（のち十九日）に清涼殿（天皇の住居）の東庭で、徳川《とくがわ》将軍から献上された鶴を料理して天皇に供する行事である。この行事は江戸時代に確立したとされているが、実は信長の時代から始まっている（『晴豊公《はれとよこう》記《き》』天正十年二月二日条）。おそらく秀吉もこの行事を念頭に置いて、年賀参内に合わせて鶴を献上したのではないだろうか。

のち、関白職が譲られた秀次もまた、年賀に参内し献上を行っている。秀次は天正十九年十二月、関白任官に際して秀吉から「朝廷に対し心を込めて奉公すること」（「覚《おぼえ》」『本願寺文書《ほんがんじもんじょ》』）という訓戒を授けられた。加えて翌年、秀吉が肥前国《ひぜんのくに》名護屋城《なごやじょう》へ出兵した際、留守を守る秀次は「毎月の参内」（『日々記《にちにちき》』天正二十年三月二十六日条）を命じられている。結果的には短い就任期間になったとはいえ、秀次の年賀参内が続けられていたことは、関白としての「奉公」の一環だったからであろう。

興味深いのは、秀次の関白就任期間、秀吉の年賀参内は文禄二年（一五九三）の一回を数えるのみであり、それが復活したのは秀次の死後、慶長二年（一五九七）と翌三年という秀吉の最晩年にいたってから、という点である。関白職を退いてのちの秀吉の年賀参内と献上は、関白在任中と比較して不規則になっていたことがわかる。この理由の一つとして、当時、秀吉が前関白《さきのかんぱく》という官職体系の枠組みの外側に身を置いていたことがあげられる。

また、他の武将（武家衆）が年賀に参内して献上を行った事例は、二、三例にとどまっている。あるいは、武家衆が正月に参内した場合であっても、その目的は叙任の御礼言上であった（『お湯殿の上の日記』文禄四年正月一・六日条など）。先にあげたように、太閤秀吉の参内および献上が不規則になっていたことも考えあわせると、この時期、年賀参内とそれに伴う献上は、「関白」が行うという身分的な限定や意識があったといえよう。

行事の折の献上

先にも述べたように関白任官後、秀吉―朝廷間の距離は縮まった。日常的な献上、たとえば初物（初瓜・初鯨・鮭）や領国の名産物（美濃《みの》の真桑瓜《まくわうり》など）、鷹狩《たかが》りの獲物など、折にふれた献上もなされるようになった。

そのほか、関白任官後は秀吉の主催によるさまざまな行事も行われるようになり、この時にも献上がなされている。たとえば、前例のない禁中茶会（天正十三年〈一五八五〉・同十四年の二回開催）や能会（天正十三・十四年、文禄二年〈一五九三〉・同三年、慶長元年〈一五九六〉の五回開催）などが、それにあたる。

秀吉は、これらの行事に入れこんでいたようである。茶会や能会は、秀吉の興が高じて朝廷に持ち込まれ開催するにいたったのであるが、茶会では秀吉自らが茶を点《た》てる、能会ではのちに（＝文禄年間以降）秀吉自身も演じるほどであった。とくに秀吉の能への傾倒は甚だしく、東国出陣（天正十八年）・名護屋出陣（天正二十年）に際しても、能舞台を携えて軍中に赴いている。

ただ、禁中での茶会・能会はたんに秀吉の愛好から開催されたわけではなく、その目的は叙位任官を受けた武家衆を摂家以下の公家衆に披露することであったという。そして彼ら武家衆は秀吉と共に能や狂言を演じ、公家衆との文化的な交流をはかっていた（矢部健太郎一九九八）。

かかる茶会や能会の折の献上を見ると、天正十三年（一五八五）十月の茶会の際には、茶碗や茶杓《ちゃしゃく》など茶会に使用した茶道具が贈られている。一方、能会（文禄三年・慶長元年）の際の献上品は、鶴の子・剣・剣・銀・沈香・練貫《ねりぬき》・綿・糸・白鳥などさまざまであった。

また天正十六年四月には、秀吉は完成まもない京都内野《うちの》の聚楽第《じゅらくだい》（秀吉の政庁兼邸宅）に後陽成《ごようぜい》天皇を迎えた。これは、かつての室町幕府第三代将軍足利義満《よしみつ》、第六代将軍義教《よしのり》以来の先例にのっとって挙行された。五日間にわたる聚楽第行幸《ぎょうこう》は、秀吉の公家・武家統合を示す意義を持っている（山口和夫一九九六）。

この行幸時に、秀吉は京中の地子《じし》（地代）五千五百三十両を禁裏御料《ごりょう》（朝廷の動産・不動産）として

聚楽第行幸図屏風（堺市博物館所蔵）

贈与するほか、後陽成天皇に八百石、正親町上皇に三百石の知《ち》行《ぎょう》を宛行《あてが》っている。加えて、絵画・沈香や金襴《きんらん》・御服・檀《だん》紙《し》・砂金・麝香鹿《じゃこうじか》の香料など、珍品を含む品々を献上している。

秀吉への下賜

このような秀吉の献上に対して、天皇も下賜を行っている。まず、秀吉の献上に対する返礼としてなされたものを見てみよう。秀吉の年賀参内に対しては、太刀あるいは太刀代の折紙や馬代の銀二十枚などが贈られている。また、天正十四年（一五八六）年の禁中茶会の折には、太刀が贈られている。これは、「言葉に尽くせないほど素晴らしい」（『兼見卿記』天正十四年正月十六日条）と称えられた黄金の茶室を用いて茶会を行った秀吉に対する褒賞の意味がこめられた下賜であろう。

そのほか、返礼としての意味ではなく、折にふれての下賜も行われていた。たとえば、秀吉が上洛した際には上洛見舞として勅使《ちよくし》の公家（主に公武交渉役の伝奏《てんそう》〈武家伝奏《ぶけてんそう》〉）が派遣され、薫物が贈られている（『お湯殿の上の日記』天正十四年三月二十日条）。なお、上洛見舞としての使者の派遣は、すでに天正十一年から確認でき、同十五年に秀吉が聚楽第に移り住んだことを機に行われなくなった。

興味深いのは、天正十二年時点での上洛見舞の折には、使者が遣わされたのみでとくに下賜品は確認できない点である（『兼見卿記』天正十二年二月二日条）。また、年中行事に際しての下賜、たとえば嘉祥《かじよう》（疫病を払う年中行事）や玄猪《げんちよ》（子孫繁栄・無病息災を祈る年中行事）の折に、薫物や匂袋《においぶくろ》の下賜が行われるようになっているが、これらも天正十六年・同十七年にいたって行われるようになったものである。

秀吉の叙位任官を機に、秀吉―朝廷間の関係は次第に深まっていったが、関白任官を経てよりいっそう、両者の結びつきが強くなっていることがうかがえる。

献上・下賜の拡がり

秀吉による献上は、天皇に対してなされているばかりではなかった。正親町天皇（のち上皇）・後陽成天皇以外にも、天皇の血統に連なる人々への献上も見られる（巻末【系図1】参照）。たとえば、天正十六年（一五八八）聚楽第行幸時には、正親町上皇と後陽成天皇の女御《にようご》（近衛前子《このえさきこ》。前久《さきひさ》の娘、秀吉の養女）に対して、珍品を献上するほか、それぞれ三百石の知行を、六宮《ろくのみや》（後陽成天皇の弟、のちの八条宮《はちじようのみや》智仁親王《としひと》）には五百石を関白領として宛行っている。また、東国平定の戦勝報告（天正十八年）のため参内した折、秀吉は天皇に対しては銀三百枚を献上しているが、六宮へは五十枚、准后《じゅごう》（後陽成天皇生母の勧修寺晴子《かじゅうじはれこ》。晴豊《はれとよ》の同母妹）と女御に対しては三十枚ずつ献上している。この時、他の親王への献上はなされず六宮に対してのみであったのは、秀吉と六宮が准父子《じゅんふし》関係にあり、かつ六宮を将来、関白職を嗣《つ》ぐ者と見なしていたからであろう。

逆に、天皇からの下賜も秀吉のみならず、その一族に対しても行われている。秀吉の子どもの誕生・元服《げんぷく》・官位昇進の際に、祝儀の品として太刀や銀、薫物が贈られている。同じく、秀吉周辺の女性、生母大政所《おおまんどころ》や正室の北政所《きたのまんどころ》（おね〈寧々〉、吉子、杉原〈木下〉氏、高台院《こうだいいん》）、淀殿《よどどの》（茶々《ちゃちゃ》、浅井《あざい》氏）らにもしばしば下賜が行われており、彼女らも不定期ではあるが折にふれ、献上を行っているのである。

秀吉周辺の女性たちへの下賜の中で、とくに注目されるのは秀吉出陣中の留守見舞である。天正十八年の秀吉の東国平定の折、留守見舞いとして大政所・北政所・淀殿らに対し、呉服・帯・薫物などを下賜している。これは、秀吉不在時の「豊臣家」を支える女性たちに対する慰労として行われたのだろう。

このように、献上・下賜が秀吉のみならずその一族まで拡大し、相互的なモノのやりとりが行われている。このことは、秀吉—朝廷間の関係の緊密化をよりいっそう、促進させるものであったといえる。

また、諸武将による献上も確認できる。秀吉の一族の秀長・秀次・秀勝《ひでかつ》らをはじめとして、秀吉配下で京都所司代《きょうとしょしだい》（京都奉行）の職にある前田玄以《まえだげんい》らの献上である。玄以は京中の政務（年貢や地子銭《じしせん》の徴収・賦課《ふか》、公家領等の安堵・係争の裁定など）を統括していた関係から、朝廷や公家衆と接する機会も多かった。

秀吉から朝廷への献上品を取り次ぐことも多いことから、自らも献上を行うようになったのだろう。ほか、織田信雄・徳川家康《いえやす》・前田利家《まえだとしいえ》・宇喜多秀家《うきたひでいえ》・上杉景勝《うえすぎかげかつ》・毛利輝元《もうりてるもと》・長宗我部元親《ちょうそかべもとちか》・吉川広家《きっかわひろいえ》・小早川隆景《こばやかわたかかげ》・伊達政宗《だてまさむね》ら諸大名も献上を行っている。献上の契機は叙任の礼の場合が多く、そのため献上品の内容もおおむね馬・太刀・金子《きんす》といった叙任の礼物として定まっている品々である。のち天正十六年の聚楽第行幸を境として、彼らによる献上がしばしば見られるようになった（ただし、例外は年賀参内に伴う献上行為）。彼らの献上を通して、豊臣政権が確固たる支配者集団による安定的な政権であることを朝廷側に宣伝しようとする秀吉のねらいがあったと捉えられる（矢部健太郎二〇〇〇）。

秀吉への期待

天皇の秀吉への期待は、秀吉出陣に際しての動きからも読みとれる。つづいて、見ていこう。秀吉の出陣に際しても、下賜が行われている。天正十八年（一五九〇）二月、秀吉が小田原北条《おだわらほうじょう》氏の服属を求めて関東へ出陣した（東国攻め）際には、そのはなむけとして後陽成天皇から太刀代銀十枚を、正親町上皇からは太刀代折紙が贈られている。また、天正十五年三月の九州攻めや、同十八年の東国攻めの際には、陣中見舞として現地へ勧修寺晴豊ら伝奏（武家伝奏）を勅使として遣わし、袷《あわせ》・帷子《かたびら》といった小袖《こそで》類や呉服五重ね・薫物・勅書《ちょくしょ》（天皇の手紙）などが下賜されている。さらに、秀吉が勝利をおさめて戻った時には、戦勝祝賀として勅使・院使《いんし》（上皇の使者）を派遣し、太刀や金子を贈っている（『お湯殿の上の日記』天正十五年七月十二日条）。

さまざまな下賜品のうち、小袖は天皇が下賜することに意味があったようである。本来、衣服は天皇から臣下へ下されるものであり、古代の朝廷では儀式の際に臣下へ禄《ろく》として給付されるものであった。そして、衣服の下賜を通して天皇と臣下は精神的な結びつきを得ることにより、臣下は天皇への帰属意識を確認したという（梅村喬一九八六）。もっとも、秀吉の時代にいたってもこのような意識が共有されていたかは不明であるが、小袖の下賜を通じて朝廷側は秀吉を支持していることを示していたのであろう。

以上のように、秀吉―天皇（朝廷）間は、モノのやりとりを通して直接的な交流を生み出し、密接な関係を創り出していった。献上・下賜行為は一見すると、足利将軍や信長の行ったそれと似通っているようにも思える。だが、献上・下賜の機会や相手などに目を向けると、足利将軍や信長のそれとの差異は大きい。豊臣政権は、儀礼面で室町幕府のそれに倣《なら》い踏襲していたといわれているが（二木謙一一九八五）、献上・下賜行為に関してはあてはまらず、秀吉の独自性が見てとれる。これは、秀吉そして秀次が室町幕府を継承するのではなく、「武家関白」として存在し、天皇・朝廷に接していたことの表れだろう。

このように献上・下賜行為は、たんなるモノのやりとりといった意味ばかりではなく、武家権力者の政権構想を示し、それを推し進める役割も果たしていたのである。

第三章　秀頼と家康——二人の「武家」と朝廷——

1　「二人の武家」の登場

秀吉の願望と秀頼への期待

豊臣秀吉《とよとみひでよし》の願望は、関白《かんぱく》家としての豊臣家の繁栄と永続だった。天正十九年（一五九一）八月、第一子の鶴松《つるまつ》（お捨《すて》）がわずか三歳で亡くなると、秀吉は甥の秀次《ひでつぐ》に関白職を譲るとともに豊臣氏長者《とよとみのうじのちょうじゃ》を継承させた。これは、豊臣一門・一族体制を盤石にするための要であった（福田千鶴二〇一四）。同時に、関白職を近衛《このえ》家（近衛信輔《のぶすけ》）に譲るという当初の約束は反故《ほご》にされ、豊臣家による世襲《せしゅう》を実現させ、世に知らしめたのである。文禄二年（一五九三）八月に秀吉第二子のお拾《ひろい》が誕生したのちも、秀吉はお拾と秀次の娘（お亀《かめ》あるいは八百姫《やおひめ》）との婚約を決める（『増補駒井日記《ぞうほこまいにっき》』文禄二年十月一日条）ほか、日本国の五分の四を秀次に譲る国分け案を示す（『言経卿記《ときつねきょうき》』文禄二年九月四日条）など、秀次—お拾という豊臣家の家督《かとく》と関白職の継承を目論《もくろ》んでいた。

文禄四年七月に高野山《こうやさん》で秀次が切腹したのち、秀吉は大名に秀頼への奉公を誓わせ、与力大名と奉《ぶ》行衆《ぎょうしゅう》によって「公儀《こうぎ》」（合議にもとづく意思決定機構）を形成させ、なお天下人《てんかびと》たりえない秀頼《ひでより》（お拾）の地位の安定化をはかっている（藤井譲治二〇〇二）。あわせて、秀頼（お拾）と朝廷との距離を急速に縮めていった。翌五年五月には、秀頼（お拾）は秀吉とともに初めて居城の伏見城《ふしみじょう》から上洛《じょうらく》し、参内《さんだい》も行い、後陽成《ごようぜい》天皇との対面を果たした。この時、秀頼（お拾）は若干四歳でまだ元服《げんぷく》を行っていなかったため本来ならば昇殿《しょうでん》（禁裏清涼殿《きんりせいりょうでん》の殿上《てんじょう》の間に上がること）できる資格はなかったのであるが、「童昇殿《わらわしょうでん》」というかたちで果たした（『義演准后日記《ぎえんじゅごうにっき》』文禄五年二月二十日条、『言経卿記』五月十三日条）。「童昇殿」とは、禁中《きんちゅう》儀礼の習得のために、家格《かかく》（家の格式）の高い公家の子弟は元服前でも昇殿が許されるという待遇である。ここから、早くも秀頼（お拾）は将来、関白職を嗣ぐ者として朝廷に向けても披露されていたことがわかる。

初参内を果たした秀頼（お拾）に対してつづいてなされたのは、元服と叙爵《じょしゃく》であった。元服に関しては、父の秀吉が五摂家《ごせっけ》以外で初めて関白に任じられたこともあって、朝廷では先例をめぐって後陽成天皇が摂家衆から意見を集め、談義を行っていた（吉田洋子二〇〇五）。その結果、慶長二年（一五九七）九月二十八日に秀頼（お拾）は参内したうえで元服し、従四位下左近衛少将《じゅしいのげさこのえしょうしょう》に叙任され、翌二十九日には左近衛中将《さこのえちゅうじょう》へと昇進している。元服の形式は摂家《せっけ》の子弟と同じであるが、官位については秀頼の方が高位・高官でのスタートだった。

秀頼の官位昇進

その後も、秀頼の官位昇進は止まらない。秀頼が三度目の上洛を果たした慶長三年（一五九八）四月、後陽成天皇は、公武間の交渉人たる伝奏《てんそう》（武家伝奏《ぶけてんそう》）の勧修寺晴豊《かじゅうじはれとよ》・中山親綱《なかやまちかつな》を通して大納言《だいなごん》への昇進を持ちかけた。秀頼側はこの打診をいったんは辞退したが、天皇から再度持ちかけられたので、秀頼は中納言《ちゅうなごん》の任官を申し出ている。朝廷内でも伝奏（武家伝奏）が中心となって協議がなされ、結局のところ中納言への昇進に落ち着いた（『お湯《ゆ》殿《どの》の上《うえ》の日記《にっき》』慶長三年四月十八日条）。これは当時、摂家の子弟であっても左近衛中将から一足飛びに大納言へとは昇進していないため、先例や公家社会への心証を慮《おもんぱか》ってのことだろう。ともあれ秀頼は、六歳にして従二位《じゅにい》権中納言《ごんのちゅうなごん》の叙任を受け、晴れて公卿《くぎょう》となったのである。今回の任官は、近衛中将から参議《さんぎ》を経ることなく中納言に昇進するという、摂家と同じ昇進ルートをとっている。これにより、秀頼こそが関白豊臣家の跡継ぎであることを改めて朝廷に示したのであろう。あわせて、他ならぬ豊臣関白家の永続を大名たちにより強く印象づけたのであろう。

豊臣秀頼像（原本養源院蔵、東京大学史料編纂所所蔵模写）

このアピールは、叙任御礼の場からも読みとれる。秀頼は父秀吉とともに叙任の御礼に参内し、禁裏《きんり》御所《ごしょ》では後陽成天皇の御前《ごぜん》での饗宴《きょうえん》も開かれた。この時、三人の公家たち（万里小路充房《までのこうじあつふさ》・高倉永孝《たかくらながたか》・勧修寺光豊《みつとよ》）が天皇からとくに呼ばれて秀吉・秀頼父子とともに御前で相伴している（『お湯殿の上の日記』慶長三年四月十八日条）。通常、秀吉や他の武家が叙任の御礼に参内した際、今出川《いまでがわ》（菊亭《きくてい》）晴季《はるすえ》以外の公家衆は相伴していないことから（例外は秀吉の内大臣《ないだいじん》・関白任官時）、この万里小路らの相伴は、秀吉の意を受けて天皇が行ったことだろう（矢部健太郎一九九八）。

このことは、関白豊臣家が、他の大名家と一線を画する存在であることを示す、秀吉の意思の表れといえる。

将来の関白か

一方、秀吉のみならず朝廷もまた秀頼を「将来の関白」と期待していた。先に見たように、秀頼の元服や叙任について前向きな態度を見せているほか、官位昇進についても摂家の子弟とほぼ同等にはからっている。加えて、このことは叙任手続きからもうかがえる。

秀頼の権中納言昇進に際しては、陣座《じんのざ》（公卿の詰所）で数人の公卿によって叙任をとりはからう陣儀《じんぎ》（正しくは「小除目《こじもく》」）という手続きをとっている（『お湯殿の上の日記』慶長三年四月二十日条）。かかる叙任手続きは、戦国時代に正式な叙任方法とされていたものである（遠藤珠紀二〇一四）。

戦国時代から信長のころまでには、官位叙任の多くは陣儀にかけず上卿《しょうけい》（担当公卿）からの書類のみで任命され「消息宣下《しょうそくせんげ》」という、より簡略な方法がとられていた。実際、秀吉期に官位叙任を受けた武家、たとえば徳川家康《とくがわいえやす》や豊臣秀長《ひでなが》らが従二位権大納言に叙任された時（天正十五年八月）ですらも、消息宣下でとり行われているのである（池享一九九二）。秀頼との違いは明確といえよう。

秀頼の異例の官位叙任および昇進スピードの速さは、秀吉が恣意的に朝廷にはたらきかけた結果とは言い切れない。朝廷側も秀頼の官位昇進には、積極的である。戦国の世を通じて、朝廷は「誰が武家権力のトップたりうるか」を見極めつづけ、その判断を繰り返し行ってきた。これまでもたびたび述べているように、朝廷は対立する武家の抗争に巻き込まれないように動き、朝廷をとりまく状況の安定に腐《ふ》心《しん》してきた。この時、豊臣家では、秀吉が病がちになっており秀頼もいまだ幼い。秀吉亡き後の豊臣家の安泰をはかる意図もあって、朝廷は秀頼に官位を授け、それにより関白豊臣家の後継者と認定したのである。

秀吉の死

慶長三年（一五九八）八月十八日、病状が進み伏見城で臥せっていた秀吉がついにこの世を去った。享年六十三。死を前にした秀吉は、大名や奉公衆をはじめ天皇・親王（和仁《かずひと》親王・八条宮智仁《はちじょうのみやとしひと》親王）・准后《じゅごう》（勧修寺晴子《はれこ》）・女御《にょうご》（近衛前子《このえさきこ》）のほか、後宮 女房《こうきゅうにょうぼう》・諸門跡《もんぜき》・摂家以下の公家衆にいたるまで、それぞれ黄金・白銀などの「遺物《ゆいもつ》」を贈っている（『お湯殿の上の日記』慶長三年七月二十五日条など）。また、自身の亡きあとについてはとくに心を砕いており、徳川家康・前田利家《まえだとしいえ》・毛利輝元《もうりてるもと》・上杉景勝《うえすぎかげかつ》・

宇喜多秀家《うきたひでいえ》に宛てて遺言を残し、秀頼の行く末を託している（「豊臣秀吉自筆書状写」『毛利家文書《もうりけもんじょ》之三』所収九六〇号文書）。あわせて、浅野長政《あさのながまさ》（長吉《ながよし》）・増田長盛《ましたながもり》・石田三成《いしだみつなり》・前田玄以《まえだげんい》・長束正家《なつかまさいえ》に対しては「日本国中の儀」を命じた（『義演准后日記』慶長三年八月七日条）。秀吉の死後は、家康らの「五大老《ごたいろう》」と浅野らの「五奉行《ごぶぎょう》」からなる、いわゆる「五大老五奉行制」が秀吉による法度・「太閤様御置目《たいこうさまおんおきもく》」や遺言に沿って、政務を担うこととなった。

秀頼の補佐体制とされるこの体制は、互いに勢力均衡をはかりつつ当初は順調に機能していた。だが、秀吉の死後半年を過ぎるころから、この体制は次第にゆらぎはじめる。慶長四年閏三月に前田利家が病死し、嫡男《ちゃくなん》の利長《としなが》が跡を嗣ぎ「五大老」に組み込まれたものの、その地位は「五大老」の最下位に位置づけられた。そのため、「五大老」の首位家康・それに次ぐ利家といった、秀吉の描く勢力均衡図は崩れはじめる。

さらに、朝鮮出兵以来石田三成に遺恨を抱いていた加藤清正《かとうきよまさ》・黒田長政《くろだながまさ》・浅野幸長《よしなが》ら七人の武将が三成を糾弾《きゅうだん》しようとしたため、それを察した三成はまず伏見へ、その後、居城の近江国佐和山城《おうみのくにさわやまじょう》（現、滋賀県彦根市）へと逃れるという事件も生じた。この事件により事実上、三成は「五奉行」から欠落し、「五奉行制」の体制の一角も崩れてしまった（福田千鶴二〇一四）。

家康の台頭

一方、家康は慶長三年（一五九八）ごろよりじょじょに朝廷との関係を構築しようとしていた。もっとも、これまで家康―朝廷間は没交渉だったわけではない。代表的な例をあげよう。永禄十二年（一五六九）には、朝廷から後奈良《ごなら》天皇十三回忌法要のための費用提供を求められ、家康は応じている（『言継《ときつぐ》卿《きょう》記《き》』永禄十二年十一月七日条）。また、天正十年（一五八二）の本能寺《ほんのうじ》の変《へん》後、変への関与を疑われたのか身の危険を感じた近衛前久《さきひさ》（出家して龍山《りゅうざん》と号する）は、家康を頼って遠江国《とおとうみのくに》（現、静岡県）に逃れている（『後編薩藩旧《さつぱんきゅう》記《き》雑録《ざつろく》』十四　義久公）など、公家ともある程度、接点を持っていた。ただこれらの関係は、家康が朝廷・公家からの要請を受けるかたちで成り立っているという、ある意味、受動的なものであった。

徳川家康像（堺市博物館所蔵）

　家康が主体となって天皇と接点を持つようになったのは、慶長三年（一五九八）にいたってからである。この年の九月から十一月にかけて、家康は後陽成天皇に対し薬や鷹狩《たかが》りで獲った鶴を献上《けんじょう》している。秀吉の死後まもなくの時期から、家康は朝廷に接近しはじめ、自身の存在をアピールしたのだろう。翌年（慶長四年）の八月十四日、家康は初めて単独で参内し、銀百枚と綿百把を献上した。家康の参内自体はすでに天正二十年（文禄元年、一五九二年）三月になされ、献上（太刀・白鳥の献上も行っているが、この時は秀吉に供をするかたちでの参内であった。つづく文禄五年五月にも、秀吉・秀頼父子の参内の行列に加わるかたちで禁裏に赴いている。

だが、天正二十年時の参内と慶長四年時のそれとを比べると、様相はすべからく異なっている。初めて単独で参内した家康は、正式な酒宴の作法である三献《さんこん》の儀《ぎ》に臨んだ（『お湯殿の上の日記』慶長四年八月十四日条）。参内の場で三献の儀を受けるという待遇は、かつての秀吉と同じである。家康が秀吉に供して参内した天正二十年の時は、三献の儀に臨んだのは秀吉のみであった（『言経卿記』天正二十年三月十三日条）。また、足利《あしかが》将軍が参内した際も、三献の儀が執り行われていた（『お湯殿の上の日記』永禄十二年〈一五六九〉二月二十六日条など）。つまり、慶長四年にいたって、家康に対する待遇が一段と優るようになったのである。

この変化は、後陽成天皇が事実上、家康を「天下人」と見なしていることの表れ、とする見解もある（藤井讓治二〇一一）。この見解は、当時の畿内《きない》において家康が「天下殿になられた」という噂（『多聞院《たもんいん》日記《にっき》』慶長四年閏三月十四日条）もあったこともふまえてのものだろう。だが、この時点では秀頼の存在は決して小さいものではなく、家康自身も秀頼を無視することはできなかったのである。

二人の印象

慶長五年（一六〇〇）九月の関《せき》ヶ《が》原合戦《はらかっせん》で、東軍の大将となった家康は石田三成率いる西軍に勝利した。それによりいよいよ実質的な権力を手中に収めた家康は、「太閤様御置目」を前提としながらも、西軍諸将の領地を没収し東軍諸将に対して領地を宛行うなど、全国支配への道を歩んでいった。

一方、秀頼は摂津国《せっつのくに》（現、大阪府北部および兵庫県南東部）・河内国《かわちのくに》（現、大阪府東部）・和泉国《いずみのくに》（現、大阪府和泉市）の「摂河泉《せっかせん》」三国で合計六十五万七千四百石余の知行地を安堵《あんど》されるにとどまった。とはいえ、秀頼の政治的地位が即、低下したわけではない。たとえば、秀頼が有する武家への官位叙任権は保持されており（藤井譲治一九九三）、「豊臣公儀」の枠組みも依然残されていた（朝尾直弘一九九四）。また先にも述べたように、秀頼は摂家の子弟に優るスピードで異例の官位昇進を果たしていた。これは、朝廷も秀頼を関白豊臣家の後継者と見なし、朝廷―豊臣家の関係維持をはかっていたことの証しである。実際、当時の公家社会の中では、「豊臣家の家督と関白職は一体のもの」という認識があった（『三藐《さんみゃく》院記《いんき》』）。

それを裏づけるように、関ヶ原合戦後ほどなくして秀頼が関白に就任するとの噂が流れている。慶長七年十二月には、京都醍醐《だいご》寺の子院三宝院《さんぽういん》で同寺の座主《ざす》を務めた義演は、近く秀頼が関白に任官し、秀忠《ひでただ》（家康三男）が将軍に任官するという風聞を日記に書き付けている（『義演准后日記』慶長七年十二月晦日条）。同じく京都相国寺鹿苑院《しょうこくじろくおんいん》の院主を務めた西笑承兌《せいしょうじょうたい》も、勅使《ちょくし》（天皇の使者）が大坂城の秀頼のもとへ派遣される予定を耳にし、これは関白就任を伝えるための勅使だろうと推察している（『鹿苑院《ろくおんいん》日録《にちろく》』慶長八年四月二十日条）。かかる噂は公家社会周辺だけにとどまらず、武家の間でも広まっていた。毛利輝元《もうりてるもと》も慶長八年正月、国元の家臣仁保元氏《にほもとうじ》に宛てて「秀頼が関白に任じられ、家康が将軍に任じられるだろう。めでたいことだ」と綴る書状を出している（『萩藩閥閲録《はぎはんばつえつろく》』第一巻）。

また、秀頼は慶長八年七月に秀忠の長女千姫《せんひめ》（秀頼の従妹）を娶《めと》った。その祝いのため、大坂城に勅使・東宮使（皇太子の使者、この場合は政仁《まさひと》親王の使者）が派遣されるほか、諸公家・門跡も大坂城に赴いている。この時の様子は、「太閤秀吉の威光はまだまだ残っている」と言われるほど、にぎにぎしいものだった（『義演准后日記』慶長八年八月十五日条）。

ここからも、豊臣家および「豊臣公儀」の後継者としての秀頼の立場・将来は安泰と見なされていたことがわかる。

ただこの時点で秀頼がいまだ若いこともあり、関白職には九条兼孝《くじょうかねたか》が再び任官する運びとなった。関白となるにあたって兼孝は、豊臣家の家臣であった前田玄以（玄以法印《ほういん》）に対し「秀頼と家康へのとりなし」を頼んでいる（『兼孝公別記』慶長五年十二月八日条）。やはり公家たちも秀頼が次期関白となる人物と認識しており、兼孝の発言はその秀頼の立場を意識してのことといえる。

2　儀礼に見る「二人の武家」

秀頼─朝廷間の献上と下賜

先に述べたように、次期関白と目されている秀頼は、亡き父秀吉と同様に朝廷および公家衆と積極的な交流をはかっていた。つづいて、その具体的なありようを儀礼面から見ていきたい。とくに、秀頼に対する年賀の勅使派遣および親王・門跡・公家衆の参向の様子は、関白制度を基軸とする豊臣公儀の存続を示すものと評価されている（笠谷和比古二〇〇一）。これをふまえ、秀頼―朝廷・公家衆間の交流の様子、とくに儀礼面での交流について、かつての秀吉・秀次や公家関白のそれと比較しながら、さらに探っていこう。

秀頼―朝廷間の交流の一つとして、献上・下賜《かし》がある。献上・下賜、つまりモノのやりとりがはじまったのは、文禄五年（慶長元年、一五九六年）五月、秀頼が父秀吉に伴われて初めて参内した時である。この時、秀頼は初めて対面した後陽成天皇に参内の礼として、馬・太刀・銀千枚を献上している（『孝《たか》亮宿禰記《すけすくねき》』文禄五年五月十三日条など）。以降、年賀や官位叙任に際して秀頼―朝廷間で献上や、献上に対する返礼の下賜が行われるようになった。

秀頼の献上

これまでは秀頼が父と共に参内しての献上であったが、秀頼自身が主体となって恒常的に朝廷との間で物のやりとりが行われるようになったのは、秀吉の死去（慶長三年〈一五九八〉八月十八日）から、約一年半を経た慶長五年（一六〇〇）からである。この間、慶長八年三月には徳川幕府の開幕、同十六年四月には新たに後水尾《ごみずのお》天皇が即位するなど社会情勢の変化もあるが、同十九年の大坂冬《おおさかふゆ》の陣《じん》の年まで物のやりとりは続いていたのである。

秀頼による献上は、年賀や叙位任官時、婚礼時（慶長八年八月、徳川秀忠長女千姫との婚礼）に見られるが、その大部分を占めていたのは年賀の献上（全部で九回）である。その日取りはほぼ正月中、献上品の品目は太刀《たち》・折紙代《おりがみだい》・銀五十枚というように、形式的にも整っている。また、献上先はいうまでもなく時の天皇である後陽成天皇であるが、とくに叙位任官時には天皇のみならず政仁親王《まさひと》（後陽成天皇第三子、のちの後水尾天皇）や女御（近衛前子）ら天皇一族に加え後宮女房たちにも銀が贈られていた。

あわせて、秀頼ばかりでなく高台院《こうだいいん》（秀吉正室、おね〈寧々〉、吉子、杉原〈木下〉氏）も、年賀に加え折々に季節の初物を献上するほか、秀頼生母の淀殿《よどどの》（茶々《ちゃちゃ》、浅井《あざい》氏）からの献上も見られる。秀頼生母の淀殿はいうまでもなく、高台院は秀頼の〈嫡母《ちゃくぼ》〉であり後見役を務めていることから、秀頼を支える者という意識から献上を行っていたのだろう。また、豊臣家の「五奉行」の一人であった徳善院《とくぜんいん》（前田玄以、玄以法印）も参内し、馬・太刀（代）・白鳥・錦を献上しているなど、豊臣氏と朝廷との関係は良好といえ、豊臣家・朝廷は双方ともにこの状態を維持していこうとしていたのである。

このような秀頼による献上は、目的・献上品の品目などの点で父の秀吉や秀次とほぼ同じであり、かつ公家関白とも共通する面があった。秀頼は献上行為を通し、豊臣家の当主として朝廷との関係の構築と維持をはかっていたのである。あわせて、秀吉・秀次路線をおおむね引き継ぐことにより、朝廷に対し「次期関白」としての自身の立場・姿勢をアピールしていたのである。

秀頼への下賜

朝廷からも秀頼に対して下賜がなされている。このうち、慶長五年（一六〇〇）から同十九年にいたるまでほぼ毎年繰り返して行われているのは、年賀の際の下賜である。年賀に際しては、秀頼・朝廷が双方向に使者を介して物のやりとりを行っているが、年が下るにつれ変化が表れるようになった。ごくわずかな変化として見過ごされるかもしれないが、そのありようには公武関係のうえで興味深いものがある。

すなわち、慶長八・九年段階までは朝廷から秀頼への年賀の勅使が、秀頼から朝廷への使者に先んじて派遣されていた。だが同十三年・同十五年にいたると、秀頼から朝廷への使者派遣が先になされ、勅使派遣はその答礼としてなされるように変化した。使者派遣の順番が逆になったのである。

つまり、慶長十三年を境に天皇―秀頼の関係において、秀頼の方から朝廷に接近する動きがより明瞭となったのである。この変化の原因はおそらく、秀頼が自ら右大臣《うだいじん》を「辞官」（『公卿補任《くぎょうぶにん》』慶長十二年の項）したことにより朝廷との関係が薄れることを恐れたため、また当時、家康の政治的地位が上昇したこと、の二点にあるだろう。家康はじょじょに朝廷との関係を構築しはじめ、のちにも述べるが慶長八年三月の征夷大将軍《せいいたいしょうぐん》任官を機に、朝廷との関係はいっそう深まっている。かかる状況に対応して、秀頼もまた朝廷に向けて自身の立場を積極的に示していったのである。

秀頼に対する参礼

さらに秀頼―公家衆との交流の様子を、参礼《さんれい》、つまり挨拶儀礼から見ていこう。公家衆が秀頼に対して行った参礼のうち、最も多いのは年始の挨拶である年賀の礼である。史料に初めて年賀の礼が現れるのは慶長四年（一五九九）であり（『義演准后日記』慶長四年正月八日条）、最後となったのは慶長十九年である（『言緒卿記《ときおきょうき》』慶長十九年正月二十三日条）。摂家以下の公家衆・門跡衆・諸寺の僧侶は、約十五年にわたって秀頼への年賀の礼を欠かさなかったのである。この間、参礼は、先に見た秀頼―朝廷間の献上・下賜行為と同じく、新天皇の即位（慶長十六年四月、後水尾天皇の即位）や大坂冬の陣（慶長十九年）といった転換期を経ても継続している。

注目すべきは、大坂冬の陣の時期にいたっても摂家も参礼に赴いているように、面々には変化がないこと、そして人数も減少せずむしろ総勢五十人あまりと増加していることである（『時慶記《ときよしき》』慶長十八年正月二十六日条）。日取りは、慶長六年ごろより正月の中旬から下旬にほぼ確定した。年が下るにつれて参礼の日が遅れていく、といった状況はなく、日取りが家康への参礼との兼ね合いで決まった、といったこともなかった。このように、秀頼への年賀は公家衆の中で慣例となっていたことがわかる。

右の状況に対して、朝廷はどのように対応していたのだろうか。年賀に際しては、朝廷からも勅使および東宮使を、やはり慶長五年から同十九年まで、ほぼ欠けることなく送り続けていた。

さらに、先に触れた公家衆の年賀参礼に際しては、公家衆と朝廷との間でやりとりがある。すなわち、公家が秀頼への年賀参礼に赴く時は、まずその意志を朝廷に申し出、朝廷から勅許《ちょっきょ》（天皇の許可）を得てからのち秀頼のもとへ向かう、といった流れである。また朝廷側も、「秀頼公への年賀に迎う者は、申し出るように」と参礼者の確認をとっている（『言緒卿記』慶長十八年正月二十四日条）。おそらくこれは、公家たちが秀頼のもとに赴くことによって、禁裏小番《きんりこばん》（禁裏御所での宿直当番）など朝廷での職務を欠勤することへの措置であったのだろう。ともかくも秀頼への参礼に関しては、朝廷への事前の連絡と勅許が必要であった。参礼も公家衆の個人的な判断のみで行われていたわけではなく、朝廷側も彼らの行動の一端を把握していたことがうかがえる。

かかる秀頼に対する参礼の様相は、かつての秀吉や秀次ら「武家関白」のそれと共通する。さらに、慶長期の「公家関白」に対する参礼と比べてみると、この時代、公家関白に対しても関白就任時の礼を皮切りに年賀や八朔《はっさく》（八月一日の祝儀。日ごろ恩恵を受けている人に対して謝意を表する社交行事）といった年中行事に際しての礼も行われている。これらの点は、秀頼への参礼とほぼ同じといってよい。

このように、秀頼に対する参礼の様子は多くの点で「関白」に対する礼と共通している。ここからもまた、秀頼を次期関白と見なす周囲の期待がうかがえる。先にも触れたが、秀頼は慶長十二年正月にいたって右大臣を辞したことにより、公には関白就任への道を閉ざされてしまった（『公卿補任』慶長十二年の項）。しかしそれ以降も、参礼を通した秀頼—公家衆間には変化は見られない。一方、先に見たように秀頼の方から天皇に積極的に接近している場面すらも現れている。このような状況こそが、家康の朝廷・公家への対応に少なからず影響を与えているのである。この点については、あとで述べたい。

家康—朝廷間の献上と下賜

先にも触れたように、家康自身も朝廷との関係を構築しようとしていた。このことは、献上・下賜といったもののやりとりを通しての交流がはじまっていたことからもわかる。

家康から天皇に対しては、年賀・八朔といった年中行事に際してや、家康の叙位任官時（征夷大将軍任官・太政大臣《だいじょうだいじん》追贈任官）・参内時（慶長十二年まで）、後水尾天皇の即位時（慶長十六年四月）に際して献上が行われていた。

家康の献上が活発に行われるようになったのは、慶長八年（一六〇三）以降である。この年の二月に家康が征夷大将軍に任官したのを皮切りに、モノを媒介とした交流も盛んになったのである。年賀や八朔など年中行事にちなんだ献上も、やはり慶長八年から行われはじめた。とくに八朔は、のち将軍職を秀忠（家康三男）に譲ったあとは、秀忠が中心となってなされるようになった。先にも述べたように、八朔は室町時代、武家社会において主従関係を固める年中行事として重んじられるようになった。足利将軍は朝廷に対しても馬・太刀（代）を献上し、対して朝廷も返礼を行うなど、公武間の儀礼としても定着した。

だが室町時代以降、信長・秀吉の時代を通じて、公武間で八朔の贈答が行われたことはなく、これを三十余年ぶりに復活させたのが家康その人だったのである。実際、①家康の将軍任官後からの復活、②献上品の品目（種類）、③現任将軍による朝廷への献上といった三点は、かつての足利将軍による八朔の献上と共通しており、明らかに足利将軍のそれをふまえていたことがわかる。加えてこの時期、秀頼―朝廷間の交流関係は安定しており、モノのやりとりもなされていたが、秀頼は朝廷に対して八朔の献上は行っていない。

かかる状況下、家康は自身の献上行為を際立たせ、天皇に対して自分の存在・立場を積極的に示す必要にかられたのではないだろうか。その方法として、家康は八朔の儀礼を利用した。将軍任官を機に、家康はかつての足利将軍が行った八朔の儀礼を復活させ、それをふまえた献上を行うことで、自身の「将軍」としての地位・立場を天皇に印象づけようとしたのである。そしてこのことは、次期関白と見なされている秀頼との差異を強調することにも効果があったのである。

下賜に見る朝廷の意図

朝廷もまた、家康の献上行為に込めた意図を理解していた。それは、朝廷から家康に対する返礼行為からうかがえる。たとえば八朔の返礼を見てみよう。家康からの献上を初めて受け取った慶長八年（一六〇三）時、朝廷は翌日の八月二日に返礼の品を贈っている（『お湯殿の上の日記』慶長八年八月一・二日条）。しかし翌九年以降は、朝廷は即日に返礼を行うようになり（『お湯殿の上の日記』慶長九年八月一日条）、即日の返礼は秀忠の将軍任官以降も続いた（『お湯殿の上の日記』慶長十二年八月一日条など）。

そもそも、八朔の贈答を文字どおり「八月一日」に行うのは、とくに強い結びつきがある人びとどうしか、最も敬意を払うべき相手に対してであり、日取りが「八月一日」よりのちになるにしたがって、比較的疎遠な者どうしの贈答へと移っていく。同様に、返礼も自分との身分差が小さい者に対しては即日に行われるが、身分差が広がるにつけ、返礼がなされるまでに日数がかかる、という（桜井英治二〇一一）。

これをふまえると、即日の返礼はより厚礼《こうれい》、つまり丁重な対応といえよう。即日の返礼が家康の将軍任官の一年後からはじまり、秀忠将軍期にいたるという現象は、家康の実質的な権力が拡大したこと、それに加えて「将軍」としての地位が家康の政治的立場を強めていたことを端的に示している。つまり、家康—朝廷間でのモノのやりとりといった面からも、「将軍任官」は家康そして秀忠の政治的地位の上昇を表していることがわかる。

家康への参礼

家康の政治的地位の上昇は、公家たちも敏感に感じとっていた。その様子は、公家たちによる家康への参礼からうかがえる。先にも述べたように、公家衆は折にふれて秀頼への参礼を行っていたが、家康への参礼も忘れてはおらず、「二人の武家」に対してそれぞれ向き合っていたのである。

家康への参礼は、目的によっておおよそ三つに分けられる。すなわち、年中行事に際しての礼、叙位任官に際しての礼、上洛時の見舞と引っ越し（＝移徙《わたまし》）時（二条城への移徙時、慶長八年〈一六〇三〉三月）の礼である。以下、これらの礼のありようを見ていこう。

年中行事の礼のうち、最も多く史料上に現れるのは年賀の礼である。この点は、秀頼への参礼と共通する。家康への年賀の礼は、慶長四年（一五九九）から同二十年まで、ほぼ毎年確認できる。その日取りは一定していないが、理由は家康の上洛日に左右されているためである。たとえば、慶長七年を例にあげると、二月十四日に上洛した家康に対して、公家衆は同二十三日に「年賀の礼」を行っている（『時慶記』慶長七年二月二十三日条）。加えて、慶長九・十年時も同様であった。

さらに、献上行為と同様、家康が征夷大将軍に任官した慶長八年を境として、年中行事に際しての礼の種類も増えた。年賀に加え、節句（三月三日の上巳《じょうし》・五月五日の端午）や八朔などに際しても、参礼が行われるようになった（『慶長日件録《けいちょうにつけんろく》』・『言経卿記』など）。

また、上洛見舞については、慶長七年段階では、家康の上洛時に公家衆が路次《ろじ》で「迎《むかえ》」に赴くのみであった。これが約二年後の慶長九年にいたると、いったん「迎」に赴いたのち、日を改めて家康の滞在先（伏見城）に赴くようになるなど、より丁重な「礼」（＝厚礼）に変化している（『慶長日件録』慶長九年三月二十九日条・四月一日条）。このような変化は、将軍任官を機とした家康の政治的地位の向上を反映するものである。

参礼に赴いた公家たち

つぎに、家康のもとに「礼」に赴いた公家衆の面々についても触れよう。前に述べたように、家康への参礼が史料上、初めて確認できるのは、慶長四年（一五九九）時の「年賀の礼」である。

この時、家康のもとへ赴いた公家は、山科言経《やましなときつね》・上冷泉為満《かみれいぜいためみつ》・四条隆昌《しじょうたかまさ》ら、ごく限られた面々である。後にも触れるが、彼ら三人は天正十三年（一五八五）六月、おそらく所領《しょりょう》（山科家所領）問題のトラブルが原因で正親町《おおぎまち》天皇から譴責を受け、出仕禁止の処分（＝勅勘《ちょっかん》）が下ったため、為満の縁戚関係（妹の為子《ためこ》が宗主《しゅうす》顕如光佐《けんにょこうさ》の次男、顕尊佐超《けんそんさちょう》の室）を基に大坂本願寺《ほんがんじ》を頼り、堺《さかい》（現、大阪府）に逃れた（『言経卿記』天正十三年六月十九日条）。その間、とくに山科言経は家康から経済的援助を受けている（『言経卿記』文禄元年〈一五九二〉十一月十五日条。巻末【系図8】参照）。また、彼らの譴責処分が解かれた（＝勅免《ちょくめん》）のは、家康から朝廷へのはたらきかけが功を奏したことによる（『言経卿記』慶長三年十一月三日条・『お湯殿の上の日記』慶長六年五月十一日条）。このように当初、参礼を行ったのは、いずれも家康と近い関係にあった公家たちであった。

慶長五年から同九年段階にいたると、状況は一転する。家康のもとへ、摂家（摂政《せっしょう》・関白を出す格の高い公家）や門跡（特定の寺院の住職を務める天皇家や摂家の子弟）といったトップクラスを含めた公家衆が礼に赴くようになった。つまり、参礼者数の増加や顔ぶれの多彩化が見られるようになったのである。このありようは、公家衆が将軍に任官した家康を、武家権力者のトップとして認識しはじめたことを示すものである。

さらに慶長十年ごろには、家康の配下の武将で京都所司代《きょうとしょしだい》（京都の治安維持や朝廷の警護を担う役職）の板倉勝重《いたくらかつしげ》に対しても、公家衆が礼を行うようになった。もっとも、板倉勝重に対する礼が初めてだったというわけではなく、信長や秀吉の時代にも行われていた。かつて信長家臣で京都所司代（「天下所司代」）を務めていた村井貞勝《むらいさだかつ》、および秀吉家臣でやはり京都所司代の職にあった前田玄以（玄以法印）に対しても礼がなされていた（『言経卿記』天正十年正月一日条、『時慶記』天正十五年正月四日条など）のと、同じである。

板倉勝重の場合、すでに慶長六年八月に京都所司代に就任しているが、公家衆による板倉への礼が史料上に初めて現れるのは、それよりやや遅れ慶長十年の年賀時であった（『時慶卿記』慶長十年正月十日条）。その翌年には、摂家や門跡らも礼に赴くようになった（『義演准后日記』慶長十一年正月十三日条）。

以後、板倉への年賀参礼は慶長二十年まで確認できる（『言緒卿記』慶長二十年正月九日条）。

板倉への礼が史料上に現れはじめたのは、家康が駿府城《すんぷじょう》に居を移し、上洛することもほとんどなくなった時期と重なっている。京都―駿府（現、静岡県）と地理的に離れたことにより、公家衆には地方に下向《げこう》することの心理的・経済的負担がのしかかったのだろう。家康に対する参礼も、公家が駿府まで下ることはなくなり、また朝廷からの年賀の勅使が駿府城に遣わされることもなくなった。逆に、家康から朝廷への、年賀の使者派遣は継続している。よって総体的に、公家衆が家康と直接に接する機会は減ったといえよう。

右のような状況下、公家衆の多くは板倉を通すかたちで徳川方との接点を持ち、それを維持しようとしていたのである。板倉への参礼も、このような公家衆の意識の表れではないだろうか。

第四章　家康の対朝廷政策

1　昵近衆の編成

家康と昵近衆

前にも述べたように、豊臣秀頼《とよとみひでより》が天皇・公家衆と良好な関係を保ちつづけていたことは、徳川家康《とくがわいえやす》の天皇・公家衆への対応に影響を与えている。家康もまた天皇・公家衆と良好な関係をつくりあげていたが、「二人の武家」が並び立っている中、朝廷との関係を維持しさらに強固なものにすることが家康の課題となった。その状況を見ていこう。

家康はこの課題に対して、参礼《さんれい》の場を利用し対策をはかっている。先に、慶長十年（一六〇五）ごろから京都所司代《きょうとしょしだい》（京都の治安維持や朝廷の警護を担う役職）の板倉勝重《いたくらかつしげ》に対しても礼が行われるようになった、と述べた。このほかに、慶長十年を境に、家康への参礼もまた注目すべき変化が現れている。

その変化とは、家康への参礼が特定の公家たちが中心となって行われるようになったことである。この特定の公家たちとは、家康と「昵近《じっきん》」つまり家康と近い関係にある者たちである。ただ、彼ら「昵近」の公家たちであっても駿府《すんぷ》（現、静岡県）まで参礼に赴くことはなく、家康が上洛した際、宿所の伏見城《ふしみじょう》あるいは二条城《にじょうじょう》へ礼に訪れるだけにとどまった。

だが、家康と「昵近」という特定の公家集団の名が、史料上に初めて現れたのは、この二年前の慶長八年にさかのぼる。先にも述べたように慶長八年三月、家康は征夷大将軍《せいいたいしょうぐん》任官後、その御礼を言上するために参内《さんだい》し、後陽成《ごようぜい》天皇と対面した（『お湯殿《ゆどの》の上《うえ》の日記《にっき》』慶長八年三月二十五日条）。この時、家康は「昵近衆《じっきんしゅう》」と称する、烏丸光宣《からすまみつのぶ》・光広《みつひろ》、日野輝資《ひのてるすけ》・資勝《すけかつ》・光慶《みつよし》、広橋兼勝《ひろはしかねかつ》・總光《ふさみつ》・兼賢《かねかた》、万里小路《までのこうじ》充房《あつふさ》・兼房《かねふさ》、白川雅朝《しらかわまさとも》、飛鳥井雅庸《あすかいまさつね》・雅賢《まさかた》、勧修寺光豊《かじゅうじみつとよ》、上冷泉為頼《かみれいぜいためより》、阿野実顕《あのさねあき》、正親町三条実有《おおぎまちさんじょうさねあり》、山科言経《やましなときつね》、高倉永慶《たかくらながよし》ら、十二家十九名の公家たちを従えて、参内している。

もっとも、烏丸以下の公家たちは、すでに慶長五年段階から家康への参礼を行っていた（『時慶記《ときよしき》』慶長五年六月十七日条）。また、家康は慶長八年以前にもしばしば参内しているものの、いずれの場合も、供をする公家衆は伴っていない。

つまり、先の烏丸以下の公家たちは、慶長八年時点にいたって初めて「昵近衆」として扱われるようになったのである。そして、彼ら昵近衆は参礼ばかりではなく、家康が参内する際には、禁裏御所《きんりごしょ》（天皇の住居）の唐門《からもん》（屋根に唐破風《からはふ》がついた門）の外での送迎、天皇との対面時には天皇御前まで家康につき従う、など儀礼の場で活躍を見せるようになった。かかる昵近衆のはたらきは、他の公家とは異なることから、次第に公家衆のあいだで「昵近衆とそれ以外の公家」という身分意識の表れが生じるにいたった。

昵近衆の編成理由

では、なぜ家康は慶長八年（一六〇三）の段階で昵近衆を編成したのであろうか。この理由の一つに、秀頼の存在がある。前にも触れたが、この時期も秀頼に対する公家衆の参礼は継続して行われている。慶長八年段階での、秀頼・家康両者への参礼者の人数・顔ぶれは同じである。加えて、秀頼に対する公家衆の参礼の様子は、公家関白《かんぱく》に対する参礼（年賀の礼・八朔《はっさく》の礼）の様子と共通する。さらに先にも触れたように、この時点においても公家をはじめ武家・僧侶たちは、秀頼を次期関白として期待していた（『義演准后日記《ぎえんじゅごうにっき》』慶長七年十二月晦日条など）。実際、官位（官職と位階）の昇進でも、家康は慶長八年二月に従一位右大臣《じゅいちいうだいじん》・征夷大将軍に任官したが、その約二ヵ月後には秀頼が正二位内大臣《しょうにいないだいじん》へ昇進するなど、両者は拮抗《きっこう》している。

このように、今なお朝廷や公家衆との関係を維持している秀頼に対して、家康は自身の立場を積極的に示す必要にかられたのである。そのため、家康は将軍任官の御礼参内の場を利用した。繰り返しになるが、この時家康は昵近衆を編成し、彼らを率いて参内した。

実はこのスタイルは、室町幕府足利《あしかが》将軍の参内時と同じである（『お湯殿の上の日記』永禄三年〈一五六〇〉二月六日条、同十一年十月二十二日条など）。ちなみに織田信長《おだのぶなが》の場合を見ると、信長はその生涯で九回参内しているが、天皇との対面や三献《さんこん》の儀《ぎ》もなく、正式な形式での参内はとり行っていない（藤井譲治二〇一二）。ある意味、簡略化したかたちでの参内であったから、とりたてて昵近衆を編成し、彼らをつき従わせる必要はなかったといえよう。

豊臣秀吉《ひでよし》の場合は、信長と違い叙任《じょにん》に際しての御礼や年頭の祝賀のため、しばしば参内していたが、いずれの場合も公家衆を従えての参内ではなかった（矢部健太郎一九九八）。また秀吉は信長とやや異なり、今出川《いまでがわ》（菊亭《きくてい》）晴季《はれすえ》・勧修寺晴豊《はれとよ》・久我敦通《こがあつみち》・中山親綱《なかやまちかつな》らの公家たちと個人的な交流を持ち、のちに彼ら四人は秀吉―朝廷間をつなぐ伝奏《てんそう》（武家伝奏《ぶけてんそう》）となっている（神田裕理二〇一七）。だが彼らは秀吉と親しい公家衆ではあっても、秀吉の「昵近衆」とは見なされていなかった（『雲上当時抄《うんじょうとうじしょう》』）。信長も秀吉も、自身の「昵近衆」は持たなかったのである。

信長・秀吉、そして慶長年間初めの秀吉の参内をふまえると、武家の参内に際して、必ずしも昵近衆が供をする必要はなかった。それにもかかわらず、家康は、これまでの参内のスタイルを変え、室町幕府の足利将軍の参内のそれを模倣《もほう》した。このスタイルでの参内は、かつての足利将軍の姿と重なることから、「将軍」としての家康の地位・立場を、朝廷・公家衆に印象づけることとなったであろう。

つまり、家康の昵近衆編成の理由の一つには、次期関白と見なされている秀頼との差異化を示し、あわせて「将軍」としての自らの地位を表明することにあったのである。

昵近衆の特徴と彼らへの期待

家康が昵近衆を編成した理由は、参内に際して従者を務めさせるため、だけではなく、ほかにも理由はあった。つづいて、もう一つの理由を探っていこう。まず、家康が編成した昵近衆の特徴から見ていきたい。

先に述べたように、将軍任官時の参内スタイルは家康が独自に創り出したものではなく、足利将軍のそれをふまえたものである。足利将軍の踏襲、これは昵近衆の編成にもいえることである。慶長八年（一六〇三）時に「昵近衆」として現れた公家衆、すなわち烏丸以下の者たちは、実は室町時代の昵近衆としてあがっていた「家」（＝日野・広橋・烏丸・正親町三条・飛鳥井・高倉・上冷泉・勧修寺）の子孫たちだったのである。室町時代の昵近衆に課せられた役割には、将軍参内時や外出時に供をする、将軍御所での儀礼に参列するといった儀礼面にとどまらず、将軍の警護、将軍―朝廷間の交渉のパイプ役など、多岐《たき》にわたっていた。

慶長期の昵近衆も、家康の参内時に供をするほか、家康―朝廷間の交渉の場でも活躍している。その具体的な様子はのちに述べるが、役割面においても室町時代の昵近衆と共通する。系譜《けいふ》の面でも、役割面でも、「武家」との対応に比較的、慣れた面々が、昵近衆として選ばれたのであろう。

さらに、慶長八年時の昵近衆の面々は、朝廷内においても実務を担う中心的な存在と見なされていた。たとえば、当時、摂家《せっけ》を除く公家衆には、従来の官位昇進ルートにもとづいた区分（家格《かかく》＝家の格式）のほか、天皇との関係（親疎《しんそ》。親しいか否か）にもとづく区分があった。それにより、彼らは天皇と血縁関係を持つなど、より天皇に近い存在の内々《ないない》（内々衆）と、外様《とざま》（外様衆）に区分されている（『言経卿記《ときつねきょうき》』慶長八年十二月十六日条）。先にあげた昵近衆の面々は、ほぼ内々衆《ないないしゅう》に区分される公家たちであることから、天皇との関係が密接な者たちで編成されていたことがわかる。

あわせて、昵近衆にあがっている公家たちの「家」は、朝廷内の実務を担当する「家」、いわば実務官僚といった家柄に相当する。彼らはこの時期も、種々の朝儀《ちょうぎ》（朝廷の儀式）、たとえば秀頼の権中納《ごんのちゅうな》言《ごん》任官に際しての陣儀《じんのぎ》（会議）（『お湯殿の上の日記』慶長三年四月二十日条）や、節会《せちえ》（宮中で開催された宴）（『お湯殿の上の日記』慶長五年正月一・七日条）に携わり、その奉行《ぶぎょう》を務めている。

注目すべきは、昵近衆には、勅勘《ちょっかん》（天皇から受けるとがめ）を受けたことのある公家たちは選出されていないことである。この時期の勅勘者の中には、先にあげた山科・四条・上冷泉・日野父子らのほか、四辻季満《よつつじすえみつ》・水無瀬兼胤《みなせかねたね》・六条有広《ろくじょうありひろ》らがいるが、彼らは昵近衆には含まれていない。六条・四辻・四条・水無瀬らの勅免《ちょくめん》（天皇による赦《ゆる》し）は、家康から朝廷へのはたらきかけで実現した（『言経卿記』慶長五年四月十九日条、同六年五月十一日条など）ことからも明らかなように、彼らは家康と接点を持つ者たちであった。それにもかかわらず、当時点で昵近衆に編成されることはなかったのである。

例外は、山科言経と日野輝資・資勝父子のみである。なお六条らと同様、山科は慶長三年十一月に、日野父子は慶長七年四月に、すでにそれぞれ勅免されていた（『言経卿記』慶長三年十一月十二日条、『諸家伝』）。山科・日野が例外となったのは、日野父子はかつての（室町時代の）昵近衆の「家」出身であったこと、山科は勅勘中に家康から毎月一石五升の扶持《ふち》を受ける（『言経卿記』文禄元年〈一五九二〉十一月十五日条）など、家康と懇意《こんい》であったことが、その理由である。加えて、山科家もやはり戦国時代以降、武家との密接なつながりを持ち、公武間の交渉にも一定の役割を果たしていたことを考慮しての措置であろう。

このように、昵近衆の特徴は、武家との関係をスムーズに結べる者、朝廷内部の運営面に明るい者、天皇との関係が良好な者、であった。家康は、以上の点を重視して昵近衆の編成にあたったのである。

これまで昵近衆は、「武家寄りの性格を持つ公家集団」と見なされ、家康は自身と密接な関係を持つ昵近衆を編成することで、「公家衆（公家社会）を分断する」策を講じた、と捉えられてきた（藤井讓治一九九二）。しかし昵近衆の特徴を見直すと、従来の理解には、再考の余地があるといえよう。家康は、後陽成天皇の思惑にも配慮していたのである。

昵近衆に寄せる期待

それでは、家康は昵近衆にどのような期待を寄せていたのであろうか。これを探ることによって、昵近衆の編成の理由も解き明かされよう。

現在残されている複数の記録類を見ると、慶長八年（一六〇三）二月十二日の家康の将軍任官を機に、勧修寺光豊・広橋兼勝の二人の公家が、朝廷―武家間の交渉をつかさどる役目の武家伝奏に任じられたとされている（『公卿補任《くぎょうぶにん》』慶長八年の項など）。ただ勧修寺・広橋の両名は、すでに慶長八年以前から交渉役を担っている（『お湯殿の上の日記』慶長五年七月十七・十八日条など）。よって、これまで豊臣家に対して伝奏（武家伝奏）を務めていたものが、この時点で徳川家に対する伝奏（武家伝奏）として改めて任命されたのではないか、という見方もなされている（村和明二〇一七）。

しかし、実際には慶長八年にいたっても武家伝奏は家康に専従《せんじゅう》するわけではなく、朝廷から秀頼への使者も務めている（『時慶記』慶長八年四月二十二日条）。加えて、武家伝奏は朝廷（後陽成天皇）から公家衆への命令を伝達することもあった（『時慶記』慶長八年九月二日条など）。武家伝奏の対応する相手が、豊臣家から徳川家へと単純に移行したわけではなかったのである。

かかる武家伝奏をめぐる状況をふまえると、朝廷との関係を維持・強化していくうえで、家康にはそれ以外に独自のパイプ役が必要だったのではないだろうか。朝廷―家康間をとり結ぶパイプ役、これこそが昵近衆編成のもう一つの理由であり、昵近衆に期待された役割だったのである。

2　対朝廷交渉役としての昵近衆

猪熊事件をめぐる公武関係

家康―朝廷間をとり結ぶパイプ役として期待された昵近衆は、その後、実際にパイプ役として朝廷―家康間の交渉の場にも姿を現すようになる。そのありようを、いくつか見ていこう。この一つの例として、猪熊《いのくま》事件がある。

猪熊事件とは、慶長十四年（一六〇九）六月半ばに明るみになった、公家衆と後陽成天皇に仕える後《こう》宮女房《きゅうにょうぼう》たちとの密通事件である。当事者たちの面々は、猪熊教利《のりとし》を中心とする七人の公家衆（兼康頼《かねやすより》継《つぐ》・烏丸光広・大炊御門頼国《おおいみかどよりくに》・花山院忠長《かざのいんただなが》・飛鳥井雅賢・難波宗勝《なんばむねかつ》・徳大寺実久《とくだいじさねひさ》・松木宗信《まつきむねのぶ》）と、新大典侍《しんおおすけ》（広橋氏）をはじめとする、権典侍《ごんのすけ》（中院《なかのいん》氏）・中内侍《なかのないし》（水無瀬《みなせ》氏）・菅内侍《かんのないし》（唐橋《からはし》氏）・命婦讃岐《みょうぶさぬき》ら五人の後宮女房たちであった。

この時代、公家衆と後宮女房とのスキャンダルはさほど珍しいことではなく、これまでもたびたび起こっている（神田裕理二〇一六）。とはいえ、事件の中心人物である猪熊教利には二年前にも女院《にょいん》（後陽成天皇生母、新上東門院《しんじょうとうもんいん》勧修寺《かじゅうじ》晴子《はれこ》）に仕える女房（御末《おすえ》、下級の女房）と密通したという〝前科〟があったこと（『言経卿記』慶長十二年二月十二日条）や、この事件は当事者たちの人数が多かったことも重なって、朝廷をゆるがす大問題となってしまったのである。

朝廷―家康間の交渉

事件の発覚後、身近に仕える女房（後宮女房）たちのスキャンダルに激怒した後陽成天皇は即刻、厳罰を求めている。一方、朝廷では天皇が求めるまま即、厳罰を与えるといった対応はせず、事件の糺明を行っている。女院（新上東門院勧修寺晴子）が指揮をとり、後宮からは大御乳人《おおおちのひと》（天皇の後見役）、ほかに勧修寺光豊・白川雅朝・富小路《とみのこうじ》秀直《ひでなお》らの公家衆が、糺明《きゅうめい》に携わった。その結果、七月四日に、当事者への処分――公家衆七人は役職を解いたうえで謹慎、後宮女房衆の五人は実家に預け置く――が、いったん決定されるにいたったのである（『時慶記』慶長十四年〈一六〇九〉七月四・六日条）。朝廷内で起きた問題、とりわけ後宮女房や公家が関わっている問題だからこそ、まず朝廷が真っ先に対処しているのである。

朝廷で出された処分内容に天皇は首を縦に振らず、あくまで厳罰を求めていた。糺明の経過と、あわせて天皇の希望を家康に伝えたところ、家康は「天皇のご意向どおりにするのが良い」と答えている

（『お湯殿の上の日記』慶長十四年七月十四日条）。その一方で、家康もまた武家伝奏の勧修寺光豊・広橋兼勝および昵近衆の白川・富小路らを通して、事件の糺明にあたっていた（『時慶記』慶長十四年七月十四・二十一日条）。

ひきつづき朝廷でも関白九条忠栄《くじょうただなが》を含めた公家衆が審議を重ねていたが、具体的な処分内容を示すまでにはいたっていなかった模様である（『孝亮宿禰日次記《たかすけすくねひなみき》』慶長十四年七月十九日条）。後陽成天皇はあくまで当事者たちへの厳罰を求める態度を崩さなかったため、いまだ決着はつかないままであった（『勧修寺光豊公文案《かじゅうじみつとよくもんあん》』二）。

八月に入り、家康はなおも厳罰を求める後陽成天皇の意向を尊重しつつも、今後のために十分な糺明が必要であることを朝廷に申し入れている（『お湯殿の上の日記』慶長十四年八月四日条）。そのうえで、家康は自身の配下の、京都所司代板倉勝重に命じて、当事者（公家衆と女房衆）一人一人の尋問を行わせている（『時慶記』慶長十四年八月六・八日条）。

朝廷側では、家康の進言を受けて、後陽成天皇が公家衆とくに摂家たちを集め、さらなる審議を繰り広げた。摂家たちは、審議を重ねたうえで処分を決定しようと試みていたものの、最終的には厳罰を求める天皇の意向に同意したのである（『お湯殿の上の日記』慶長十四年八月四日条）。

その後も、事件解決に向けて、家康―朝廷間で交渉が続けられた。結果、後陽成天皇は態度を一転させ、家康に処分を任せる旨を表明するにいたったのである（『勧修寺光豊公文案』二）。よって、家康は天皇の意向もふまえ、十月に当事者の後宮女房衆と公家衆は流罪《るざい》（追放刑）、主犯格たる猪熊らは京で斬罪《ざんざい》（死罪）、という最終的な処分が決定され、十一月に実行されたのである（『角田文書《つのだもんじょ》』）。ただし、公家衆のうち烏丸光広・徳大寺実久の二名は勅免を受け、流罪は逃れている（『当代記《とうだいき》』巻五）。

以上のように、家康は基本的には当事者に対する厳罰を求める天皇の意向に背いてはいない。ただし、家康は「今後のために十分な糺明」が必要と述べており、実際に板倉を通して、事件の糺明にあたらせている。その際も、板倉が排他的・独占的な糺明を行うことはなかった。そこでは板倉と武家伝奏や昵近衆との連携は図られており、とくに昵近衆は朝廷—幕府間の交渉役を務めている（『時慶記』慶長十四年七月十二日条）。つまり、昵近衆のはたらきは、武家伝奏と同様か、あるいはその補佐的なものと捉えられる。まさに、家康と朝廷とのあいだのパイプ役が期待された、昵近衆の面目躍如《めんぼくやくじょ》といえよう。

豊臣方の動き

注目すべきは、猪熊事件の解決に際して、秀頼をはじめとする豊臣方（豊臣家）が直接的には関わっていないことである。高台院《こうだいいん》（秀吉正室。おね〈寧々〉、吉子、杉原〈木下〉氏）や千姫《せんひめ》（秀頼正室。徳川氏）ら豊臣方の女性たちは、事件当事者である後宮女房を気遣ってか、近しい公家に問い合わせを行っていたようであるが（『時慶記』慶長十四年〈一六〇九〉二月五・八日条）。これはとくに事件解決には結びつくものではなく、あくまでも「情報を得る」といった程度の行動であろう。現在残されている史料からも、事件解決に向けて、豊臣方でも審議を行っていた、ましてや当事者の尋問にも携わっていたといった動きは確認できない。やはりこの事件は、家康—朝廷間の交渉を経て解決にいたったのである。

だが、豊臣方が朝廷内部の問題解決にまったくノータッチであったというわけではない。この時代、朝廷内で起きた問題は朝廷側で解決することが多くなっていたことは、これまでも見てきたとおりである。ただ、天皇やその一族の進退に関わる問題については、武家側（豊臣方）も乗り出している。時期はややさかのぼるが、二つほど、その例を見ていこう。

たとえば、皇女の進退に関わる問題である。皇女（女二《おんなに》の宮《みや》。後陽成天皇皇女、恵仙《えせん》）の身の振り方（＝大聖寺門跡《だいしょうじもんぜき》への入室）について豊臣方から朝廷へ提案したことがきっかけとなって、朝廷での協議がはじまったこともあった（『お湯殿の上の日記』慶長四年二月十日、六月二十六日条）。もっとも、この問題に豊臣方が関わったのには理由がある。女二の宮が後陽成天皇の女御《にょうご》（のち女院）である近衛前子《このえさきこ》が生んだ皇女であり、前子は秀吉の養女となって入内《じゅだい》していたという、豊臣家―近衛家―天皇家（朝廷）との縁戚関係によるところが大きいと考えられる。

豊臣方による問題解決

もう一つの例として、慶長三年（一五九八）十月に持ち上がった後陽成天皇の譲位問題がある（巻末【系図1】参照）。この時、豊臣方は猪熊事件時とは異なる様子を見せている。後陽成天皇はこの年の八月ごろから体調を崩し、当代きっての名医、曲直瀬玄朔《まなせげんさく》の治療も受けていたものの、病状は一進一退であった。そこで天皇は、長引く病気を理由に譲位の意向を突然表明する（『お湯殿の上の日記』慶長三年十月十八日条）。天皇の希望は、まず三人の伝奏（武家伝奏。勧修寺晴豊・久我敦通・中山慶親《なかやまのりちか》）を通して豊臣方の京都所司代前田玄以《まえだげんい》（玄以法印《ほういん》）に伝えられ、それを受けた玄以は摂家以下の公家衆に命じて談義させている。

一方、この時、家康に対しては朝廷はなんのはたらきかけも行っていない。また前田玄以も、家康と連携して事を進めようとはしていなかった。譲位問題に関して、家康は単独で公家衆と談義しているに過ぎない。

だがそのわずか三日後に、後陽成天皇が重ねて譲位を求め、しかも儲君《ちよくん》（皇継者）として皇弟の八《はち》条宮智仁親王《じようのみやとしひと》を指名したため、事態は紛糾《ふんきゆう》した（『お湯殿の上の日記』慶長三年十月二十一日条）。公家衆はもとより玄以も、次期天皇となるのは第一皇子の良仁《かたひと》親王だと疑いもしていなかったからであろう。この天皇の発言は、三人の伝奏から玄以に伝えられ、摂家、家康らいわゆる「五大老《ごたいろう》」にも伝えられている。ここから、想定外の儲君（皇継者）の指名といった一種の非常事態にいたって、家康も直接、譲位問題に関与するようになったことがわかる。

「八条宮への譲位」という天皇の意向を知らされ、九条兼孝《くじようかねたか》ら摂家衆は皇継者についてあらためて談義をはじめた（『兼孝公記《かねたかこうき》』（九条兼孝日記）』慶長三年十月二十六日条）。その結果、九条ら四人の摂家は天皇の意向に反して良仁親王を推し、残る摂家の近衛信輔《のぶすけ》（のち信尹《のぶただ》）は「天皇の意向に従う」と表明するなど意見が割れた。家康も、当初は「天皇の意向に従う」と考えていた節があるが、最終的には大勢の推す「良仁親王への譲位」に同意したようである。

公家衆による談合の結論（＝良仁親王への譲位）は、後陽成天皇に伝えられた模様であるが、天皇は一蹴し、今度は「三宮《さんのみや》（政仁《まさひと》親王）への譲位」を持ち出した（『義演准后日記』慶長三年十一月六日条）。ただ当時、三宮は三歳となったばかりであり、幼児への譲位はいかにも無理があった。摂家たちや「五大老」も難色を示したのか、「五大老」の筆頭で内大臣の家康が「譲位は無用である」と後陽成天皇に奏上《そうじょう》（天皇に申し上げること）している（『お湯殿の上の日記』慶長三年十一月十八日条）。結局のところ、慶長三年時点での譲位は実現しないまま終わった。

ここで注目したいのは、家康が譲位問題に直接関与することになったとはいえ、それは摂家や「五大老」の総意（＝「譲位は無用である」）を奏上したにとどまっており、家康が反対して譲位を止めたわけではないことである（久保貴子二〇一五）。家康がリードして、問題解決にあたったとはいえないだろう。

このように慶長八年以前の段階では、朝廷内部の問題解決にあたるのは、武家側ではまず豊臣方であった。また豊臣方も、積極的に関わろうとしていた様子がうかがえる。じょじょに台頭し、朝廷との距離も近づきつつあったとはいえ、慶長三年段階では家康は、朝廷内部の問題に関与しつつも、朝廷とともに解決に導きうる存在とはいまだ見なされていなかったようである。

その後、このような状況はまるで変わってしまった。慶長十四年段階にいたると、豊臣方の対応はそれまでとはまったく逆の様子を見せている。先にも述べたように、慶長十四年の時期でも秀頼—朝廷間の関係はつづいていた。大坂夏《おおさかなつ》の陣《じん》の時期（慶長二十年五月）にいたっても、大坂城に入って参戦ののち討ち死にした持明院基久《じみょういんもとひさ》・基征《もとゆき》父子のように、秀頼方と好《よしみ》を通じる公家もいた（『孝亮宿禰日次記』元和元年〈一六一五〉七月二十四日条）。秀頼と朝廷・公家衆との関係は、家康の台頭によって途切れたわけではないが、その内実は参礼など儀礼的な面での関係のみへと、変化していたのである。

昵近衆が果たすもう一つの役割

先に、家康が昵近衆に寄せた期待の一つとして、「朝廷への独自のパイプ役」をあげた。このほか、昵近衆にはまた違う役割も期待されている。その役割とは何だったのだろうか。

大坂夏の陣（慶長二十年〈一六一五〉五月）で秀頼が敗北を喫し豊臣家が滅亡した約二ヵ月後の同年（元和元年）七月、家康は全十七ヵ条からなる「禁中《きんちゅう》並《ならびに》公家《くげ》中諸法度《ちゅうしょはっと》」を制定、発布した。家康の対天皇（朝廷）・公家衆政策の一環として有名な法度であるが、これまでは家康（江戸幕府）による一方的な「天皇（朝廷）・公家衆の統制策」という見方で捉えられてきた。だが近年の研究の進展に伴い、右のような見方は改められている（田中暁龍二〇一一、野村玄二〇一五）。この法度に関する研究も深まり、条文の解釈や受容面についても再検討がなされた結果、法度は当時の公家社会の意向をふまえて幕府が規定したものであり、かつ公布も朝廷側・幕府側「公武」双方の合意のうえでなされていたことが明らかとなっている（神田裕理二〇一五）。

事実、法度の制定にあたっては公家側も十分なはたらきを見せている。家康は、法度を制定する一年前からその準備のため、金地院崇伝《こんちいんすうでん》（以心崇伝《いしんすうでん》。京都南禅寺《なんぜんじ》の住持《じゅうじ》）を中心とした京都五山《ござん》（五つの禅《ぜん》宗《しゅう》寺院）の僧侶と林羅山《はやしらざん》（儒学者）らを通して公家衆が所蔵するさまざまな記録類、中でも古代の国家や政治に関わるものを集めさせ、書写させている（『駿府記《すんぷき》』慶長十九年四月五日条・六月二日条、『本光国《ほんこうこく》師日記《しにっき》』十二）。彼らのうち家康からその学識・教養に期待を寄せられていた崇伝は、禁中並公家中諸法度のほか、武家諸法度《ぶけしょはっと》、諸宗諸本山本寺《しょしゅうしょほんざんほんじ》宛ての諸法度（いずれも同年七月に制定）の作成にも携わっていた。

　家康は集められた記録類をもとに、法度の原案を練っているが（『本光国師日記』十一）この折、公家衆からも意見を徴している。とくに古代と慶長年間当時の礼式の差異について、家康から再三問われた朝廷では評議を重ねている。その例として、法度の第二条・第三条の作成過程を見てみよう。これらの条は、親王や公家衆の朝廷内での座次《ざなみ》（席順）や官位昇進の順序など、彼らの身分秩序を規定した条文である。当初、家康は「親王は、大臣や准后より上位に位置する」という見解を持っており、これを時の天皇の後水尾《ごみずのお》天皇に示している。これを受けた天皇は関白九条忠栄ら摂家《せっけ》たちを招集し、朝廷内で彼らによる談義が繰り広げられた（『言緒卿記《ときおきょうき》』慶長十九年十二月二十五日条、『時慶記』慶長十九年十二月二十六・二十七日条）。

　談義の中心となったのは摂家たちであったが、そのほか堂上公家衆《とうしょうくげしゅう》（内裏清涼殿《だいりせいりょうでん》に昇殿《しょうでん》できる廷臣《ていしん》一般）も集まっている。その中には武家伝奏の広橋兼勝と三条西実条《さんじょうにしさねえだ》もいたが、彼ら二人は談義の参集者に対して、家康の意向を伝えるという「伝奏」としての役目を負っていたのである。

　さらに注目すべきは、ここに昵近衆の白川雅朝・広橋兼賢《かねかた》・柳原業光《やなぎはらなりみつ》・山科言緒《ときお》・高倉永慶・烏丸光賢《みつかた》・竹屋光長《たけやみつなが》らも加わっていることである。先にも述べたように、彼ら昵近衆は朝廷内部の実務を担当する「家」の出身者であることから、日常的に朝廷内での行政面に関わることが多い。よって、朝廷の実務に関する事柄や故実《こじつ》（先例・先例となるに足りる事例）についても、見識・経験は十分に備えていたことは確実である。

とりわけ、この談義は朝廷内部の身分秩序を規定する条目（第二条・第三条）の制定に向けてのものであるから、彼らの見識は必須といえる。だからこそ、昵近衆も談義の場に加わったのである。昵近衆への期待、それは家康—朝廷間を結ぶ「パイプ役」だけにとどまらない。禁中並公家中諸法度の制定過程からわかるように、彼らには故実を含めた種々の知識を条文作成に生かすこと、および公武双方で法度を練り上げていくうえで武家伝奏とともに、時には武家伝奏を助けて朝廷側に家康の意向を伝えることが期待されていたのである。

エピローグ

戦国期朝廷の実像

戦国時代の朝廷とはどんな存在か。この時代、天皇や朝廷は国家の中でどのような位置を占めていたのか。そして、足利《あしかが》将軍から織田信長《おだのぶなが》・豊臣秀吉《とよとみひでよし》といった「天下人《てんかびと》」、そして徳川家康《とくがわいえやす》へとつづく武家権力者たちが、天皇や朝廷とどのような関係をとり結んでいたか。本書の最後に、まとめたい。

「武士の世」とされる戦国時代、天皇および朝廷はたんなる「伝統文化の担い手」として生きながらえていたわけではない。また彼らは、花鳥風月《かちょうふうげつ》を友とする文弱《ぶんじゃく》な徒《と》、という存在でもなかった。この時期、朝廷には「文化の担い手」のみならず、さまざまな政治的役割が課され、彼らもまたそれらを果たしていた。むろん現実的な支配の大半は武家権力者によって行われているものの、朝廷はそこに正当性（どちらに理があるのか）・正統性（どちらがふさわしいか）を判断する役割を担っており、それには一定の影響力を持っていたのである。

このことは、とくに裁判・調停機能に顕著に現れている。裁判・調停（相論《そうろん》裁定）において、朝廷は主に社会的な立場や身分秩序に関わる案件を担当し、どちらの主張に正当性があるか、を判断する役割・機能を負っていた。このように、朝廷独自の機能や判断が存在しており、それらに対して武家権力者が必ずしも優越しているわけではなかったのである。朝廷と武家で、権限の及ぶ範囲に明確な線引きがなされていたことがわかる。つまり、公武で役割分担および権限の分掌が行われていたといえる。

このような役割を果たしていた朝廷だからこそ、武家権力者も朝廷を威圧したり、ないがしろにすることはなかった。公武両者は、協調的な関係を保っていたのである。武家権力者にとっても、政治支配の正当性・正統性の保証を行う朝廷は重要な存在である。それは必ずしも名目的な意味ではなく、朝廷からかかる保証を受けることによって、武家権力者は被支配側の人心掌握や外聞・体面に関わる客観性を確保しようとしたのであろう。

また、これまでの研究では、この時代の朝廷のあり方は室町幕府が次第に衰退していく中、新たに統一政権（＝織田・豊臣政権）によって経済面で保護を受け、朝廷が持つ政治的機能（主に改元《かいげん》・官位叙任・暦の制定を指す）も引き出された結果、「再生」され、「浮上」することができた、と捉えられてきた。もちろん、この時代の朝廷をめぐっては「再生→浮上」といった状況があったこと自体、否定するものではない。その一方で先に述べたように、裁判・調停といったより政治的な意味を持つ問題に関しても、朝廷が独自に主体となって解決にあたっている面も確認できるのである。これは、朝廷の政務運営の表れ、「朝廷再生」「朝儀再興《ちょうぎさいこう》」と評価できるだろう。

このような「朝廷再生」「朝儀再興」は、いまだ統一政権が確立していない段階から見られることから、武家側（統一政権側）からのはたらきかけの結果とは捉え難い。「朝廷再生」「朝儀再興」には公家衆も自発的に携わっており、朝廷内部でその気運が高まっていた結果といえる。この過程において、武家側の動きのみに目を向けるのではなく、朝廷内部からの主体的・自律的な動きがあったことにも注目すべきであろう。

よって、天皇の存在をたんなる「権威」や「お飾り」、あるいは「武家の傀儡《かいらい》」とのみ位置づけることと、そして天皇の政治的役割・機能を「天皇権威にもとづくもの」と単純に捉えるのみでは不十分であるといえる。この時期の朝廷は、必ずしも武家の思うままに動かされてきたわけではなかったのである。

信長や秀吉ら武家権力者もまた、公家衆に果たすべき「家業《かぎょう》」「朝役《ちょうやく》」および「家之道」を提示し、その役割を認めている。そこから、「公武対立」の図式や、信長による「公家社会の解体の志向性」は、読みとれない。その後、家康の時代にいたって公武双方の合意のもとで「禁中並《きんちゅうならびに》公家《くげ》中諸法度《ちゅうしょはっと》」が制定された。このことは、とかく「初めて天皇が法的な規制の対象となった」と捉えられてきたが、条文作成の過程をたどると、公家衆から寄せられた天皇への期待を盛り込んでいることがわかる。家康も天皇・朝廷と安定的な関係を望み、新たな国づくり（徳川政権）を行っていく中で天皇を中心とする朝廷や公家社会の秩序を改めて整備していったといえる。

戦国時代を通して現実的な政治支配をとり行う武家権力者、その政治・秩序の保証者たる朝廷。両者は相互的に補完し合って、この時期の国家の上部構造に位置づけられていたのである。

あとがき

本書は、拙著『戦国・織豊期の朝廷と公家社会』（校倉書房、二〇一一年）、『戦国・織豊期朝廷の政務運営と公武関係』（日本史史料研究会、二〇一五年）につづく三冊目の単著である。と同時に、一般書としては初めての単著となる。奇しくも四年ごとに著書を刊行できたことになるが、このようなめぐり合わせになるとは、正直なところ夢にも思っていなかった。三冊目の単著・初の一般書書き下ろしの刊行を幸せに思い、めぐり合わせに感謝している。

またこの四年間に、日本史史料研究会監修のシリーズの一環として、責任編者となる『ここまでわかった戦国時代の天皇と公家衆たち—天皇制度は存亡の危機だったのか—』（洋泉社歴史新書y、二〇一五年）、『伝奏と呼ばれた人々—公武交渉人の七百年史—』（ミネルヴァ書房、二〇一七年）の二冊（いずれも一般書）を世に送り出すこともできた。企画立案からはじめ、執筆陣の御協力も得て一冊の本にまとめ上げていくという作業は大変であったが、それ以上に心楽しいものであった。日本史の一般書としては、いずれもマニアックでニッチな本であることは否めない。はたして歴史愛好家に受け容れられるか不安もあったが、幸いなことに「重版出来」も経験できた。「オンリーワンの魅力」があったのだろうか。

このような中で、「単著の一般書」も刊行してみたいという夢がふくらんだのは自然の流れかもしれない。中世から近世という移行期、「武家の世」とされる時代を、天皇や公家衆はどのような目で見つめ、時代を生き抜いていったのか。京の人間の数パーセントを占めたであろう彼らの動きに視角を据え、この時代の政治や社会を見直そう——これが本書のテーマであり、かつ私の研究テーマでもある。本書では、天皇や公家衆に期待された政治的な役割の検討を通して、彼らの実像の解明に迫ってみた。また戦国時代というと、とかく戦国大名の血湧き肉躍る「合戦絵巻」に目を奪われがちであるが、「武家」だけで世の中を回していたわけでもなかろう。天皇（朝廷）と武家、両者の関係を通して見た、「武家の世」のありようを探るのも、本書の目的である。

天皇・公家衆の実態と公武関係の様相、これらの解明を両翼として本書が世に飛び立つことができるなら、著者としてこれ以上の喜びはない。小学校一年生の時は「作家」を夢見、高校生の頃は「編集者」に憧れた私の「夢」は今も息づき、かたちを変えながらも実現しているといえよう。

本書の出版については、日本史史料研究会代表の生駒哲郎氏（生駒ＣＥＯ）の吉川弘文館への御紹介によるものである。記して感謝申し上げる。また昨今の出版事情の厳しい中、刊行をお引き受け下さった吉川弘文館の石津輝真氏、製作に携わって下さった文選工房の佐藤康太氏にも謝意を表したい。

最後に私事で恐縮であるが、一人っ子の女の子にもかかわらず、「家」に縛ることなく、「自分の人生なのだから、好きなことを見つけ、好きなように生きなさい」「好きなことを続けられるのが、一番幸せなのだから」と、日夜励まし支えつづけてくれている父、母、そして今は亡き母方の祖母にも感謝し、今後のさらなる精進を誓いたい。

四年後。また私は本を刊行できるのだろうか。この「夢」がかなうように、次の一歩を踏み出そう。

二〇一九年八月二十二日　令和最初の誕生日に

神田裕理

主要参考文献

＊本文中にカッコ書きで示した参考文献（主に学術論文）は、初出年を表記した。ここでは、図書館などでの検索・入手の便宜を考え、のちに単著あるいは編著に収録されたものは、最新の書誌情報を記載する。なお、初出年・初刊年も併記した。

朝尾直弘『将軍権力の創出』（岩波書店、一九九四年）
跡部　信『豊臣秀吉と大坂城』（人をあるく、吉川弘文館、二〇一四年）
網野善彦・阿部謹也『対談 中世の再発見―市・贈与・宴会―』（平凡社ライブラリー66、平凡社、一九九四年、初刊一九八二年）
池　享「戦国・織豊期の朝廷政治」（『戦国・織豊期の武家と天皇』校倉書房、二〇〇三年、初出一九九二年）
池　享編『日本の時代史13 天下統一と朝鮮侵略』（吉川弘文館、二〇〇三年）
池　享「織豊政権と天皇」（『戦国・織豊期の武家と天皇』校倉書房、二〇〇三年、初出一九九三年）
池内敏彰「『雑事記』に見る前関白「畑下向云々」（上）・（下）」（『土佐史談』一九二・一九三号、一九九三年）
池上裕子『織田信長』（人物叢書272、吉川弘文館、二〇一二年）
池上裕子「書評 金子拓著『織田信長権力論』」（『史学雑誌』一二五編七号、二〇一六年）
池田美千子「衣紋にみる高倉家―大炊御門家から高倉家へ―」（『史学雑誌』一一一編二号、二〇〇二年）

池田美千子「ふたつの高倉家」（松岡心平編『看聞日記と中世文化』森話社、二〇〇九年）

石原比伊呂『足利将軍と室町幕府―時代が求めたリーダー像―』（戎光祥選書ソレイユ1、戎光祥出版、二〇一七年）

磯川いづみ「伊予河野氏の対京都外交―梅仙軒霊超を介する『近衛ルート』―」（『戦国史研究』六七号、二〇一四年）

井原今朝男「室町・戦国期の天皇裁判権とふたつの官僚制」（『国立歴史民俗博物館研究報告　開館三〇周年記念論文集Ⅰ』一七八集、二〇一三年）

今谷　明『室町の王権―足利義満の王権簒奪計画―』（中公新書、一九九〇年）

今谷　明『信長と天皇―中世的権威に挑む覇王―』（講談社学術文庫、二〇〇二年、初刊一九九二年）

梅村　喬「饗宴と禄―〝かづけもの〟の考察―」（『歴史評論』四二九号、一九八六年）

遠藤珠紀「消えた前田玄以」（山本博文他編『偽りの秀吉像を打ち壊す』柏書房、二〇一三年）

遠藤珠紀「朝廷官位を利用しなかった信長、利用した秀吉―天下人の政治支配―」（日本史史料研究会監修・神田裕理編『ここまでわかった戦国時代の天皇と公家衆たち―天皇制度は存亡の危機だったのか―』洋泉社、二〇一五年）

笠谷和比古『関ヶ原合戦と近世の国制』（思文閣出版、二〇〇〇年）

片山正彦「『江濃越一和』と関白二条晴良」（『豊臣政権の東国政策と徳川氏』（仏教大学研究叢書、思文閣出版、二〇一七年、初出二〇〇七年）

勝俣鎮夫『戦国法成立史論』（東京大学出版会、一九七九年）

金子　拓「室町殿をめぐる『御礼』参賀の成立」（『中世武家政権と政治秩序』吉川弘文館、一九九八年、初出一九九七年）

金子　拓『織田信長〈天下人〉の実像』（講談社現代新書、二〇一四年）

神田千里『信長と石山合戦―中世の信仰と一揆―』（吉川弘文館、一九九五年）
神田千里『一向一揆と石山合戦』（戦争の日本史14、吉川弘文館、二〇〇七年）
神田裕理「織豊期における公家の生活―交際関係をめぐって―」（『戦国・織豊期朝廷の政務運営と公武関係』日本史史料研究会企画部、二〇一五年、初出一九九九年）
神田裕理Ａ「織豊期の改元」（『戦国・織豊期の朝廷と公家社会』校倉書房、二〇一一年）
神田裕理Ｂ「絹衣相論とその裁決」（『戦国・織豊期の朝廷と公家社会』校倉書房、二〇一一年）
神田裕理Ｃ「伊勢神宮遷宮前後相論とその裁決」（『戦国・織豊期の朝廷と公家社会』校倉書房、二〇一一年）
神田裕理Ｄ「戦国期公家の席次と家格」（『戦国・織豊期の朝廷と公家社会』校倉書房、二〇一一年）
神田裕理「慶長期の公武関係―昵近衆の成立をめぐって―」（『戦国・織豊期朝廷の政務運営と公武関係』日本史史料研究会企画部、二〇一五年、初出二〇一三年）
神田裕理「戦国～織豊期の朝廷運営に見る武家権力者の対応―後宮女房の密通事件をめぐって―」（『研究論集歴史と文化』創刊号、二〇一六年）
神田裕理「織田・豊臣期の武家伝奏」（日本史史料研究会監修・神田裕理編『伝奏と呼ばれた人びと―公武交渉人の七百年史―』ミネルヴァ書房、二〇一七年）
木下　聡「武家官途としての左馬頭」（『中世武家官位の研究』吉川弘文館、二〇一一年に改題・再録、初出二〇〇六年）
木下　聡「中世後期における武家と受領官途―在地効果説をめぐって―」（『中世武家官位の研究』、初出二〇〇九年を改題および改訂・再録）
木下　聡「信長は、官位を必要としたのか」（日本史史料研究会編『信長研究の最前線―ここまでわかった「革新者」

の実像―』洋泉社歴史新書y、二〇一四年）
木下　聡「秀吉は官途をどのように利用したのか」（日本史史料研究会編『秀吉研究の最前線―ここまでわかった「天下人」の実像―』洋泉社歴史新書y、二〇一五年）
木下昌規「足利義稙の側近公家衆阿野季綱の役割をめぐって」（『戦国期足利将軍家の権力構造』岩田書院、二〇一四年、初出二〇〇八年を改訂、再録）。
木下昌規「将軍家と天皇家の二つの主人をもつ公家衆がいた」（日本史史料研究会監修・神田裕理編『ここまでわかった戦国時代の天皇と公家衆たち―天皇制度は存亡の危機だったのか―』洋泉社、二〇一五年）
木下昌規「戦国期足利将軍家の任官と天皇―足利義晴の譲位と右大将任官を中心に―」（『足利義晴』シリーズ室町幕府の研究3、戎光祥出版、二〇一七年、初出二〇一四年）
木下昌規「足利将軍家に仕えた公家たち―戦国期の武家伝奏と昵近衆の活躍―」（日本史史料研究会監修・神田裕理編『伝奏と呼ばれた人びと―公武交渉人の七百年史―』ミネルヴァ書房、二〇一七年）
久野雅司「足利義昭政権と織田政権―京都支配の検討を中心として―」（『織田信長政権の権力構造』戎光祥研究叢書16、戎光祥出版、二〇一九年、初出二〇〇三年）
久野雅司「足利義昭政権論」（『栃木史学』二三号、二〇〇九年）
久野雅司編『足利義昭』（シリーズ室町幕府の研究2、戎光祥出版、二〇一五年）
久野雅司『足利義昭と織田信長』（中世武士選書40、戎光祥出版、二〇一七年）
久保貴子「豊臣時代からじょじょに朝廷に食い込む家康―近世朝廷・公家再生への道―」（日本史史料研究会監修・神田裕理編『ここまでわかった戦国時代の天皇と公家衆たち―天皇制度は存亡の危機だったのか―』洋泉社、二〇一五年）

黒嶋　敏「山伏と将軍と戦国大名―末期室町幕府政治史の素描―」（『中世の権力と列島』高志書院、二〇一二年、初出二〇〇四年）
黒田　智「信長の真桑瓜」（『文学』一三巻五号〈特集十六世紀の文学〉、二〇一二年）
呉座勇一「応仁の乱―戦国時代を生んだ大乱―」（中公新書、二〇一六年）
小谷量子「上杉本洛中洛外図屏風注文者―近衛氏の生涯―」（『日本女子大学大学院文学研究科紀要』二三号、二〇一七年）
近藤祐介「道澄」（日本史史料研究会編『戦国僧侶列伝』星海社新書、二〇一八年）
桜井英治『日本の歴史12　室町人の精神』（講談社学術文庫、二〇〇九年、初刊二〇〇一年）
桜井英治『贈与の歴史学―儀礼と経済のあいだ―』（中公新書、二〇一一年）
佐藤進一「室町幕府論」（『日本中世史論集』岩波書店、一九九〇年、初出一九六三年）
下村信博『戦国・織豊期の徳政』（吉川弘文館、一九九六年）
瀬田勝哉「『鬮取』についての覚書―室町政治社会思想史の一試み―」（『武蔵大学人文学会雑誌』一三巻四号、一九八二年）
末柄　豊『戦国時代の天皇』（日本史リブレット82、山川出版社、二〇一八年）
高梨真行「将軍足利義輝の側近衆―外戚近衛一族と門跡の活動―」（木下昌規編『足利義輝』シリーズ室町幕府の研究4、戎光祥出版、二〇一八年、初出一九九八年）
滝澤逸也「室町・戦国期の武家昵近公家衆―その構成を中心として―」（『国史学』一六二号、一九九六年）
立花京子「信長の対公家寺社領政策からの帰結」（三鬼清一郎編『織豊期の政治構造』吉川弘文館、二〇〇〇年）
田中暁龍『近世朝廷の法制と秩序』（山川出版社、二〇一二年）

谷口雄太「足利時代における血統秩序と貴種権威（二〇一七年度歴史学研究会大会報告境界領域をめぐる不条理
中世史部会 日本中世の権威と秩序）」（『歴史学研究』九六三号、二〇一七年）
田端泰子『室町将軍の御台所―日野康子・重子・富子―』（歴史文化ライブラリー474、吉川弘文館、二〇一八年）
中脇　聖「摂関家の当主自らが土佐国に下向する―土佐一条氏―」（日本史史料研究会監修・神田裕理編『ここまでわかった戦国時代の天皇と公家衆たち―天皇制度は存亡の危機だったのか―』洋泉社、二〇一五年）
長村祥知「戦国時代の公家と列島諸地域」（江戸東京博物館他編『戦国時代展―A Century of Dreams』二〇一六年）
野村　玄『天下人の神格化と天皇』（思文閣出版、二〇一五年）
橋本政宣「豊臣政権と公家衆の家業」（『近世公家社会の研究』吉川弘文館、二〇〇二年、初出一九九三年）
浜口誠至『在京大名細川京兆家の政治史的研究』（思文閣出版、二〇一四年）
早島大祐『室町幕府論』（講談社選書メチエ、二〇一〇年）
福田千鶴『豊臣秀頼』（歴史文化ライブラリー387、吉川弘文館、二〇一四年）
藤井讓治「江戸幕府の成立と天皇」（永原慶二他編『講座前近代の天皇　第2巻―天皇権力の構造と展開　その2―』青木書店、一九九三年）
藤井讓治『幕藩領主の権力構造』（岩波書店、二〇〇二年）
藤井讓治『天皇の歴史05　天皇と天下人』（講談社学術文庫、二〇一八年、初刊二〇一一年）
藤井讓治「信長の参内と政権構想」（『史林』九五巻四号、二〇一二年）
藤田達生「『鞆幕府』論」（『芸備地方史研究』二六八・二六九号、二〇一〇年）
二木謙一「伊勢流故実の形成と展開」（『中世武家儀礼の研究』吉川弘文館、一九八五年、初出一九六七年を改稿）
堀　新「織田信長と勅命講和」（『織豊期王権論』校倉書房、二〇一一年、初出二〇〇一年）

堀　新「織豊期の王権論をめぐって」（『織豊期王権論』校倉書房、二〇一一年、初出二〇〇四年）
堀　新「織田信長と絹衣相論―関係史料の整理と検討―」（『織豊期王権論』校倉書房、二〇一一年、初出二〇〇五年）
三鬼清一郎「御掟・御掟追加をめぐって」（『豊臣政権の法と朝鮮出兵』青史出版、二〇一二年、初出一九八四年）
三鬼清一郎「戦国・近世初期の天皇・朝廷をめぐって」（『織豊期の国家と秩序』青史出版、二〇一二年、初出一九九一年）
水野智之「織田期における公家衆への家門安堵」（『室町時代公武関係の研究』吉川弘文館、二〇〇五年、初出二〇〇〇年）
水野智之「室町時代における公家勢力の政治的動向」（『室町時代公武関係の研究』（吉川弘文館、二〇〇五年、初出二〇〇三年）
水野智之「小牧・長久手の戦いと朝廷」（藤田達生編『近世成立期の大規模戦争―戦場論 下―』岩田書院、二〇〇六年、初出二〇〇五年）
水野智之A「足利義晴～義昭期における摂関家・本願寺と将軍・大名」（久野雅司編『足利義昭』（シリーズ室町幕府の研究2、戎光祥出版、二〇一五年、初出二〇一〇年）
水野智之B「室町・戦国期の本願寺と公家勢力」（新行紀一編『戦国期の真宗と一向一揆』吉川弘文館、二〇一〇年）
水野智之「豊臣期の摂関家と武家」（天野忠幸他編『戦国・織豊期の西国社会』日本史史料研究会企画部、二〇一二年）
水野　嶺「足利義昭の栄典・諸免許の授与」（久野雅司編『足利義昭』シリーズ室町幕府の研究2、戎光祥出版、二〇一五年、初出二〇一三年）
水野　嶺「武家伝奏飛鳥井雅教の登用とその背景」（『戦国史研究』七二号、二〇一六年）

水野　嶺「幕府儀礼に見る織田信長」（『日本史研究』六七六号、二〇一八年）
宮本義己「足利義輝の芸・豊和平調停（上）・（下）」（木下昌規編『足利義輝』シリーズ室町幕府の研究4、戎光祥出版、二〇一八年、初出一九七四年）
宮本義己「足利義輝の芸・雲和平調停―戦国末期に於ける室町幕政―」（木下昌規編『足利義輝』シリーズ室町幕府の研究4、戎光祥出版、二〇一八年、初出一九七五年）
宮本義己「戦国大名毛利氏の和平政策―芸・雲和平の成立をめぐって―」（『日本歴史』三六七号、一九七八年）
村　和明「近世の武家伝奏の登場」（日本史史料研究会監修・神田裕理編『伝奏と呼ばれた人びと―公武交渉人の七百年史―』ミネルヴァ書房、二〇一七年）
村井章介「易姓革命の思想と天皇制」（『中世の国家と在地社会』校倉書房、二〇〇五年、初出一九九五年）
矢部健太郎「豊臣秀吉の参内―参内の初見と叙任御礼の検討を中心に―」（『豊臣政権の支配秩序と朝廷』吉川弘文館、二〇一一年、初出一九九八年）
矢部健太郎「豊臣秀吉から天皇への使節」（『豊臣政権の支配秩序と朝廷』吉川弘文館、二〇一一年、初出二〇〇〇年）
山口和夫「統一政権の成立と朝廷の近世化」（『近世日本政治史と朝廷』吉川弘文館、二〇一七年、初出一九九六年を改訂）
山田康弘『戦国期室町幕府と将軍』（吉川弘文館、二〇〇〇年）
山田康弘『戦国時代の足利将軍』（歴史文化ライブラリー323、吉川弘文館、二〇一一年）
吉田洋子「豊臣秀頼と朝廷」（『ヒストリア』一九六号、二〇〇五年）

戦国〜織豊期、堂上公家の家格と官職相当表

※堂上公家…位階では五位以上に列し、禁裏御所（天皇の住居）の清涼殿（天皇の日常的な生活空間）南廂にある殿上間に昇殿する資格を世襲した公家の「家」。
※堂上公家は、家の家格の上下によって区分され、昇進できる官職も決まる。
※おおよそ、摂家〜大臣家クラスが上流、羽林家・名家クラスがほぼ同等で中流、半家クラスが下流と、見なしえる。

家格（高い順）	該当する主な「家」	昇進できる官職
摂　家 【せっけ】	近衛・九条・二条・一条・鷹司	摂政・関白となる「家」。
清華家 【せいがけ】	久我・今出川（菊亭）・三条（転法輪三条）・西園寺・徳大寺・花山院・大炊御門など	左大臣・右大臣・近衛大将を兼ねて、太政大臣まで進む「家」。
大臣家 【だいじんけ】	正親町三条・三条西・中院	大納言になる「家」であるが、大臣の欠けたのを待って、ただちに内大臣に昇る「家」。近衛大将は兼ねない。
羽林家 【うりんけ】	山科・四条・持明院・中山・冷泉・正親町・四辻・滋野井・庭田・飛鳥井など	近衛中将・少将を経て、大納言・中納言に昇る「家」。
名　家 【めいか】	日野・広橋・柳原・烏丸・勧修寺・万里小路・葉室・中御門・西洞院など	弁官・蔵人を経て大納言・中納言に昇る「家」。
半　家 【はんけ】	五辻・白川・高倉・高辻・竹内・五条・東坊城・土御門など	中将・少将・弁官を経由しないで、参議・大納言・少納言に進む「家」。

【参考文献】

「百官和秘抄」（『続群書類従』第十輯、官職部）、「三内口決」（『群書類従』第二十七輯、雑部）、和田英松『新訂　官職要解』（講談社学術文庫、一九九二年）など。

【系図1】戦国・織豊期、天皇家略系図

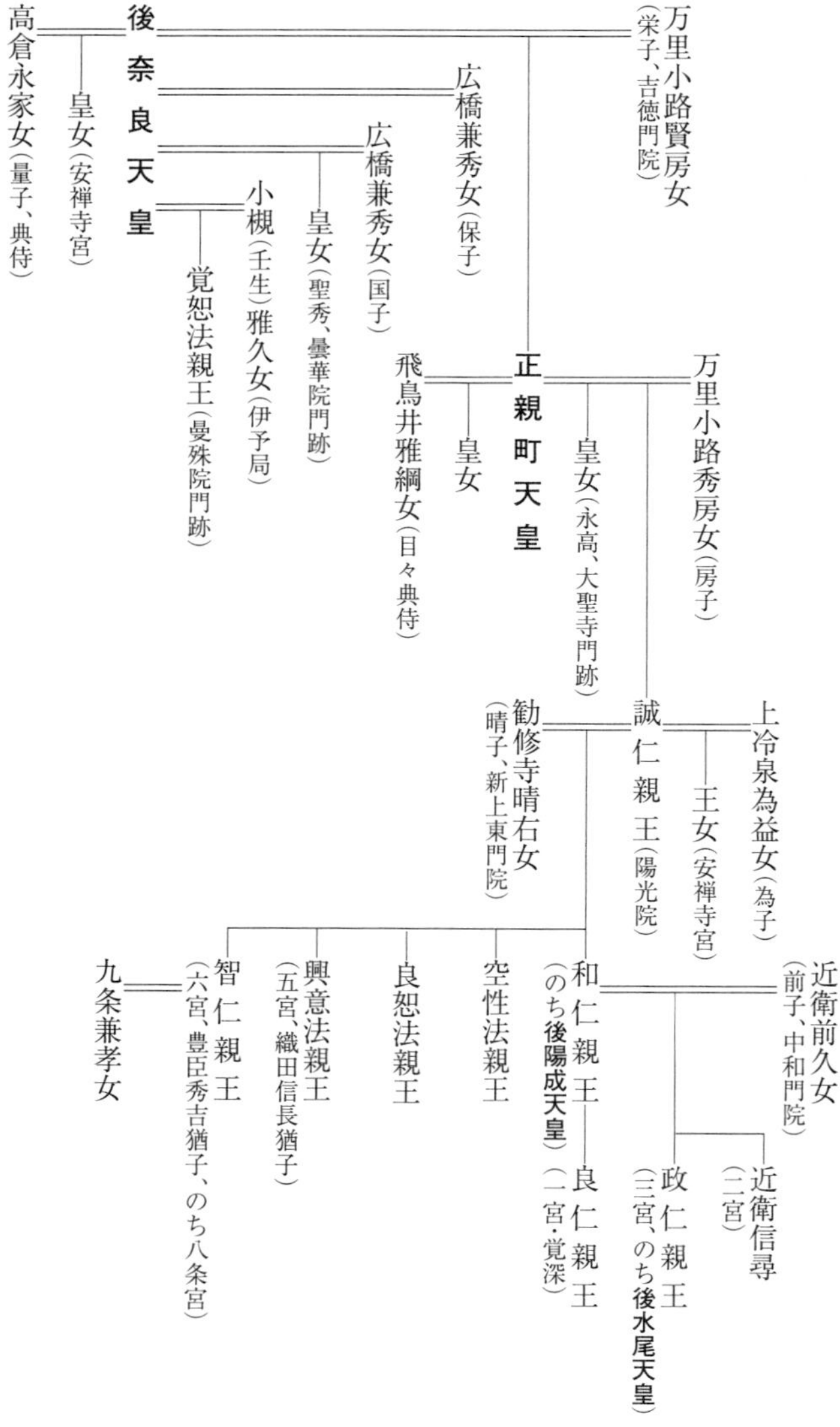

【系図2】足利将軍家・日野（裏松）家・近衛家略系図（丸数字は将軍の代数）

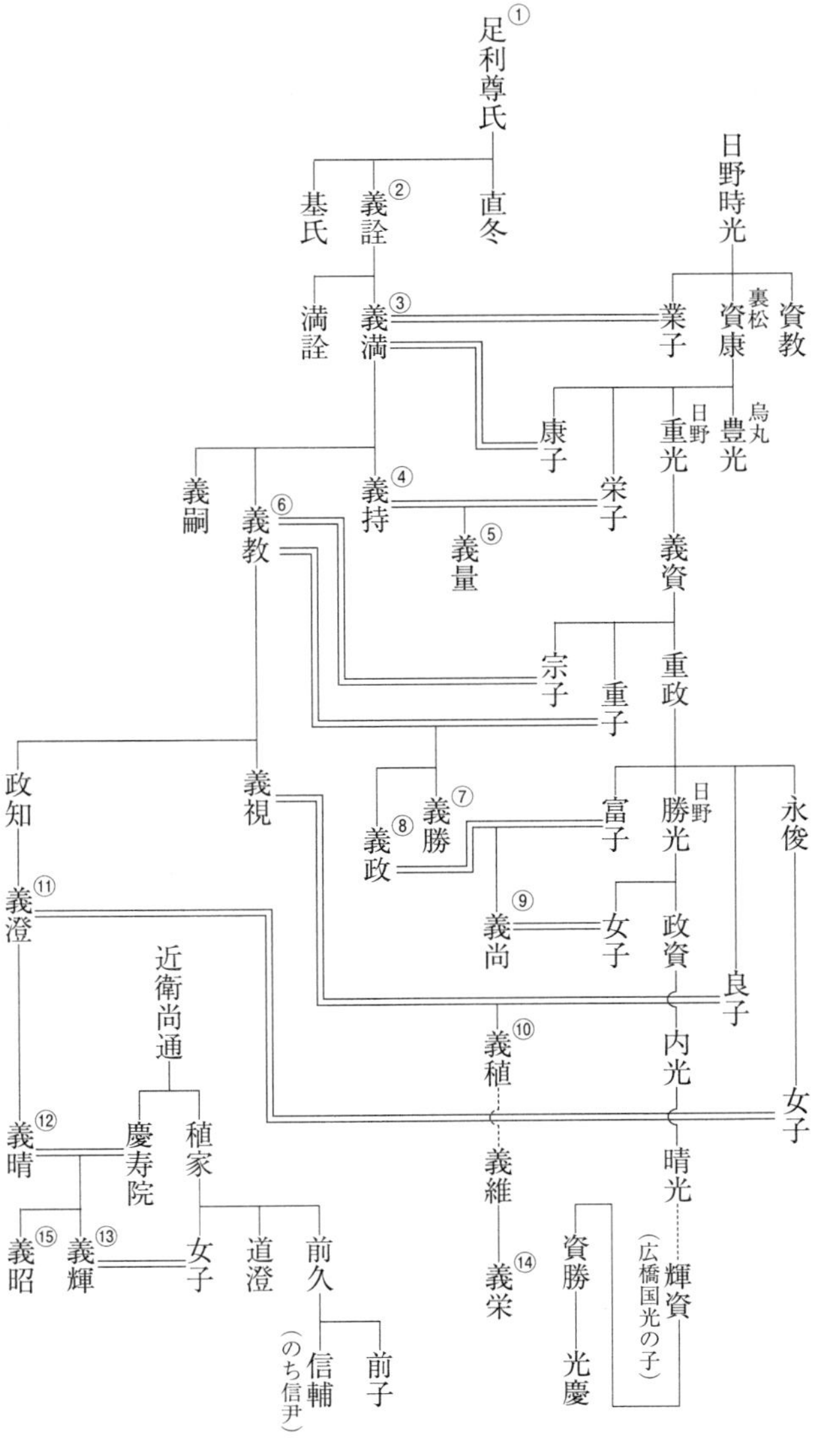

【系図3】近衛家略系図

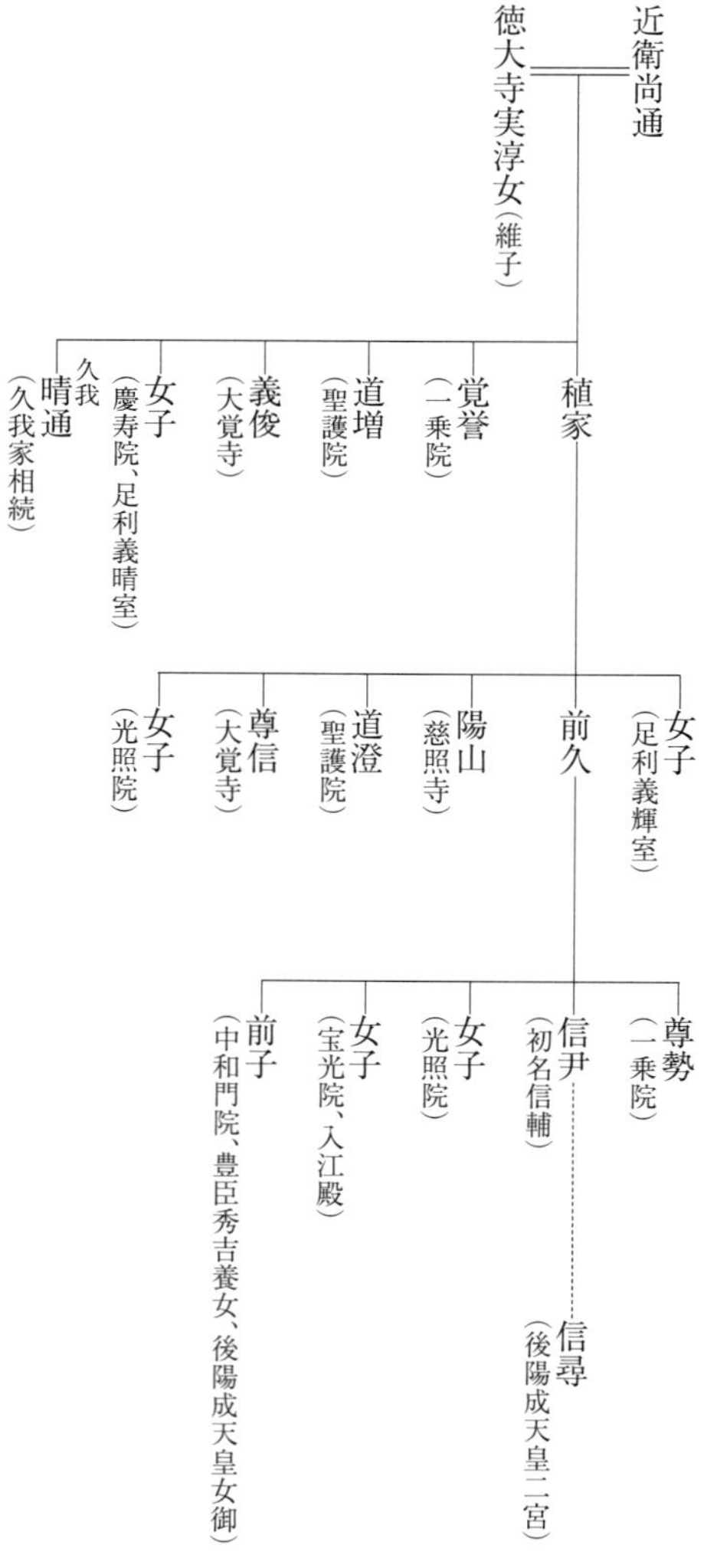

近衛尚通
徳大寺実淳女（維子）
稙家
覚誉（一乗院）
道増（聖護院）
義俊（大覚寺）
女子（慶寿院、足利義晴室）
久我晴通（久我家相続）
女子（足利義輝室）
前久
陽山（慈照寺）
道澄（聖護院）
尊信（大覚寺）
女子（光照院）
尊勢（一乗院）
信尹（初名信輔）
女子（光照院）
女子（宝光院、入江殿）
前子（中和門院、豊臣秀吉養女、後陽成天皇女御）
信尋（後陽成天皇二宮）

【系図4】九条家・二条家略系図

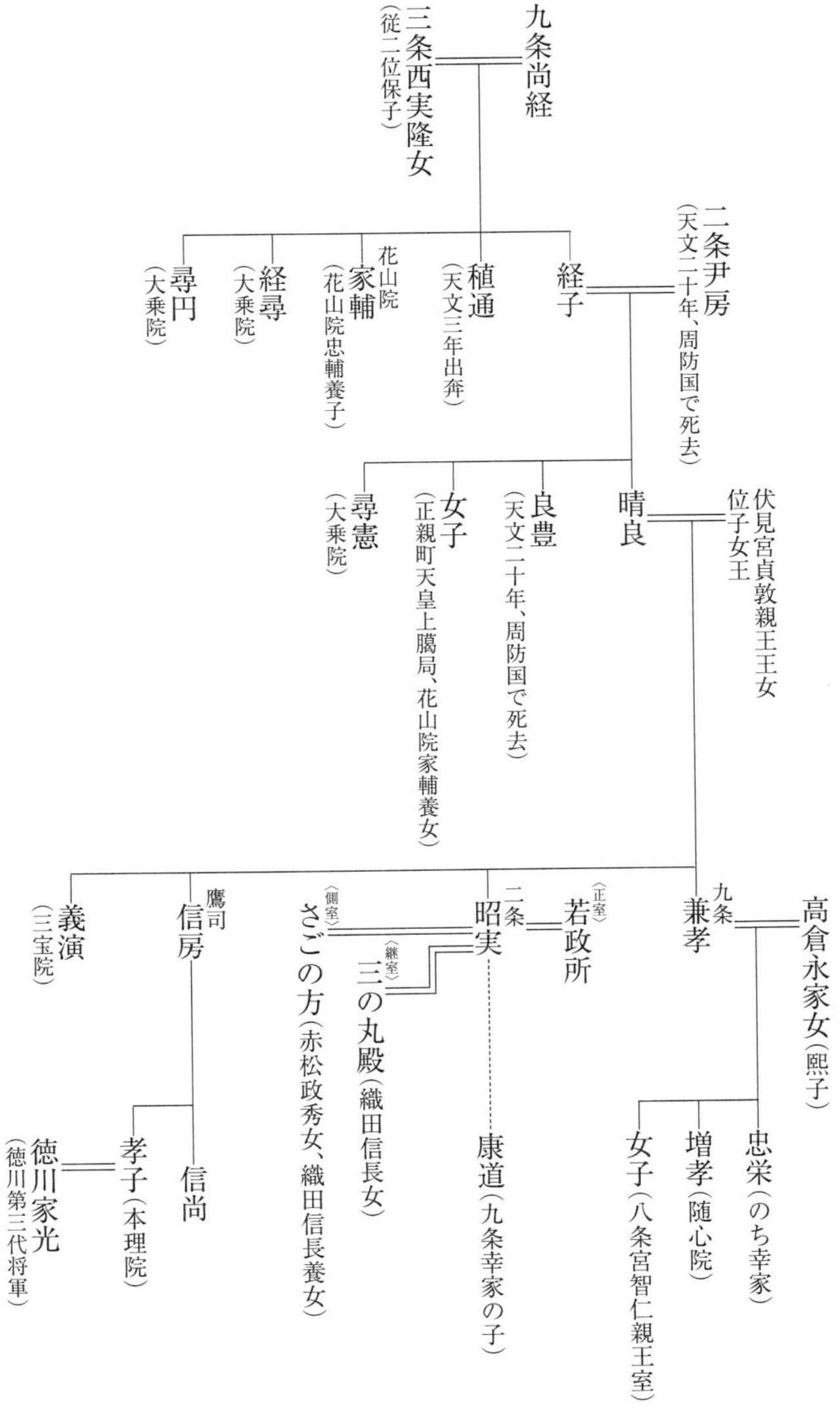

【系図5】勧修寺家略系図

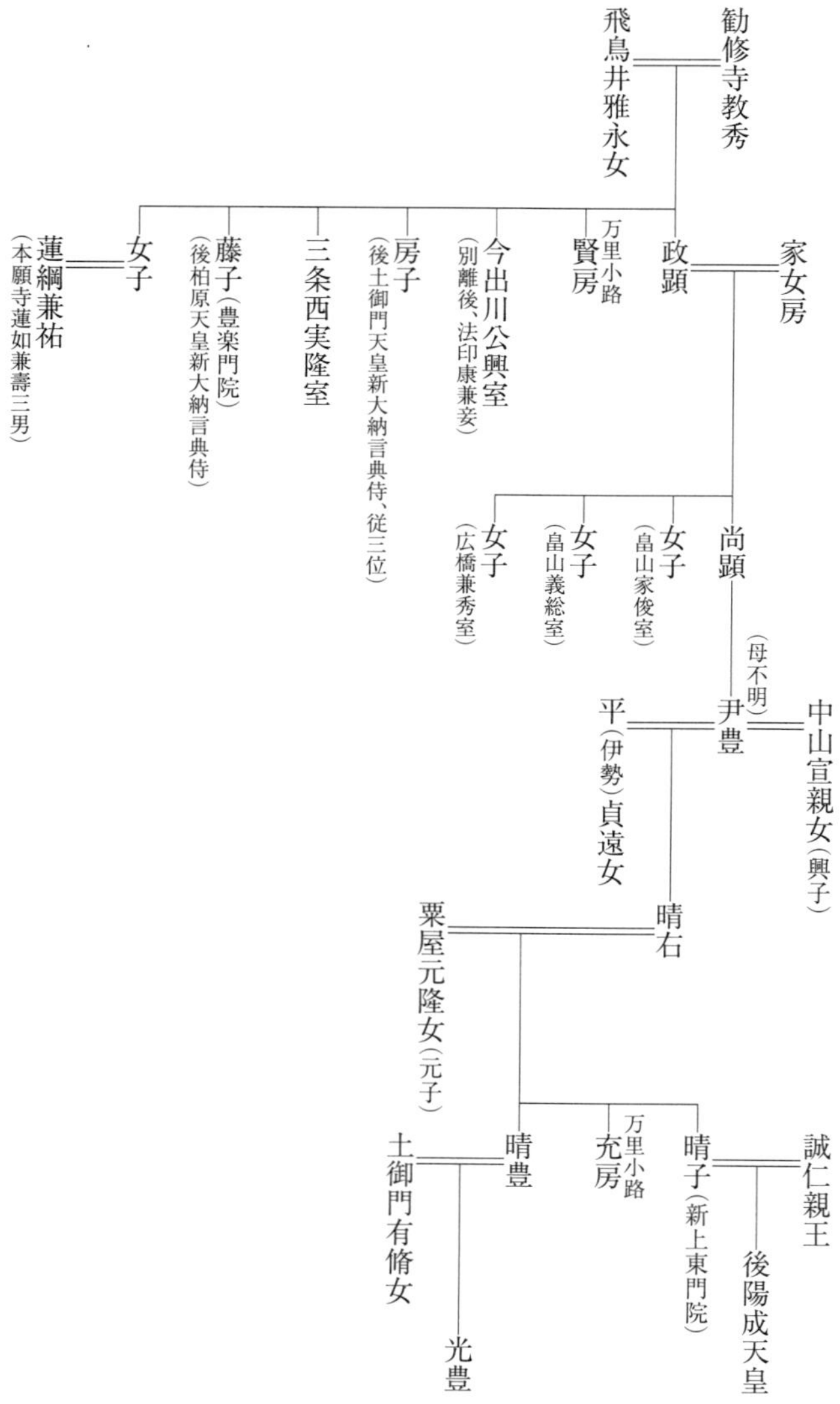
勧修寺教秀
飛鳥井雅永女
政顕
万里小路
賢房
今出川公興室
（別離後、法印康兼妾）
房子
（後土御門天皇新大納言典侍、従三位）
三条西実隆室
藤子（豊楽門院）
（後柏原天皇新大納言典侍）
女子
蓮綱兼祐
（本願寺蓮如兼壽三男）
家女房
尚顕
女子
（畠山家俊室）
女子
（畠山義総室）
女子
（広橋兼秀室）
（母不明）
尹豊
中山宣親女（興子）
平（伊勢）貞遠女
晴右
粟屋元隆女（元子）
晴子
（新上東門院）
誠仁親王
後陽成天皇
万里小路
充房
晴豊
土御門有脩女
光豊

【系図6】中山家・庭田家略系図

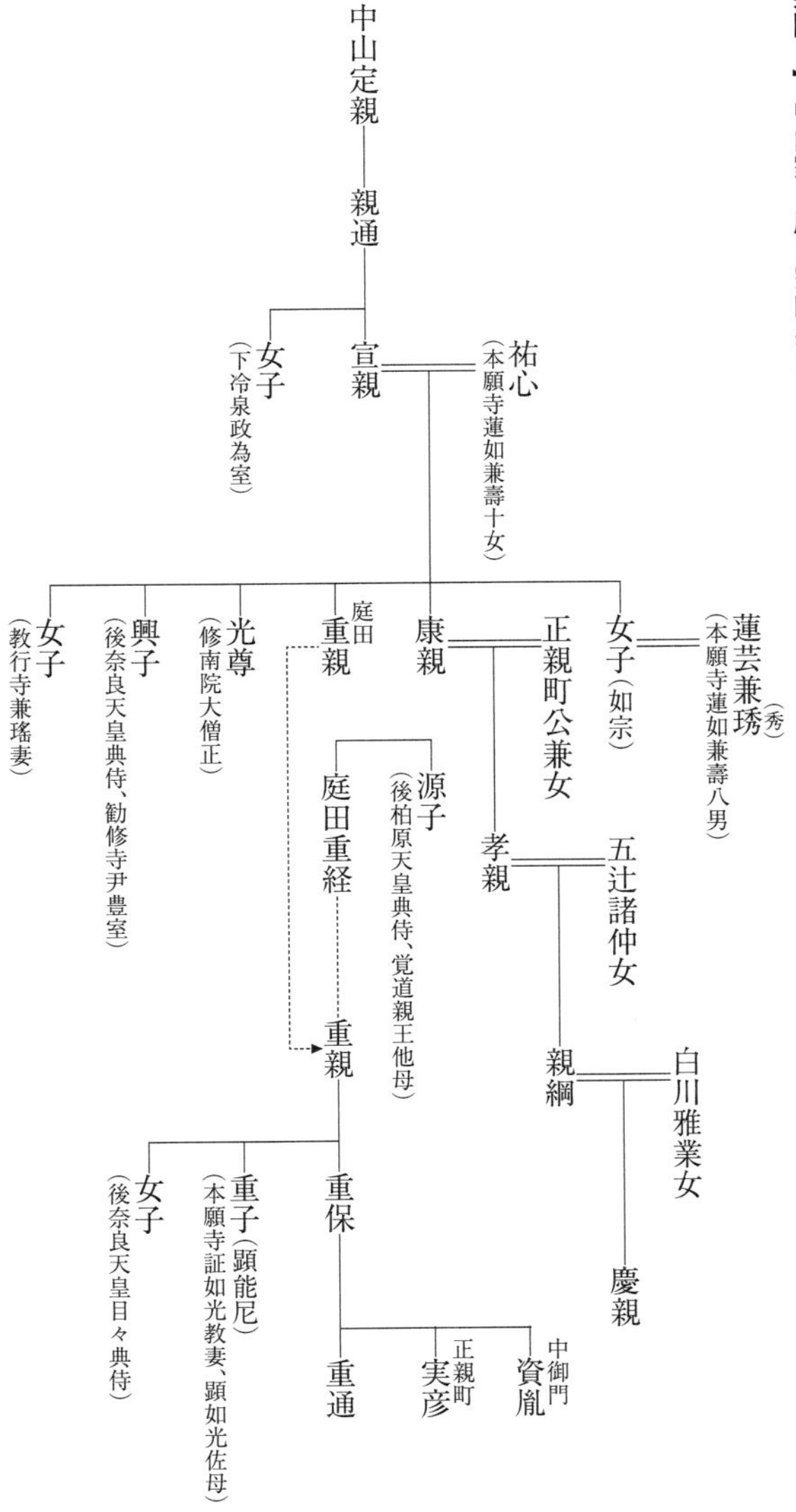

【系図7】 山科家・薄家略系図

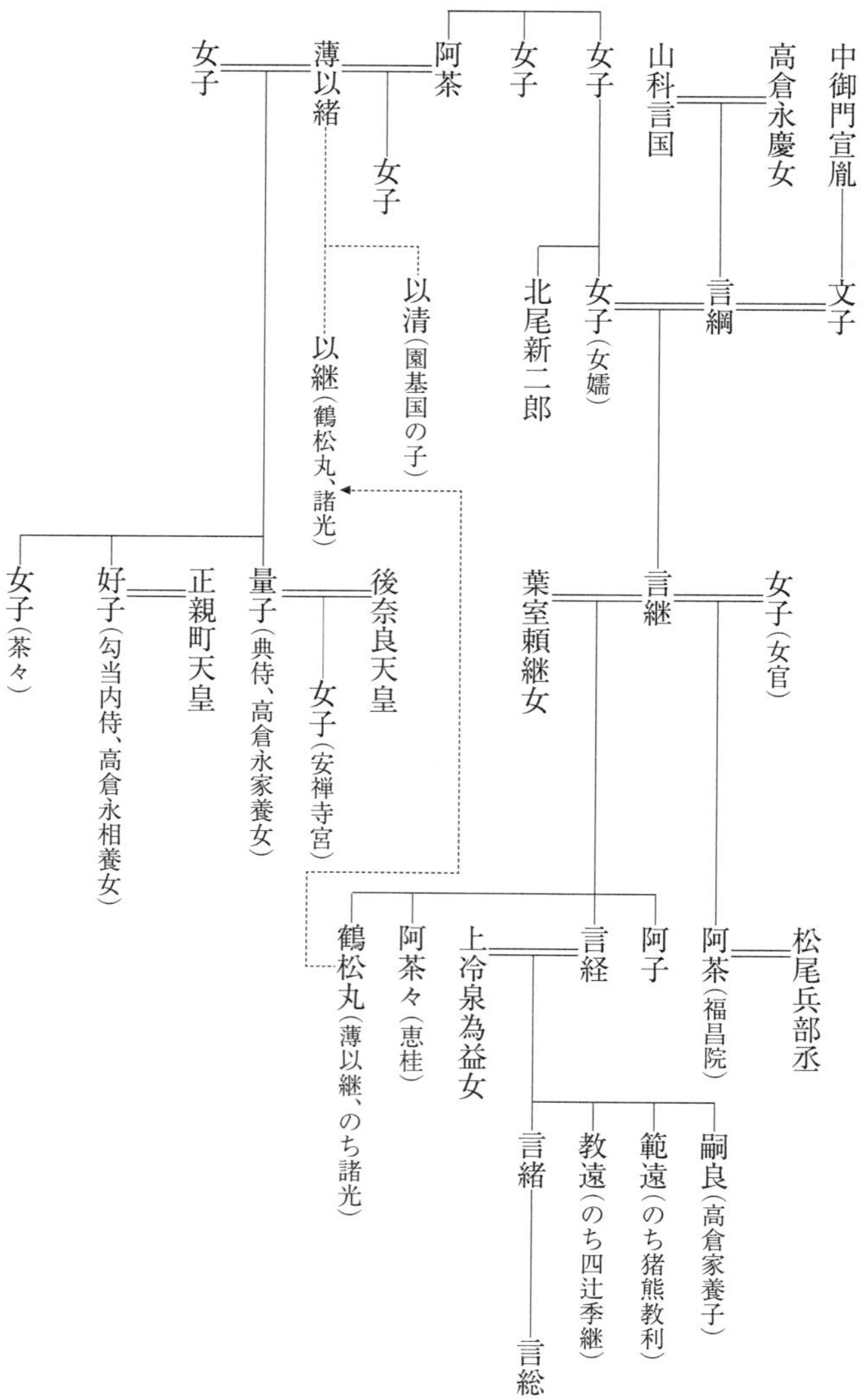

【系図8】上冷泉家略系図

- 上冷泉為広
  - 為和
    - 為益
      - 四条隆昌
      - 為満
        - 為頼
      - 女子（山科言経室、言緒母）
      - 女子
      - 為子（誠仁親王女房、のち興正寺顕尊佐超室）
      - 女子

【系図9】高倉家略系図

- 高倉永継
  - 永康
    - 永家
      - 永相
        - 熙子（九条兼孝室）
        - 女子（広橋国光室）
        - 永孝
          - 永慶
        - 好子（永相養女、薄以緒女、正親町天皇勾当内侍）
      - 量子（永家養女、薄以緒女、後奈良天皇勾当内侍、のち典侍）
  - 継子（後柏原天皇勾当内侍）
  - 女子（山科言国室、言綱母）
  - 女子（本願寺実如光兼室）

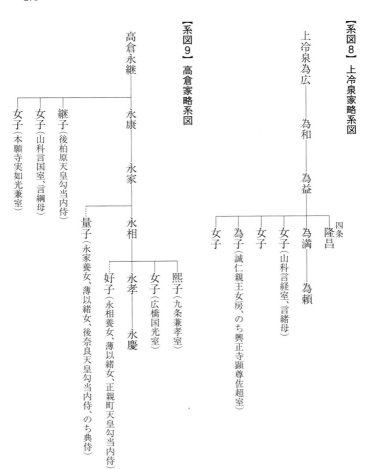

【系図10】広橋家略系図

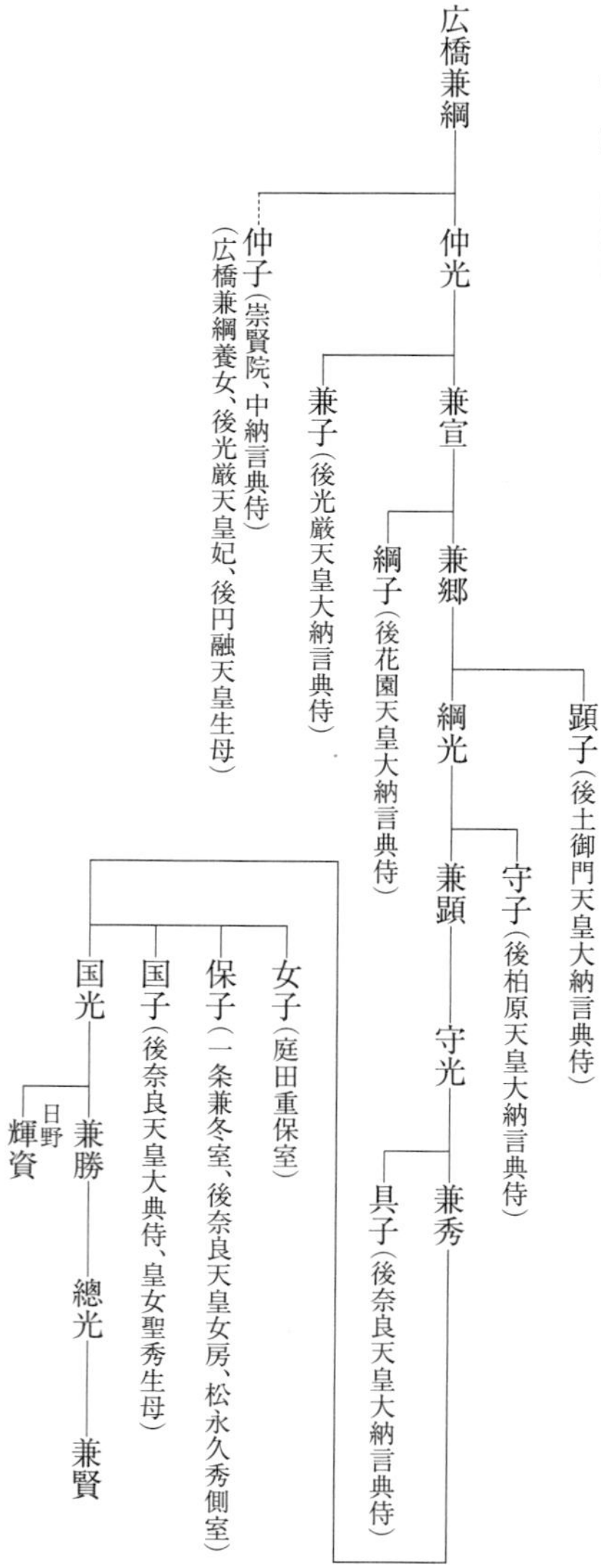

註（系図出典）

【系図1】………「本朝皇胤紹運録」（『群書類従』第五巻　系譜部）をもとに作成。一部、略。

【系図2】………榎原雅治・清水克行編『室町幕府将軍列伝』（戎光祥出版、二〇一七年）掲載系図をもとに加筆して作成。

【系図3】………谷口研語『流浪の戦国貴族　近衛前久　天下統一に翻弄された生涯』（中公新書、一九九四年）掲載系図より抜粋し作成。

【系図4】………水野智之「足利義晴～義昭期における摂関家・本願寺と将軍・大名」（久野雅司編『足利義昭（シリーズ室町幕府の研究2）』戎光祥出版、二〇一五年、初出二〇一〇年）掲載系図より抜粋・加筆して作成。

【系図5～6】…水野智之「室町・戦国期の本願寺と公家勢力」（新行紀一編『戦国期の真宗と一向一揆』吉川弘文館、二〇一〇年）掲載系図より抜粋・加筆して作成。

【系図7～10】…松薗斉『中世禁裏女房の研究』（思文閣出版、二〇一八年）掲載系図より抜粋・加筆して作成。
＊なお、【系図2～4】、【系図6～7】、【系図9～10】中の破線は、養子・養女関係を示す。

著者略歴

一九七〇年　東京都に生まれる
一九九八年　日本女子大学大学院文学研究科史学専攻博士課程後期満期退学
一九九八〜一九九九年度　日本女子大学大学院研究生在籍
一九九九〜二〇〇二年度　東京大学研究生在籍
元京都造形芸術大学非常勤講師

〔主要編著書〕
『戦国・織豊期の朝廷と公家社会』（校倉書房、二〇一一年）
『戦国・織豊期朝廷の政務運営と公武関係』（日本史史料研究会、二〇一五年）
『ここまでわかった戦国時代の天皇と公家衆たち』（編、洋泉社、二〇一五年）
『伝奏と呼ばれた人々—公武交渉人の七百年史—』（編、ミネルヴァ書房、二〇一七年）

朝廷の戦国時代
武家と公家の駆け引き

二〇一九年（令和元）十月十日　第一刷発行
二〇二〇年（令和二）六月十日　第二刷発行

著　者　神《かん》田《だ》裕《ゆ》理《り》
発行者　吉川道郎
発行所　株式会社　吉川弘文館
郵便番号一一三—〇〇三三
東京都文京区本郷七丁目二番八号
電話〇三—三八一三—九一五一〈代表〉
振替口座〇〇一〇〇—五—二四四番
http://www.yoshikawa-k.co.jp/

組版＝文選工房
印刷＝藤原印刷株式会社
製本＝株式会社　ブックアート
装幀＝渡邉雄哉

ISBN978-4-642-08360-7

戦国時代の足利将軍

山田康弘著　（歴史文化ライブラリー）四六判・二二二頁／一七〇〇円

戦国時代一〇〇年もの間、なぜ将軍は滅亡しなかったのか。戦国期の室町幕府とはいかなる存在であり、各地の大名たちは将軍をどのように見ていたのか。知られざる将軍・幕府の実態を明らかにし、戦国期日本の全体像に迫る。

戦国貴族の生き残り戦略

岡野友彦著　（歴史文化ライブラリー）四六判・二四〇頁／一七〇〇円

戦国時代を、戦わずに生き抜いた公家・貴族たち。摂関家に次ぐ家格である清華家の一つ、久我家に伝わった『久我家文書』に光を当て、荘園経営など経済的側面から生き残りをかけた彼らの苦悩としたたかさを描く注目の一冊。

落日の室町幕府　蜷川親俊日記を読む

水藤　真著　四六判・二二四頁／二八〇〇円

室町幕府が滅亡へと向かう時代、政所代という要職にあった蜷川親俊の日記から、知られざる武家の日々の暮らしを解明。主人伊勢貞孝の動静や、細川氏の権勢、政治的状況など、落日の幕府の実態と渦中の人々の実像に迫る。

（価格は税別）

吉川弘文館

信長軍の合戦史 1560―1582

日本史史料研究会監修／渡邊大門編　四六判・二一六頁／一八〇〇円

桶狭間の戦いから本能寺の変まで、天下布武をかかげ戦争を繰り広げた織田信長。信頼性の高い一次史料を用いて信長軍の合戦を解説。戦いの経過だけでなく、戦前・戦後の戦略的評価にも目を配り、信長の戦争の本質に迫る。

天下統一と朝鮮侵略

池　享編　（日本の時代史）Ａ５判・三六〇頁／三二〇〇円

近世への扉を開いた信長と秀吉の時代。これまでの信長像を見直し、秀吉の朝鮮侵略の真実に迫る。「天下」とは何か。「唐入り」はなぜ行われたのか。天下統一と朝鮮侵略の不可分な関係を明らかにし、天下人の足跡を辿る。

天下統一から鎖国へ

堀　新著　（日本中世の歴史）四六判・二四四頁／二六〇〇円

「天下布武」を掲げ、新時代を開いた信長と天下人秀吉。江戸幕府を築いた家康。その権力の仕組みを、天皇や朝廷との関係、検地や刀狩、朝鮮侵略、宗教・都市政策から解き明かす。中世の終焉を鎖国完成期とする新たな試み。

吉川弘文館

（価格は税別）